中华学人丛书

道出于二

过渡时代的新旧之争

◎罗志田 著

北京师范大学出版集团
BEIJING NORMAL UNIVERSITY PUBLISHING GROUP
北京师范大学出版社

本书为四川大学985工程三期区域历史与民族研究创新基地成果

自 序

很多年前，曾对一位研究中国近代史的朋友说，近代一段，可以六字总结，即满汉中西新旧。那是读大学本科时产生的一种朦胧感觉，年轻时不知轻重，故敢出大言而不惭。彼时我的学术自定位是研究中美关系史，这是说别人的领域，多少有些外行看热闹的味道。后来不知不觉中，自己成了“一般近代(中国)史”①的研究者，中美关系史反倒成了类似胡适所说的“不感兴趣的兴趣”——兴趣始终在，积累也不少，却暂无余力深入。② 现在回看当年的信口开河，似不能说一点“史感”都没有，但更多看到紧张、冲突、对峙的一面，有些以偏概全。

大体上，凡是存在的都是有理由的。任何时代、万物万事都有其独立的“主体性”，即有其自在的意义，而不必因他人他物(对应性或关

---

① 据说台北“中研院”的近代史研究所初立，需划分研究组群，由同人自组。很快产生了政治外交、经济社会和思想文化等组别，但仍剩下一些人，依违其间，似都有些关联，又觉都有距离，最后这些人便组成了一个称为“一般近代史”的研究组。我自己因兴趣庞杂，治学无章法，往往不被现在通行的各“子学科”学人视为同行。后来第一次到台北近史所请教，恰好就是这一组在接待，或许还真有些夙缘。

② 实际上，在很长的时间里，中美关系史也是我唯一得到“承认”的领域。十多年前曾出版过一本《五十年来的中国近代史研究》(曾业英主编，上海，上海书店出版社，2000)，共分了二十多个专门领域，我学生的一些研究都出现在上面，我自己却差点不能预流；只有中外关系史的撰写人，还注意到我写过这方面的论文。该书主编是长期提携我的前辈，集合各文后也觉有些讶异。所以，新出道的年轻人，或许还是选一个性相近的“子学科”为宜，以免陷入缺乏特定认同的“一般近代史”。

联性）的存在而有其意义。① 然而，不论我们的目的是理解、再现还是诠释，历史上的具体现象和人、事，又大多不是一个自足的系统，很难独立地表述自己，也就不太可能被"单独"认识。要知道，"事不孤起，必有其邻"②；历史上的各个"事项"虽是独特的，却又并非孤立的，而是相关联的。

如果将其置于一个关联互动的架构之中，视之为与前后左右诸多人事、现象既相关又相异也相互影响的一个具象，特定的个体就成为一个更大架构的一部分，而所谓专门史也就有通史（universal history）的意义了。事物的相互关联性，多少反映着共通的一面。不过我们不必努力在每一"个别"之中去寻找"共通"（且也不一定都能找到），而更多当如阿多诺（Theodor W. Adorno）所说，"在它和别的事物的内在联系中去领会其独特个性"。③

这或许就是"一般近代史"的取向。我的理解，所谓一般，并非时时处处以近代时段的中国整体为关注和思考的对象；具体研究中侧重的，仍然是特定的人与事，不过更多从此人此事与他人他事的关联中去看待，既保持整体的意识，又从关联中领会特性。用过去的话说，就是知人方可论世，论世而后知人；观变可以知常，知常乃能观变。

这样的"一般史"，非一言可以蔽之，当另文探讨。无论如何，或许就因为那早年的感觉，在我逐渐进入近代史领域后，有意无意之间，中西新旧成为我关注的一个重点。现在电脑里还有一本名为《中国近代史上的新旧与中西》的书稿（其实只是资料长编），章节拟定于20世纪90年代中期，不过，至少三分之二的内容，都已写成论文刊发（唯详

---

① 如兰克所说："每个时代都直接与上帝相关联。每个时代的价值不在于产生了什么，而在于这个时代本身及其存在。"兰克：《历史上的各个时代》（兰克史学文选之一），斯特凡·约尔丹、耶尔恩·吕森编，杨培英译，7页，北京，北京大学出版社，2010。这一见解可以推广，不仅时代，大至文化、族群、国家，小至个人细事，都有其独立的"主体性"。

② 蒙文通：《评〈学史散篇〉》，见《经史抉原》（《蒙文通文集》第3卷），403页，成都，巴蜀书社，1995。

③ Theodor W. Adorno, *Negative Dialectics*, Trans. by E. B. Ashton, London and New York: Routledge, 1973, pp. 25-26.

略与预想的颇不同），后收入不同的文集中，那书稿也就搁下了（资料长编仍在扩充，以后或可整合成书）。

新旧中西的辩证对峙

近代史上的中、西、新、旧，各自都有其独立的意义，不过相互依存的一面似更显著。中西和新旧之间的关系，尤更密切而纠结。在某种程度上，正因中国在对外竞争中的屡屡失利，"中西"的认同已带有太多的感情色彩，承载着强烈的价值判断，才逐渐被更超越的"新旧"所取代。在很长时期里，西与新和中与旧，往往可以相互替代。晚清的张德彝便多次将今日译为博物院/馆的 museum 译作"集新院"。① 对后来不少人而言，"博物院"多隐喻着已逝之往昔②；而在张氏眼中，似乎来自异域者即可谓"新"。不过以异为新在那时还是中外皆然，尚无褒贬之义。再后来的新旧中西，就带有明显的价值判断和倾向性了。③

从清末到民初，一方面新旧中西之间的紧张在持续，同时也有一些读书人试图淡化或超越其间的认同色彩。孙宝瑄在清末提出："居今世而言学问，无所谓中学也，西学也，新学也，旧学也，今学也，古学也，皆偏于一者也。惟能贯古今，化新旧，浑然于中西，是之谓通学。"而他随后补上一句"通则无不通矣"，尤其意味深长。④ 真知学问者，很少敢号称什么"无不通"，即使定为想要达到的目标，也难说出

---

① 按张德彝出身京师同文馆，曾任出使翻译，他似乎知道西方博物馆的种类颇多，各有不同，在其书中也有积新宫、集奇馆、积骨楼等不同的称呼，但以集新院为最常见。参见《走向世界丛书》（长沙，岳麓书社，1985）中张德彝的《航海述奇》，539、542～543、544、545、567 页；《欧美环游记》，703、707 页；《随使法国记》，397、418 页。

② 参见罗志田：《送进博物院：清季民初趋新学者从"现代"里驱除"古代"的倾向》，载《新史学》，13 卷 2 期（2002 年 6 月）。

③ 参见罗志田：《新的崇拜：西潮冲击下近代中国思想权势的转移》，见《权势转移：近代中国的思想与社会（修订版）》，北京，北京师范大学出版社，2014。

④ 孙宝瑄：《忘山庐日记》，1897 年 3 月 17 日，80 页，上海，上海古籍出版社，1983。

口；这里的“无不通”，恐怕更多是要消解中西新旧古今这些“偏于一”的认同。

谭嗣同在《仁学》中即提出，“仁以通为第一义”，而通之义又“以‘道通为一’为最浑括”，与孙氏所谓“偏于一”恰相反。而其“通”的四义之一即是“中外通”，最终要实现“有天下而无国”的“地球之治”。盖“无国则畛域化，战争息，猜忌绝，权谋弃，彼我亡，平等出”，则“虽有天下，若无天下”。① 梁启超序《仁学》说：“仁者，平等也，无差别相也，无拣择法也，故无大小之可言也。”②可谓知音。这种化除了畛域的境界，或近于公羊家所谓“远近大小若一”的太平世；但对不少清末士人来说，实即掩去了外强中弱的人我之别。

那时文化竞争的意识逐渐明晰，中西“学战”一度成为读书人的口头禅。在这样的语境下，为了有利于西学的流行，读书人也有各式各样的创新举措。如“西学源出中国说”，过去多被视为保守，其实也是一种曲线的趋新。彭玉麟便说：“西学者，非仅西人之学也。名为西学，则儒者以非类为耻；知其本出于中国之学，则儒者当以不知为耻。”③但这样说西学非仅西人之学，总还有些勉强。待进而正名为新学后，又减去几许踌躇。

大约从曾国藩时代开始，朝廷逐渐成为趋新倾向的后盾。由于朝野取向趋同，新旧之争也一度淡出时人的言说。然而当慈禧太后想要立“大阿哥”被列强干预时，外国势力的直接介入导致了朝廷对义和拳排外的支持，庚子后中西新旧又成敏感词。避难到西安的光绪帝发布谕旨，要求“严禁新旧之名，浑融中外之迹”。④ 这是一个非常有特性的表述，实体性的中外可以浑融，虚悬些的新旧却被严禁。概因那时

---

① 谭嗣同：《仁学》，见《谭嗣同全集（增订本）》，蔡尚思、方行编，291～293、296～297、367 页，北京，中华书局，1981。

② 梁启超：《〈仁学〉序》，见《谭嗣同全集（增订本）》，373～374 页。

③ 彭玉麟：《广学校》（约 1883），见郑振铎编：《晚清文选》，388 页，北京，中国社会科学出版社，2002。

④ 故宫博物院明清档案部编：《义和团档案史料》，北京，中华书局，1959。

新旧对立的背后，隐伏着"拳乱"前后士人与朝廷间的紧张。①

护理陕西巡抚端方对此上谕的理解，进一步揭示了其中的深意。他在回应的奏折中自称："论制度则不分古今、不分中西，归于求是焉而已；论学术则不问新旧、不问异同，归于务实焉而已。"②在急功近利的压迫下，"求是"和"务实"这类当下需求，不仅泯除了古今，更压倒了中西这样的根基性"异同"！仿佛本雅明(Walter Benjamin)所谓时间静止而停顿的"当下"，呈现为一种辩证的凝固。③

若依"国将亡，本必先颠，而后枝叶从之"的古训(《左传·闵公元年》)，这并不是好的迹象。从今日的后见之明看，"务实"与中西两者何为根本、何为枝叶，似不言而喻。但在想要化除强弱优劣等"差别相"的近代，不分中西乃成为朝野之共趋，却少有人虑及根本颠覆后可能的危亡。而"求是"更提示出一个根本性的转变，即王国维后来总结的："自三代至于近世，道出于一而已。泰西通商以后，西学西政之书输入中国，于是修身齐家治国平天下之道乃出于二。"④

"道"本应是普适于天下即全人类的，既然西方自有其"道"，则中国的"道"也就成为中西学区分下的一个区域成分了。可以说，正是"西学"在近代中国的确立，使传统的"道"被空间化了。也因此，"求是"才可以遮蔽中西而仍使人心安理得。"浑融"的愿望，直指"远近大小若一"的太平世，虽有些无奈，却充满了真诚。在"道出于二"的大背景下，既然根本性的中西都可以不问，又遑论飘忽流转的新旧。然而正

---

① 参见罗志田：《异端的正统化：庚子义和团事件表现出的历史转折》，见《裂变中的传承：20世纪前期的中国文化与学术》，1～33页，北京，中华书局，2009。

② 端方：《筹议变通政治折》(光绪二十七年三月九日，1901年4月25日)，见《端忠敏公奏稿》，152页，台北，文海出版社，1967年影印(沈云龙主编《近代中国史料丛刊》第10辑)。

③ 本雅明：《历史哲学论纲》，见《启迪：本雅明文选》，汉娜·阿伦特编，张旭东、王斑译，274页，北京，生活·读书·新知三联书店，2008；Walter Benjamin, *The Arcades Project*, trans. by Howard Eiland and Kevin Mclaughlin, Cambridge, Mass.: Harvard University Press, 1999, pp. 462-463.

④ 王国维：《论政学疏稿》(1924年)，见《王国维全集》，第14卷，212页，杭州、广州，浙江教育出版社、广东教育出版社，2009。

因中西的淡出，新旧反成为挥之不去的主题。

毕竟趋新已成大潮，经过短暂的磨合，新政又成正面的称谓。结果，中外倒少见刻意的浑融，新旧却成为难以回避的立场。从文化到政治，新旧间的尴尬皆存而未泯。江湖之上，或可轻松放言；庙堂之中，仍须拿捏分寸。胡思敬观察到：那时“人人欲避顽固之名”，故端方、赵尔巽“庚子以前守旧，庚子以后维新”；同时“人人欲固卿相之宠”，故荣禄、瞿鸿禨“公庭言维新，私室言守旧”。① 换言之，姿态不能没有，却不妨存几分扭捏。

这样骤寒转暖、乍暖还寒的状态一直延续下去。入民国后，针对着“今之言学者，有新旧之争，有中西之争”的现状，王国维仍感觉有必要“正告天下”曰：“学无新旧也，无中西也。”②这与前引端方的说法颇相印证，王先生个人关于“道出于二”的表述，已不呼而欲出。而社会上的新旧对峙，更此起而彼伏。

不久就有了热热闹闹的新文化运动，“五四”前后更发生一次明显的新旧之争。③ 与清末不同，这次政府立场明显偏向旧的一边。但也是这个政府，又明令各小学从1920年起在三年内全部使用白话教材，让白话文的提倡者胡适也感惊讶。④ 政府看似有些无所适从的举措，揭示出新旧尽管对峙，分野仍不那么鲜明；其间的含糊朦胧，蕴涵极为丰富。

从根本言，新旧本是互补而相互依存的。我们不必要有猫才能辨识狗的存在，但没有新就没有旧(反之亦然)，最切合《庄子》所说的“非

---

① 胡思敬：《退庐全集·退庐笺牍·致同邑诸公论学堂书》(1906)，450～451页，台北，文海出版社，1970年影印(沈云龙主编《近代中国史料丛刊》第45辑)。

② 王国维：《国学丛刊序》(1912)，见《观堂别集》(《王国维遗书》，上海，上海古籍出版社，1983年影印，第4册)，卷4，页6B。

③ 参见本书《林纾的认同危机与民初的新旧之争》和《陈独秀与“五四”后〈新青年〉的转向》。

④ 唐德刚译注：《胡适口述自传》，164页，上海，华东师范大学出版社，1993。并参见罗志田：《再造文明的尝试：胡适传》，128页，北京，中华书局，2006。

彼无我”。① 近代中国的新旧分野，是不可否认也不必否认的。至少从戊戌维新之时起，这确实是当事人自己的认知。后来的很多场景中，所谓新党旧党、新派旧派，也都是时人自己使用的称呼(包括自己认可的和他人眼中的新旧)。

但孙宝瑄在清末就注意到：“号之曰新，斯有旧矣。新实非新，旧亦非旧。”②无论在历时性和共时性、社会和思想的意义上言，新旧都不是绝对的。不仅此时的新到彼时可能成了旧，就是在同一时段，新旧之间也有不少的跨越和交集。新旧本身以及相互之间可以有无数的层次，新中有更新，旧中有更旧，亦即新旧自身之中还有新旧。或可以说，新旧其实更多是一种辩证的对峙，紧张永远存在，冲突也不可避免，但很多时候，立场超过主张、态度先于“是非”，也就是社会意义的新旧往往大于思想意义的新旧。

我自己一向关注新旧间这样一种你中有我、我中有你的互存状态。且新旧的错位不是静止的，而是一种相互碰撞、相互影响的动态关系。对这类模棱两可的复杂现象，或不宜先把立言者分门别类而观察之；最好是据其所立之言进行考察分析，侧重其对特定问题、现象的见解异同；虽不忘记，却先不考虑立言者属于何门何派。为展现思想者所思所想的历史动态，不妨更多从社会视角看思想，而不一定非围绕概念立论不可。这样，从思考到表述，都特别需要以人为本，并“见之于行事”。③

从戊戌到“五四”的新旧之争

本书的基本取向，就是通过具体的人怎样做具体的事来展现近代

① 《庄子·齐物论》。按庄子此处之“彼”有多解，此处不过借其字面义而用之。

② 孙宝瑄：《忘山庐日记》，1897 年 3 月 17 日，80 页，上海，上海古籍出版社，1984。

③ 据司马迁在《史记·太史公自序》中的说法，“我欲载之空言，不如见之于行事之深切著明也”是孔子的主张。

的新旧之争。这书的出现，起因于《权势转移：近代中国的思想、社会与学术》一书的修订和改编。全书有四篇文章出自该书，比《权势转移：近代中国的思想与社会(修订版)》还多，在某种程度上也是该书的一种延续。四篇文章中"戊戌"和"五四"各两篇，又增添了四篇与"五四"相关的文字，并将旧作《失去重心的近代中国》改写，置于卷首，兼作全书的导言。

从"一般近代史"的眼光看，新旧之间持续的缠绕互竞，或归结于近代中国已失去了重心。西潮冲击之下的中国士人，由于对文化竞争的认识不足，沿着西学为用的方向走上了中学不能为体的不归路，失去了自身的文化立足点。立足点的失落造成士人心态的剧变，从自认为世界文化的中心到承认中国文化野蛮，退居世界文化的边缘。结果，从思想界到整个社会上都形成一股尊西崇新的大潮，即使称作"新的崇拜"也不为过。

思想权势的转移是与社会权势的转移伴生的。以士农工商四大群体为基本要素的传统社会结构，在自身演变出现危机时，恰遇西潮的冲击而解体。居四民之首的士在向新型知识人转化的过程中，却未能避免读书人整体在社会上的边缘化。伴随着近代正统衰落、异军突起的整体趋势，边缘知识人和军人、职业革命家、工商业者等新兴社群一步步崛起，进而出现听众的拥护与否决定立说者的地位、老师反向学生靠拢这样一种特殊的社会权势再转移。

不论从思想演化还是社会变迁及其互动关系看，近代中国可以说已失去重心。由于旧者"欲避顽固之名"，而新者还要更新，中间主干之位的空虚就成为近代中国的持续现象。甚至经典的淡出和帝制改共和这样以千年计的根本巨变，也没能改变新旧之争的绵延持续。因为前者本是重心丧失的一个关键因素，后者似亦未能形成一个新的重心。这最能提示新旧之争与思想社会失重的关联，也说明这一现象在近代史上举足轻重的地位。

由于趋新大趋势的影响，既存研究中偏旧的一方往往处于失语的状态，这在很大程度上影响了我们对新旧本身及其竞争的认识。但旧的失语并不意味着旧的隐去，有时反因此而过度彰显其旧的形象。例如，在较长的时间里，学界多以为近代湖南区域文化的主流倾向是守旧，其实湘学原处边缘，因湘军兴起而导致"湘运之起"，才逐渐走向中央。咸同一代湘籍人物基本在洋务这一趋新路向之上，这才是近代湖南文化的主流。到后湘军时代，新派在甲午后重建从魏源到郭嵩焘、曾纪泽这一趋新学脉时，旧派提不出可以取代的著名湘籍学人，只能予以默认，故乡邦意识使湖南士人难以完全守旧。

另一方面，正因一些湖南旧派代表人物在既存研究中的失语，他们的内心世界和真实思想及其对国情的实际认知，都较少为人所关注，而往往据其旧的标签做出带有价值倾向的判断。实际上，戊戌维新时期旧派中最受瞩目的王先谦和叶德辉，也都主张变法(具体内容与新派有别)，并曾一度支持或实际参与新政(程度有不同)。若认真考察史实，他们的思想观念都颇具新成分。与此相类，新派中人也有不少旧观念，如南学会主讲皮锡瑞，主要是态度趋新，在学理上则不甚知新，而更多处于在游泳中学习游泳的阶段。

当时新旧双方的许多思虑其实相近，也暗中分享不少对立面的观点。他们都认识到西潮冲击对中国的重大影响，并思有以因应，其区别主要在于对冲击影响所及的面相、严重性以及迫切的程度之上：新派害怕不行新政则瓜分之祸亟，外患又必引起内乱，从而造成亡国；旧派则认为人心不固将先生内乱而招外侮，然后亡国。重要的是，湖南的旧派在相当时期内实际是与改革的朝旨作对，这一非常规的政治行为，要求更深入的分析和诠释。充分认识到新旧中西之间的纠结缠绕，就可看到，旧派诸人不甚反对西学，而更反对康有为模式的公羊学。因为后者的自乱阵脚危及文化的根本，远比引进西学可怕，故不能不挺身出来说话。

如果说清末代表时代的标志性人物是康有为和梁启超，进入民国不久，他们就为陈独秀和胡适所取代。陈独秀被胡适称作"终身的反对派"，其传奇人生尤其充满对立、紧张和颠覆。他一生言论的核心，即在帝制改共和这一根本转变之下，"国"与"民"的关系需要厘清和重构，并在此基础上建设一个现代的国家。陈氏因发出了时代的声音而引起瞩目，又因关注趋新青年这一社会变迁的新兴群体而赢得了大量追随者，更因倡导从国家向国民、从政治到文化的转向而起到开风气的作用，很快形成全国性的影响，与胡适一起成为新的标志性人物。

在此进程中，陈独秀创办的《新青年》成为“五四”时最重要的刊物，但后期则出现了明显的转向，与陈本人的思想转变密切相关。在胡适看来，转向的直接诱因，是陈独秀不再继续担任北大文科学长。此事涉及校内的大学体制构建，以及与办学取向相关的人事之争。而陈氏在自由主义和马克思主义之间的转移，以及他和胡适之间的相互影响，都揭示出“五四”远比我们认知的更丰富多彩。正是读书人的责任感，使陈独秀从不谈政治到谈政治，最终走向直接诉诸行动的政治革命；但实际政治运作非其所长，在孤寂落寞的晚年，他还是回归到了文章士的行列。

《新青年》转向有着更广阔的因缘脉络，就是当时北京的新旧之争（全国亦然，但更直接的冲突多表现在京城）。那时文学革命逐渐向思想领域发展，引起一些文化守旧者的不安和不满，但由于旧派的整体失语，挺身而出的反是旧资格有些不足的林纾，其认同危机使他在这次新旧之争中屡屡进退失据，表现出一个与戊戌前后湖南情形相近似的现象，即新旧人物的社会分野与其思想观念并不完全成正比，两派以及各派之中不同人物的思想、心态与社会行为，均可见明显的相互参伍与错位。

尽管今人已在思考怎样继承“五四遗产”，其实不论是广义还是狭义的“五四”，都还有一些基本史实没搞清楚，仍是一个言人人殊的状态，离盖棺定论尚远。而其中一些迷思，就起于当时的当事人。胡适等新文化运动领导人，特别看重他们“与一般人生出交涉”的取向，或暗示或明示这方面的成功，并为很多后之研究者所接受。实则文学革命更多是一场菁英气十足的上层革命，其效应主要也在向往上升到菁英的边缘知识青年中间。

但不论其社会反响是否出于普通的“一般人”，正因这样一种想要“生出交涉”的主动倾斜，遂促成一个前已提到的特殊趋势，即听众的拥护与否决定立说者的地位、老师反向学生靠拢。“五四”以后，“学生”这一近代新教育的社会成果日渐脱颖而出，体现出群体的自觉，并被赋予救国救民的重任，却也越来越疏离于教育和学术本身。当时的老师辈即已观察到这一现象，并有试图把学生从社会拉回课堂的努力，但不很成功。

“五四”那丰富多歧的面相，也可由后人对“五四”基本观念的发展去认识。新文化运动两个基本口号是科学与民主，在“五四”学生运动后各有过一场较大的争论，即1923年的科学与人生观(玄学)之争和北伐成功之后关于“人权”的论争以及“九一八”后的民主与独裁之争。从思想史的角度看，这两次争论可以说是后“五四”时期中国思想界对“五四”基本理念的反思，参与者包括不少“五四”时的领军人物，较能反映同一批人在时代转变后对原有基本理念的重新检讨。

不过，这些反思基本是在尊西趋新的阵营中进行，较少受西方文化影响的“保守”者，以及正脱除西方影响的章太炎等人，便不在此“语言天地”之中，其关怀有所不同，也几乎不怎么关注这些争论。① 在一定程度上，科学与玄学之争又是那时不同的新文化运动之间的论争。②而且，随着第一次世界大战后“西方的分裂”和北伐带来的政权转移，“新旧”似逐渐淡化，而“中西”的辨析又一度升温。再后来出现的“左右”分野和对峙，多少是西方的不同“主义”以中国为战场开展斗争(唯“西与西斗”的表象仍时时反映着中西之争的实质)。③

部分或因“九一八”后国难的深重，中国思想言说中传统似显回归的征兆。但主要不是表现在那些提倡中国本位文化者(仔细考察，便可知他们的思想资源多从西来)，而是全盘西化论的提出。后者是西潮有所衰落的表征，盖前此大家皆西向，本不必再言西化；只有到西化已成疑问之时，才需要大肆鼓吹。西化而必须争，且须全盘，正反映出西化派本身在“西方分裂”语境下的危机感(当然，这是已居正统者对边

① 关于“语言天地”(the universe of discourse)，参见钱锺书：《管锥编》(三)，1108～1109页，北京，生活·读书·新知三联书店，2007。

② 参见北京大学历史学系周月峰完成中的博士论文《求解放的改造：梁启超等人的新文化运动》。

③ 参见罗志田：《西方的分裂：国际风云与五四前后中国思想的演变》，载《中国社会科学》，1999年3期。

缘上升那种潜在危机的预感）。

这些不同的态度，也表现出立言者对本国文化传统和世界文明的认知。那些一度主张全盘西化的，其实可能更相信传统的力量（虽更多从负面的惰性着眼）；那些试图维护中国本位文化的，反有些自信不足，似乎再不做有形的提倡，传统便可能在无形中消逝。最著名的西化提倡者胡适敢于认为西人已不能正确认识自己文明的优点，中国对世界文明的贡献在于帮助西人认识到“西方文明最伟大的精神遗产”是社会主义。① 而后来有些学者试图发掘中国传统中所谓“普世”性的优良成分以贡献于人类，其实更多是要寻找中国传统中与西方价值相同或相通的成分，无意中恐怕多少还有点东方主义的影子在。

或可浑融的中外之迹

梁启超曾把近代中国称作“过渡时代”，从政治到社会，生活到心态，思想到学术，无不反映出某种半新半旧、亦新亦旧的状态，“互起互伏，波波相续”。② 新旧中西之间的紧张和纠结，发源于百多年前，虽时松时紧，迄今仍在影响我们。朱自清后来说，那是“一个动乱时代。一切都在摇荡不定之中，一切都在随时变化之中”。③ 新旧中西的关联、互动与竞争，就是一个典型的代表，在摇荡不定之中随时变化，表现出众多似是而非的诡论(paradoxical)现象，确实需要辩证地认识。

前所说北伐后“新旧”的淡化和“中西”的升温，恰与庚子后朝廷谕旨的立意相反，既表现出政治变更对思想言说的影响，也提示出更深邃的意蕴。作为实体的中西，本是相对固定的，而新旧则一直处于发展之中。然而近代中国的新旧本更多是中西的表现(representation)，新旧之争也大致由中西“学战”内化而来。

---

① 参见罗志田：《再造文明的尝试：胡适传》，270～271页。

② 梁启超：《过渡时代论》(1901)，见《饮冰室合集·文集之六》，27～30页，北京，中华书局，1989年影印。

③ 朱自清：《动乱时代》(1946年7月)，见《朱自清全集》，第三卷，朱乔森编，115页，南京，江苏教育出版社，1996。

在“道出于一”的阶段，中西向新旧的转换更多在认知层面，“从新”只是一种提升，虽已有些取代的意思，毕竟还是隐晦的。若“道出于二”，则“尊西”就意味着在意识层面也要弃中，不啻一种皈依式的“降伏”。或许这可以解释严复的转变：其早年主张实际的全盘西化，只是“道出于一”意义上的提升；晚年退而区分中西以维护中学，却是在“道出于二”层面的退守。

不过，“道出于二”至少还是各存其“道”，虽已退而尚有所守，还是一种相对理想的状态；清末朝野的实际作为，有意无意间已开启了一种另类的(alternative)“道通为一”(借庄子语)，实即“道出于西”。入民国后，随着国人对西方了解的步步深入，“西与西斗”的现象也层出不穷。大家所争的，是要追随西方最新最好的主义和学说。

对于中国而言，那是一个学习的时代。在很长的时间里，必须向西方(及其变体日本和俄国)学习，已成朝野一致的共识。20世纪的几次政权转变，都没有影响这一基本的思路和走向。所改变的，只是向谁学和怎样学一类面相。

近代国人的学习西方，是想学中国所没有、所需要的。从新旧视角看，倘若要学的是一种已完成的“新”，即新本身不过是外在的或外来的，则学习本身也有“完成”的可能。这样，学习者或学生的地位是可以改变的。但一方面，这“需要”本身可以是灌输、塑造或构建出来的，新的不足和缺陷被“发现”不仅有可能，也表现在实际的学习过程中。另一方面，因为要学最新的，而外在的“新”本身也是发展的，结果就是学习者自己永远不够新，永远处于不断更新的阶段，也就是永远要学。

在这似无尽头的持续学习进程中，怎样保持自我，成为对几代读书人的一大挑战。如果政治体制变了(帝制改共和)，日历、服装(后来还有丧葬)等基本生活方式变了，指引人生的纲常伦理也变了，连主体的精神、思想都变了，这还是那个“中国”吗？如果中国仅成一个符号，而且这符号还变了意思(即不再是天下之中，也不代表与夷狄不同的华夏，而仅是特定空间及其中的一群人)，那中国的意义何在？

这直接牵涉到中国的“国性”(national identity)或中国性(the Chineseness)的根本问题。所有那些主张“师夷之长技以制夷”，到中体西用，再到清末到底是黄帝还是孔子代表中国，一直到民初的国体与纲常，以及新文化运动时的伦理与政治的种种论争，都集中体现了同一方向的思虑——所谓国家或民族的文化体系，到底是立体的还是平面的？到底是一个可分的组合体，还是一个不可分的整体？

前一问题的核心，即几千年甚至更长的历史积累，以及对此积累的记忆，是否是一个文化(甚或国家)的必要组成部分；后者则在于，文化的改造是必须整体地全部改变，还是可以保留一部分原有的，增添一部分外来的，进而衍化出一个新的组合体？

对于前者，其实没有多少正式的争论，但从清末章太炎对历史民族主义的强调到民初那些想把传统"送进博物院"的鼓吹①，便体现出截然不同的态度。对于后者，从严复的牛体不能马用②到鲁迅等的 all or nothing 主张③，都表现出一种或存或弃的整体观(要进一步区分是故意说还是真相信)；而陈寅恪那"一方面吸收输入外来之学说，一方面不忘本来民族之地位"，则表现出一种切分组合的取向。④ 这些不同的选择，都要放在学西方的大背景下认识，主张中国完全不变的，几乎见不到(至少没怎么出声)。

各种不同意见背后隐伏着共同的主题——即使以"务实"为目标、"求是"为准绳，在外向学习中，是否要保持，以及怎样保持自我的主体性。这并非想要回归原来的"道出于一"，却也在有意无意间回避着"道出于西"；更多是在"道出于二"的大背景下，探索如何各存其道(却并非各行其道)的蹊径。若以和而不同为追求的境界，"浑融"还真是不错的选择。清季避难西安的君臣，仓促间不失文思之微妙，仍存几分

① 参见罗志田：《送进博物院：清季民初趋新学者从"现代"里驱除"古代"的倾向》，载《新史学》，13 卷 2 期(2002 年 6 月)。

② 参见严复：《与〈外交报〉主人书》，见《严复集》，王栻主编，第 3 册，558～559 页，北京，中华书局，1986。

③ 鲁迅：《热风·随感录四十八》，见《鲁迅全集》，第一卷，336～337 页，北京，人民文学出版社，1981。他自己的译文是"全部，或全无"，见鲁迅：《在现代中国的孔夫子》，见《鲁迅全集》，第六卷，313 页。

④ 陈寅恪：《冯友兰〈中国哲学史〉下册审查报告》，见《金明馆丛稿二编》，284～285 页，北京，生活·读书·新知三联书店，2001。

“临难毋苟免”的气度。

傅斯年后来说，“天下事不可有二本”，却又不能仅是一本。盖“传统是不死的”，一个民族也不可能“全盘化成别人”。故一方面必须“承认传统的有效性”，即“认清中国文化传统的力量”，并“认定它是完全抹杀不了的”；同时“也要认定它与时代的脱节”，不能不“为传统受影响而预作适应之计”，准备“做彻底的修正”。这就是“求其适中”。而所谓适中，“并不是一半一半揉杂着，乃是两个相反的原则，协调起来，成为一个有效的进步的步骤”。① 这样相反相成的对立统一，充分体现了“和实生物，同则不继”(《国语·郑语》)那可持续发展的古意，或可视为“浑融”取向的现代表述。

近代传统日趋崩散，新的思想资源也凌乱无序(还有相当一些是转手的)，士人在不间断的纠结和挣扎中，一面收拾外来学理，有意无意之间又结合散乱零落的传统因素，试图重整文化秩序和政治秩序，反思人与人的基本关系，甚至考虑是坚持还是重构以家庭为基础的社会模式。这些持续而仍在进行的探索和调适，是新旧之争最具建设性的面相，反映出中国的国性那开放而包容的传统。在此进程中，各式各样的组合不断呈现，虽非新非旧、不古不今，甚或“童牛角马”，中国文化却开始获得新的生命样态。②

人类今天面临着前所未有的人际、群际、国际甚或天人的冲突，往往衍为对峙。有些长期积累的畛域，或不那么容易泯除，却真有“浑融”之可能——有所存留、有所超越。不妨学学近代中国那些以“天下”为己任的读书人，先放弃中西新旧甚至所谓“普世”等分类前提，直观各文化中可以帮助今人解决人与人、人与自然等基本关系的思想资源，或真能让世界变得更美好。

---

① 傅斯年：《中国学校制度之批评》(1950)，见《傅斯年全集》，第6册，119～126页，台北，联经出版事业公司，1980。

② 本段一些想法，承北京大学历史学系王果同学提示。关于考虑重构以家庭为基础的社会模式，参见北京大学历史学系赵妍杰关于近代中国家庭革命的博士论文(完成中)。“童牛角马”出自《太玄经》，是陈寅恪爱用的语汇，用以指陈一种“同异俱冥、今古合流”的化境，连天人关系的改变也可能包含在内。参见罗志田：《陈寅恪的“不古不今之学”》，载《近代史研究》，2008年6期。

鸣 谢

下面一段话已多次出现在拙作的序言之中，仍愿重复一遍：本书倘幸有所得，都建立在继承、借鉴和发展既存研究的基础之上。由于现行图书发行方式使穷尽已刊研究成果成为一件非常困难之事，对相关题目的既存论著，个人虽已尽力搜求，难保不无阙漏。同时，因论著多而参阅时间不一，有时看了别人的文章著作，实受影响而自以为己出者，恐亦难免。故在向既存研究的作者致谢之同时，我愿意申明：凡属观点相近相同，而别处有论著先提及者，其"专利"自属发表在前者，均请视为个人学术规范不严，利用他人成果而未及注明，请读者和同人见谅。

本书各文写作时间相差很多，因论述相关，不免有重复之处，自己有时还不易察觉。苏州大学历史系的鲁萍老师代为核阅一过，指出了重复之处；此次改写过的旧文，又承北京大学历史系的王波同学代为核阅。这都是我非常感谢的！凡是史料叙述重复之处，现已尽量删并。个别有代表性又很能启示人的话，则虽引用两次以上，仍予保留。敬祈谅解。我在《权势转移》的修订序中说：

> 现在重看旧作，印象特别深的是每篇文章前面有那样多致谢的人。因为那时的治学条件确实差，尤其在成都治近代史，资料非常缺乏(四川早年主持图书馆的老先生基本不视近几十年的历史为正当学问，所以不重视这类史料的收藏)，不得不境内外四处求援；与今天材料多到看不完的状态，真不可同日而语。各文中致谢的人，有的已归道山，许多成了大人物。这次的修订，凡是前辈和平辈，姓名皆删略(感激则永存心中)，仅留下那些帮助过我的年轻人之姓名。
>
> 也因当年的资料状况，文中使用材料的版本各异，尤其是历史上不那么"进步"甚或"政治不正确"的人物，其文集昔年很难再版，几乎是找到什么用什么，显得相当杂乱。这次凡修改之文，

尽量改用新出的全集一类统一文本，余亦仍旧，只能以后再进行全面的修订。如有因此而产生的文字歧异和错误，非常希望发现的读者予以指正。

尽管本书各文尚不成熟，恐怕会有辱师教，但我仍愿意在此衷心感谢成都地质学院子弟小学、成都五中、四川大学、新墨西哥大学、普林斯顿大学各位传道授业解惑的老师以及这些年来我所私淑的各位老师。他们在我修业问学的各个阶段中都曾给我以热诚的关怀和第一流的教诲，在我毕业之后继续为我师表，诲我不倦，这或许是我比一些同辈学人更为幸运之处吧！本书各文若幸有所获，悉来自各师的教导。当然，所有谬误之处，皆由我个人负责。

当老师的一大好处，就是可以教学相长。近年新出各文，都曾经过我一些学生的审核，大大减少了错别字和不通不顺的表述，已在各文中致谢，但我还想在这里再次表示谢忱！

2013 年 3 月 28 日于旅京寓所

目　录

失去重心的近代中国：清末民初思想与社会的权势转移

百多年的“近代中国”，乱多于治，可以说没有十年的安稳日子；与两千年“传统中国”的治多于乱、总有一千多年的安定适成鲜明对照。过去许多人爱说中国是睡狮，发展停滞，似乎不很高明。但睡狮初醒，似仍类虎落平阳，外遇强权，尚难自保；内则试图“取而代之者”此起彼伏，你方唱罢我登场。对于一般老百姓，恐怕还不如发展停滞时那样宁静。20世纪前期更是中国变化最剧烈的时段，不仅政治舞台上的新角色层出不穷，思想界其实也是新人辈出，又均未能形成持久的影响。

近代中国何以久乱而不治？一言以蔽之，就是没有一个文化、社会、思想的重心。章太炎在1918年注意到：“六七年来所见国中人物，皆暴起一时，小成即堕。”重要的是，“一国人物，未有可保五年之人，而中间主干之位遂虚”。① 约一年后，胡适也感叹说：“十年来的人物，只有死者能保住盛名。”② 他们两位堪称各自那一代人的翘楚，当时的文化立场颇不相同，却在大约同时注意到同样的现象。其所见虽是民初之事，揆诸后来的历史，这个现象基本是持续的。

且章、胡二氏自己，亦在此循环之中。君不见太炎说此话之时，他本人及严复、康有为、梁启超诸贤都还在壮年，却不得不让年少的

① 章太炎：《对重庆学界的演说》（1918年3月），见《章太炎讲演集》，马勇编，73页，石家庄，河北人民出版社，2004。

② 胡适：《致高一涵等（稿）》（1919年10月8日），见《胡适来往书信选》，上册，72页，北京，中华书局，1979。

胡适"暴得大名"。① 的确，清末民初中国思想界的激进化，真是一日千里。从新变旧，有时不过是几年甚至几个月的事。曾开一代风气的"新党"代表梁启超，就是在很短时期内就被其追随者视为保守而摒弃，不得不反过来"跟着少年跑"。②

胡适就曾是梁启超的追随者，但也遗憾地指出："有时候，我们跟他走到一点上，还想望前走，他倒打住了……我们不免感觉一点失望。"③ 以温和著称的胡适如此，激进者自不待言。而胡适不久也重蹈梁氏的覆辙。他得名后不及十年，亦旋即被一些也想西化但更年轻的新知识菁英视为"新文化运动的老少年"，已"中止其努力"了。梁叔莹责备胡适一辈说："这些老少年们还没有做完他们前驱的工作，还没有把一班人带上了新时代的坦途上，他们便撒手不管了。"④ 其想法和思路，与胡适当年责备梁启超未尽带路之责，如出一辙。

到 1932 年，胡适对于近代中国始终乱哄哄的局面有了进一步的理解，知道了没有大家敬仰的"人物"在，乃是中间主干之位空虚的表象，大致与章太炎达成了共识。那时他认识到：中国那六七十年的历史所以一事无成，中国的民族自救运动之所以失败，"都只因为我们把六七十年的光阴抛掷在寻求建立一个社会重心而终不可得"。⑤

近代中国何以久无社会重心？胡适以为是因为中国离封建时代太远，对君主制的信念又为堕落的清季朝廷所毁坏，再加上科举制使社会阶级太平等化，人民穷而无资产阶级，以及教育不普及，也不存在有势力的知识阶级等。这些见解大多有些道理，但也不免有些"隔"。且其所说的科举制度，恐怕正是过去两千年之所以能有社会政治重心

① 参见余英时：《中国近代思想史上的胡适》，见《现代危机与思想人物》，129 页，北京，生活·读书·新知三联书店，2005。

② 参见钱基博：《现代中国文学史》，361 页，北京，中国人民大学出版社，2004。

③ 胡适：《四十自述》（1931—1932），见《胡适全集》（18），59～60 页，合肥，安徽教育出版社，2003。

④ 梁叔莹：《思想上的新时代》，载《晨报副刊》，1927 年 2 月 14 日，1 版。

⑤ 本段与下段，胡适：《惨痛的回忆与反省》，载《独立评论》，第 18 号（1932 年 9 月 18 日），11～13 页。

的重要基础条件。

太炎的认识更为深刻。在他看来，这是因为近人“不习历史，小智自私，小器自满”。盖“历史之于任事，如棋谱之于行棋”。晚清从曾国藩到张之洞，对历史知识，素所储备，故尚能得力。民国人不习历史，恰如不习谱而妄行棋，则“成败利钝，绝无把握”，遂造成“一国无长可依赖之人”的局面。① 章氏所说的历史，其涵盖远比一般人所认知者更广大，约略即在清季爱说的国粹，也就是我们今日所说的文化。

近代中国读书人因文化竞争失败，竞相学习西方，从西学为用走上了中学不能为体的不归路。正所谓邯郸学步，反失其故。自身的立脚点一失去，就出现了国中人物“暴起一时，小成即堕”的现象。因此，国无重心的状态，不能简单从任何一个方面解释，而当纳入中国社会发展的内在理路及西潮冲击之下整个近代中国的巨变这一纵横大框架中进行探讨，注重思想演化与社会变迁的互动关系——社会结构的变迁可能引起思想的转变，而时人心态变化也可以反观社会的变动，后者尤可弥补现存社会统计资料的不足和不准确。

简言之，那是一个整体失范的时代，中间主干之位的空虚是全面的。其结果，不论思想还是社会，都呈正统衰落、边缘上升的趋势。② 在思想方面，中国读书人在不知不觉中被西方改变了思想方式，沿着“西学为用”的方向走上了“中学不能为体”的不归路。在社会方面，居四民之首的士向知识人转化，而知识人也在社会意义上逐步边缘化，以及边缘知识青年的兴起，是一个连续、相关而又充满变化的进程。

一、思想权势转移：从西学不能为用到中学不能为体

近代中国之所以久乱而不治，西潮冲击是一个主要原因。而其渊

---

① 章太炎：《对重庆学界的演说》，见《章太炎讲演集》，73～74 页。

② 胡适曾用“‘正统’的崩坏，‘异军’的复活”来描述新文化运动后中国学术界的倾向，窃以为也非常适合整个近代中国思想、社会的大趋势。参见胡适致钱玄同，1932 年 5 月 10 日，见《胡适全集》(24)，118 页。

源，尚更在西潮东渐之前。龚自珍在道光年间，已指出中国本身思想文化重心由京师向山林的倾移。他在那时写的《尊隐》中，便注意到“古先册书，圣智心肝”及“人功菁英，百工魁杰”等，均已“不留京师”；于是那里的有识之士既贫且贱，而“豪杰益轻量京师，则山中之势重矣”。孔子早就说过：“天下有道则见，无道则隐。”（《论语·泰伯》）只要天下有道，士人就应出仕。而龚生此文竟名为《尊隐》，俨然影射彼时已是天下无道，故士人流向山林，致国失重心。

这样看来，中国之衰败，不待西潮冲击已经开始了。但近代更重要的思想权势转移，无疑是士人面临西潮的全方位荡击，被迫做出反应，从而引出一系列文化、社会、经济、政治以及思想的大变化。就思想文化而言，中西之间的文化竞争是中外矛盾的关键。西方在文化竞争方面是有备而来，中方则是在竞争过程中才逐步认识到时人所称的“学战”的重要，故在不知不觉中被西方改变了思想方式，可以说是沿着“西学为用”的方向走上了“中学不能为体”的不归路。在失去文化立足点后，更因多层次的心态紧张步入激进化的轨道，造成思想界群龙无首、不知所趋的局面。

由于中国士人在文化竞争中的失败，西方对中国的文化渗透逐渐由中国知识人来起主要的作用。早在1891年，康有为已指出当时士人“稍知西学，则尊奉太过，而化为西人”。① 到1895年，严复就认定所有中国学问既不能致中国于富强，也不能救中国于危亡，故通通可说是“无用”，皆应暂时“束之高阁”。② 而且，正是严复译述的《天演论》，特别是他把进化论化约成的“优胜劣败，适者生存”的简单公式，最后说服了许多中国士人。有此理论，强力就成了最好的说服手段。既然中国屡被战败，则其文化必然低劣。中国人从以前不以成败论英雄到承认败即是劣，其价值观念已基本转到西方一边。西方在改变中国人的思想方式一点上已基本成功，西方文化优越的观念在中国

---

① 康有为：《答朱一新》（光绪十七年），见《康子内外篇（外六种）》，171页，北京，中华书局，1988。

② 转引自 Benjamin Schwartz, *In Search of Wealth and Power: Yen Fu and the West* (Cambridge, Mass., 1964), p. 87.

士人心目中已经确立了。

一旦中国人承认自己文化低劣，则为了自救，除了学习西方之外别无选择。在这种情形下，自以为“野蛮”，主张为重建新中国新文化而破坏自己的固有文化，都是顺理成章的发展。其结果，便是出现一种“新的崇拜”：新即是善，旧即是恶；新旧和进步与保守渐成价值判断的依据。而新又是西方式近代化的代名词。英文的 modernism，今日是译作“现代主义（或近代主义）”的，在那时却翻译为“从新主义”①，极具象征意义。

一方面，新旧之争始终是近代中国一个持续的现象；另一方面，由于新旧本身已成价值判断的基础，守旧一派不仅不能成为主流，也确实提不出对现实问题的解决方法，因为他们很难从复旧（已经失败的旧）中展现出一个比当下更好的未来。新文化运动可能是最后一次显著的新旧之争，此后思想界稍具代表性的论战，基本都是新与新战；在所谓思想界，旧派已大致失语。

鲁迅的一次描述，最能表现旧派的失语。他在 1926 年回忆说：自己少年时读《天演论》等新书，就有本家的老辈说他不对，并示之以许应骙参康有为变法的奏折。可知清末还有“老辈”试图与趋新者争夺下一代，但显然不成功。鲁迅在引用了“臣许应骙跪奏”后说，“那文章，现在是一句也不记得了”。② 以当年抄书背书的习惯，鲁迅很可能是故意这么说。但这一手法恰揭示出目前教科书、通史甚至专门论著中的现象——在这些叙述里，我们都看到反对变法的许应骙（时由总理各国事务衙门大臣转任礼部尚书），但他具体说了什么，则大家并不十分关心，几乎也像鲁迅一样，一句都不引用。

许应骙在那份奏折中引用了前协办大学士李鸿藻的一个判断：“今之以西学自炫者，绝无心得，不过借端牟利，借径弋名。”③ 他对此表

---

① A. H. Mateer, *Hand Book of New Terms* (Shanghai, 1917), p. 80.

② 鲁迅：《朝花夕拾·琐记》，见《鲁迅全集》，第二卷，296 页，北京，人民文学出版社，1981。

③ 《许筠庵尚书明白回奏折》，见苏舆编：《翼教丛编》，28 页，上海，上海书店出版社，2002。

示赞同，无意之中却点出一个重要的社会现象：近代趋新形成风气甚早，且已落实在上升性社会变动（social mobility）之上。人莫不思“上进”，既然可以“自炫”，可以“牟利”，可以“弋名”，西学在当时的社会功用实在不小。如此流风所播，故有黄远庸后来所描述的现象：“乔木世臣、笃故旧绅，亦相率袭取口头皮毛，求见容悦。”① 可知趋新的持续，正是晚清的大趋势。

而新旧势力的消长和竞争，又以辛亥革命为一个大转变。最主要的变化即是新旧之间的攻守之势变了。过去是因为旧的不好，所以要新。林白水于1902年在《杭州白话报》的一段话说得简单明了：

> 因为是旧学问不好，要想造成那一种新学问；因为是旧知识不好，要想造成那一种新知识。千句话并一句话，因为是旧中国不好，要想造成那一种新中国。②

辛亥革命后，就完全反过来了。陈独秀在《新青年》上明白指出：

> 要拥护那德先生，便不得不反对孔教、礼法、贞节、旧伦理、旧政治。要拥护那赛先生，便不得不反对旧艺术、旧宗教。要拥护德先生，又要拥护赛先生，便不得不反对国粹和旧文学。③

为了拥护新来的西方民主与科学，中国传统的一切差不多都要反对干净了。“五四”新文化人有意以西方为本位的取向，在这里是非常明显的。

那时在北京的美国哲学家杜威，就注意到中国这一尊西崇新的大趋势。1921年6月30日，杜威在北京各界给他送行的大会上，谈其对中国的印象，“青年方面呢，都渴望新思想”，而“毫无守旧的态

---

① 黄远庸：《新旧思想之冲突》，见《黄远生遗著》，卷一，120页，台北，文海出版社影印，上海1938年增订本。

② 转引自章伯锋、顾亚主编：《近代稗海》，第12辑，427页，成都，四川人民出版社，1988。

③ 陈独秀：《本志罪案之答辩书》，载《新青年》，6卷1期（1919年1月），10页。

度”。而在知识阶级中，“就是年长的人，也很肯容纳新的思想，与青年有一样的态度”。杜威指出：“全世界无论哪一国里，要找这一群青年，恐是很难的。”换言之，中国读书人无论少长，其趋新已达世界少有的程度。①

严复以为，近代中国士人对于新说的态度有二：“不为无理偏执之顽固，则为逢迎变化之随波。”究其原因，就是对中国的传统学问，“除以为门面语外，本无心得；本国伦理政治之根源盛大处，彼亦无有真知”。一句话，关键还是心中“本无所主”，所以表现出进退失据的现象。② 换言之，如果中学不能为体，西学也就难以为用。钱穆指出：中体西用虽然是晚清士人的共识，但当时的人“实在也并不知道中学之体是一个什么体。自己认识不足，在空洞无把柄的心理状态中，如何运用得别人家的文化成绩”？结果“西学为用”也不能成功，实即体用皆空。③

中国文化失败最具象征性的现象，即是从20世纪初到现在，国人对于“国粹”的内容仍无定论。实际上，“国粹”一开始更多是由思想界的“非主流派”提出的（那时的主流仍是康、梁，特别是梁启超），且从未得到完全肯定（尽管所谓国粹派，其实也是部分由西方思想武装起来的）。近日海峡两岸出版物中，“国粹”一词已极少出现。偶尔提到时，如非贬义，也多半类似博物馆中的青铜古镜，只能引起念旧的幽思，却不能作为民族认同的基础。

如前所述，章太炎正是以近代中国人不习“历史”——即传统的失落——来解释国无重心的现象。民初“一国无长可依赖之人”局面的形成，即因略有所成之人皆“不习历史，胸襟浅陋”，故其得势就像

---

① 杜威的话，当时在会上就由女师大代表吴卓生的致辞所证明。她说：“中国人有许多崇新太过了，以为男女之间可以毫无拘束，所以很闹些笑话。”还靠杜威的夫人和女儿在北京期间以演讲和人格感化，才搞清楚真正“新”的外国人其实并不如此。见《胡适日记全编》（曹伯言整理，合肥，安徽教育出版社，2001），1921年6月30日，第3册，344页。

② 严复致熊纯如，1916年9月20日，见《严复集》，第3册，648页，北京，中华书局，1986。

③ 钱穆：《中国思想史》，165页，香港，新亚书院，1962。

"无源之水，得盛雨为潢潦"，自然不能持久。① 也就是说，国无重心的原因，正在于得势的风云人物已不能把握中国文化传统。

另一方面，这一比喻也提示了社会变动与思想权势转移的互动关系。清季民初社会政治都呈乱象，所以"盛雨"频仍，"暴起一时"的人物确实不少。盛雨之下能否成潢潦，有时也不完全因个人的胸襟学养。太炎自己的"历史"知识，当世或不作第二人想，但也只在清末革命时"暴起"，民国建立后几年间，就不但没有成潢潦的迹象，反已有过时之虞。章氏在民国后的思想界，基本处于较边缘的地位，在政界就更不必说了。尽管他自认长于论政，其涉应世变，亦一向"专恃历史之力"；且其对于民国时局，更经常"苦心直言"，唯听者却"多不见信"。②

唐德刚先生曾说，思想家的"思想"一定要与现实的社会变动相配合，要主观客观"里应外合"，才能产生大的影响。③ 但以"历史"知识武装起来的太炎思想，那时似乎就与当下的社会变动和社会思潮"里应外合"不起来。可知章氏所说的"历史"，要大家都习才行。曾国藩、张之洞的时代，全国大多数士人都还未失其"故"，所以他们尚能占据中心。入民国，则全社会绝大多数人都已不习"历史"，即使如太炎等少数人习之，也不能形成今人所说的全国性思想言说（discourse）。少数人所习的"历史"不为大家所接受，自然不能占据那空虚的中间主干之位。余家菊稍后观察到：

> 全国是非淆乱，大小颠倒。只有势力上的趋炎附势，没有真值上的佩服钦仰。得势则剧盗可以受万众的膜拜，失势则党魁不免为党徒所笑骂。中国十年之乱，非由于武人跋扈，非由于政客播唆，乃由于无一能领袖群伦之人；非真由于无人能领袖群伦，实由于群伦不肯为人所能领袖。彼此年龄相似，势力相似，德望

---

① 章太炎：《救学弊论》，载《华国月刊》，1卷12期（1924年8月15日），1（文页）。

② 章太炎：《对重庆学界的演说》，见《章太炎讲演集》，74页。

③ 唐德刚：《胡适杂忆》，79页，北京，华文出版社，1990。

> 相似，于是不肯相下、群雄不并立的现象，大之如一国的政治中心，小之如一校的学生集会，无不皆然。①

在政治方面，社会学教授许仕廉到1926年也有类似的观感，以为“目下中国心理的环境，最为悲惨，其原因就是无英雄可崇拜。现在一般大头目小头目，谁也不崇拜谁”。② 但余家菊的观察更为深刻，即在无人能领袖群伦的表面现象下，隐伏着政治、思想、学术等全方位的典范转移——由于全社会都不习章太炎所说的“历史”，即使有各方面的人才，“群伦”也不肯为人所引领。

而全社会都不习“历史”的现象，无论有意无意，均体现出一种思想权势的转移。张之洞曾说：“世运之明晦、人才之盛衰，其表在政，其里在学。”③ 关于中国政治与学术关系的传统观念，这是一个典型的表述。由此看去，思想权势的转移不但是民初国无重心这一整体现象的一个重要组成部分，而且是造成这一现象的主要原因之一。但思想权势转移本身，又与社会权势的转移相关联。世运明晦、人才盛衰所反映的，正是社会的变迁。

中国人既然六七十年来一直在“寻求建立一个社会重心而终不可得”，说明中国的社会重心是到近代才没有的。章太炎对中国失去重心的解释虽颇为深刻，仍只见到问题的一面，不能完全解释这一失去重心的现象，还须从其他方面去认识。前引胡适对近代中国一事无成的解释，虽不那么妥帖，却已提示了新的诠释途径，即从社会方面探索思想和政治演变的原因。这个问题近年由余师英时做出了进一步的解答，其中一个根本原因，就是从传统的士到现代的知识人的社会大

---

① 余家菊：《国庆日之教育》(1923)，见他与李璜合著的《国家主义的教育》，93页，台北，冬青出版社，1974，再版。

② 许仕廉：《再论武力统一》，载《晨报副刊》，1926年5月11日，7版。

③ 张之洞：《劝学篇·序》，见《张文襄公全集》，第4册，545页，北京，中国书店，1990，影印本。

转变。①

二、社会权势转移：从士到知识人

过去中国的社会重心，正是处于社会结构中心地位而居四民之首的士。由于有此重心的存在，历代由边缘人打天下后便能转换到“陛下与士大夫共治天下”的局面。思想权势的转移作用于社会，就产生了废科举兴学堂等教育改革。其社会学意义就是从根本上切断了“士大夫”的社会来源，使士的存在成为一个历史范畴。新教育制度培养出的只有在社会上“自由浮动”的现代知识人。士的逐渐消失和知识人社群的出现是中国近代社会区别于传统社会的最主要特征之一。

清季从改科考到废科举，取士的标准有一个变化的过程。19 世纪最后一二十年间，科举取士的标准，已是鼓励新旧学兼通。汪康年于光绪十五年（1889）应乡试，以第三艺作骚体，不合科场程式，依旧例应不取；却因在次题《日月星辰系焉》中，能“以吸力解‘系’字，罗列最新天文家言”，被主考官认为“新旧学均有根柢”，欲以首名取，终因犯规而以第六名中式。科场程式尚不熟，竟能以高名取，可知实以“新学”中式。② 这虽然只是一例，但民国新人物中有功名者实多，大抵为清季最后二十年间中式者，颇发人深省。同时，中国腹地的读书人，已可能因买不到“新学”书籍而竞争不过口岸的士子。③ 其结果，在趋新大潮的冲击下，科举考试已可能凭机遇而不是作文的本事，考试的公平性和所选出之人的代表性均已不及以往。

这样，清季最后十年的科举考试产生出来的近代中国最后一代社会学意义上的士，在思想上和心态上恐怕已与传统的士大不一样；反

---

① 参见 Ying-shih Yu, “The Radicalization of China in the Twentieth Century,” Daedalus, 122: 2 (Spring 1993), pp. 125-150；余英时：《中国知识分子的边缘化》，载《二十一世纪》，第 6 期（1991 年 8 月）。

② 参见汪诒年纂辑：《汪穰卿先生传记》，见章伯锋、顾亚主编：《近代稗海》，第 12 辑，194 页。

③ 参见刘大鹏：《退想斋日记》，乔志强整理，86、102、121 页，太原，山西人民出版社，1990。

之，这一代士人与中国最早一代的知识人，其社会存在虽有根本的不同，在思想和心态方面，却每有相近之处。从这个意义上看，清季民初之时，中国的社会时段和思想时段发展并不完全同步。一般人视为势不两立的新与旧，不论在社会史意义上还是在思想史意义上，或者是在两者互动的意义上，都不是那么截然两分，毋宁说更多是你中有我、我中有你。①

从梁启超以来，许多人常爱说近代中国士人关怀的重点有经器物到政制再到文化的阶段性演变，治史者也多援用之。这大致是不错的。但具体到个人，这样的阶段性演变或可能仅部分体现，或者全无体现，甚至可能不发生关系。生活在“政制阶段”的“社会人”，其思想很可能尚在“器物阶段”，或者已进到“文化阶段”。陈寅恪先生自诩其思想在“湘乡［曾国藩］南皮［张之洞］之间”，就是一个典型的例子。且中国幅员辽阔，地缘文化的因素历来较强，近代全国各地发展尤其不平衡。京、沪和一些口岸或者已到后面的时段，内地则可能尚不同程度地处于前面的时段，或竟在两时段之间。若必以整齐划一的阶段论去观察诠释问题，恐怕有适得其反之虞。②

据山西举人刘大鹏的日记，新学书籍到1903年在山西还不多见。山西士人到河南应试，发现那里的“时务等书，汗牛充栋”，遂纷纷抢购，致使书商立即涨价。③ 可见同为内地且邻近如山西、河南，新学的传播就很不一样，两地读书人已不可同日而语。到1918年，冯友兰从北大毕业回到河南开封，要宣传响应新文化运动，办了一个名为《心声》的月刊。冯氏所撰的发刊词说，该杂志的宗旨，“在输入外界思潮，发表良心上的主张，以期打破社会上、教育上之老套，惊醒其迷梦，指示以前途之大路，而促其进步”。④ 以此看来，新文化运动之

---

① 参见罗志田：《林纾的认同危机与民初的新旧之争》，载《历史研究》，1995年5期。

② 参见罗志田：《近代中国思想与社会发展的时空不同步现象》，载《光明日报》，1999年5月28日，7版。

③ 刘大鹏：《退想斋日记》，121页。

④ 冯友兰：《三松堂自序》，49页，北京，生活·读书·新知三联书店，1984。

后的河南，读书人的心态大约尚与清季之人相近。以开封与北京的接近，新学的传播竟然又相去甚远，遑论北京与山西的差距了。

同样，近代中国思想时段和社会时段不同步的现象也体现在少年胡适身上。胡适在其英文本自传中，曾特别讲到他在上海读到的《新民说》等文章“猛烈地撼动了我以为中国的古文明已经自足，除船坚炮利外毋需向尚武而唯物的西方学习这样一种美梦”。① 这对了解少年胡适及其时代，都有深刻的提示性。这已是20世纪初，在今日一般认为当时思想属于“先进”的中国人心目中，张之洞的思想已不能应付时局，更不用说曾国藩的了。至少在绩溪时的小胡适，其思想倒更像在“湘乡南皮之间”的陈寅恪。

如果从近代思想时段和社会时段不同步的角度去观察，则安徽绩溪与上海的那一段距离所造成的思想差距，大约有二三十年即整整一代人之多。考虑到绩溪所在的徽州素称商业发达之地，而胡家自己在上海就有店铺，信息的流通应无大妨碍，则我们对清季中国城乡的差别，特别是思想、观念、心态的差别，恐怕还应往其他方面做进一步的仔细探讨。

清季兴学堂之举，就值得再做考察。清政府在改革科举之时，已开始兴办学堂来填补科举制的教育功用，这本是很有见识的举措。但一种新教育体制并非一两纸诏书在一夜间便可造成，而清季举国都已有些急迫情绪，竟不能等待学堂制的成熟即已将科举制废除。旧制既去，而新制尚不能起大作用，全国教育乃成一锅夹生饭。因学堂毕竟初创，在相当长一段时间里许多新学堂的教育质量实际不如旧私塾。新学堂确实培养了不少“新人物”，却未必养成了多少“新学人”。学子无学，是后来其社会地位逐渐下降的一个重要原因。

据章太炎在1897年的观察，“浙中风气未开，学堂虽设，人以儿戏视之”。② 以浙江靠海之近，而风气尚未开，学堂不过被视为儿戏，

---

① 参见胡适在 *Living Philosophies* (New York：1930，reprinting，1942) 中的自传条目，p. 247。

② 章太炎：《致谭献书》（1897年4月20日），见汤志钧编：《章太炎政论选集》，上册，15页，北京，中华书局，1977。

余处概况可以想见。几年后，风气已大开，但学堂的教育质量却仍不高明。1903年有人调查了江南的教育界，发现“仕宦中人，竞言开学堂，不知学堂为何事也；地方绅士，竞言开学堂，则以学堂为利薮也；士林中人，竞言开学堂，只以学堂为糊口也”。虽然情况颇不尽如人意，但各界人士都竞言开学堂，可知风气确已大开。但讲到学堂的教育，则南京、苏州、上海等地“最著名大学堂”的情形是：“陆师学生派充师范，八股专家支持讲席；以格言语录为课本者有之，以夏楚击碎学生首者有之。禁阅新报、禁谈自由。”而“各府州县之中小学堂以及私设之蒙学堂，则分科教授，目录未知；官样文章，胡卢未肖”。①

观此可知，上有所好，下必趋奉；诏书一下，则人人皆竞言开学堂。但事前并无人才物质的充分准备，学堂也就不复为学堂（清季新学名“学堂”，本是要区别于以前各府州县所办的“学校”）了。不过，初虽情形不佳，既已成风气，若假以时日，终有改善之可能。而陆师学生派充师范这一现象表明，晚清走强兵之路，其本身的成就固然有限，但各军事学校因所学科目较新而办学认真，遂成为清季新学人才的重要甚而是主要来源。我们只要看从严复到周树人兄弟等都曾是军校学生，就可见一斑。实际上，从“新学”角度言，陆师学生任教习是远比八股专家更合格的。不过，军校毕业生本身也有限，短时间内仍不符当时全国各省府州县都竞开学堂的大趋势。

就以办学堂最着力的张之洞长期管辖的两湖地区言，同样在1903年，那里也甚感“苦无教习”，最多只能办不太合格的中等学堂。当地的留日学生观察到：“今日欲聘教习，求之中国，能教英文、算学者则有之矣，能教物理、化学者则未之闻也。”如果想聘请留学生，则“留学生之卒业者，寥寥无几。即间有一二，亦不易于招致”。若聘外国人，则“言语既苦其难通，薪俸又嫌于过重”，真是条条蛇都咬人。结果，湖南的新兴学校里，教习“无非调剂老朽之举贡编修”。可知两湖

---

① 侯生：《哀江南》，载《江苏》，一（1903年4月），见张枬、王忍之编：《辛亥革命前十年间时论选集》，卷一下，537页，北京，生活·读书·新知三联书店，1960。

地区的情形与江浙基本相近。① 梁启超认为这是那时全国普遍的现象。他在《新民说》中指出，当时各省虽“纷纷设学堂矣，而学堂之总办提调，大率最工于钻营奔竞、能仰承长吏鼻息之候补人员也；学堂之教员，大率皆八股名家弋窃甲第武断乡曲之巨绅也”。②

当时的论者以为，以这样的“老朽无学之人”来教书，只能误人子弟。这一点，也值得重新探讨。这里所谓“无学”，当然是指无西学。若以“举贡编修、八股名家”来授西学，大约真会误人子弟。但如果他们只传授旧学，结果又如何呢？而且，当时留学生的西学程度，是否像一般人认知的那样高呢？少年胡适所受教育之新与旧，很能给我们一些其所处时代的启示。胡适在家乡安徽绩溪上庄受过九年传统的私塾“旧教育”，转入上海的新学堂梅溪学堂，六个星期后即因能纠正老师的“国学”错误而一日之中跳升了四班。后来到更有名的澄衷学堂，一年中仍能跳升四班。③

胡适的经历提示我们对当时的教育恐怕要重新认识。首先是上海新学堂的国文不如绩溪上庄的私塾。胡适除了在中国公学时外，一向是以国文占优势的。但他的“国学”，在那时其实并不很高明。他对“经义”，起初就根本不知是怎么回事。对国学的重要组成部分“小学”，他的功夫也较差。胡适后来说：“我在家乡时，《十三经》还没有读完，《周礼》也未读，就到上海去了。所以对小学的工夫不深。”④ 但这样的胡适在上海却一向以国文吃香，可知那时十里洋场的国文已大衰。

但上海学堂的“新学”水准，则还是相当不错的。胡适因为国文

---

① 《与同志书》，载《游学译编》，七（1903年5月）；《劝同乡父老遣子弟航洋游学书》，载《游学译编》，六（1903年4月），见张枬、王忍之编：《辛亥革命前十年间时论选集》，卷一上，396、385页。

② 梁启超：《新民说》，见《饮冰室合集·专集之四》，63～64页，北京，中华书局，1989年影印。

③ 本段及下两段，参见罗志田：《“率性”与“作圣”：少年胡适受学经历与胡适其人》，载《四川大学学报》，1995年3期。

④ 唐德刚译注：《胡适口述自传》，38页，上海，华东师范大学出版社，1993。

的优势，所以在上海期间得以把主要的功夫下在英文算学上。不过两年后，胡适考入留日学生自办的中国公学，同学皆为因抗议而返国的留日学生。该校号称“中国第一所私立大学”，但胡适在学校里竟然以英文好著名，算学也“毫不费力”，反而将功夫用在学作旧诗和写白话文章之上。可知那时许多留学生，也只是徒有虚名而已。至少从日本回来的留学生，在“新学”方面的知识水准，实际远不如上海有些私立中学校的学生。而这些留学生恰多是在各地新学堂受过训练的。可知同为新学堂，其间的差距有时可以相当大。

实际上，可以说正是清末的城乡差别，特别是安徽乡间私塾尚未沾染口岸风气的传统蒙学教育，造就了后来被认为是启蒙大师的胡适。生在上海，比胡适大三岁的顾维钧，在读完仅教识字的私塾后，便直接进入教会学校，以后的教育是越来越西化，结果到晚年还必须强调自己的中文可以写得“通顺”。① 其实别人也曾说过顾氏的中文好，但一般人之所以有他中文不好的认知，正是因为其他许多从小受西化教育的人有此通病。生在北京，比胡适小两岁的梁漱溟，则是在读完《三字经》后就读新派的《地球韵言》，然后进了北京第一家新学堂——中西小学堂。梁漱溟的父亲梁济，后来是殉清的，从根本上只能归入“保守”一路，不好算作十分趋新者。他的家庭教育尚且如此，其余可以想见。②

可见，在西潮入侵之后中国许多口岸地方，传统的教育方式已大大式微，其一个后果就是传统教育最讲究的“读书写字”的基本功已较前薄弱。那种眼睛盯着少数不世出的菁英分子的中国传统教育，只有在与口岸没有怎么“接轨”的乡间还基本存在。而胡适正靠着这点“国文”的训练，在那“邯郸学步，反失其故”的上海新学堂，打出了自己的天下，初步树立了他这个少年乡下人的自信。也是靠着旧学的基础，再加上澄衷学堂的英文训练，胡适就能击败全国各地的许多学子，一举步入了庚款留学生这一真正全国性的少数菁英群体。

---

① 顾维钧：《顾维钧回忆录》，第1册，521、109页，北京，中华书局，1983。

② 梁漱溟：《忆往谈旧录》，5～6页，北京，中国文史出版社，1987。

而胡适的经历也体现了近代中国上升性社会变动取向的改变。在四民社会中，士大夫已成一个固定词组；由于士是“大夫”即官吏的基本社会来源，道统与政统是一体的。人的上升性社会变动虽然可以有其他的途径和选择，从士到大夫仍是最受推崇和欣赏的取向。换言之，士与大夫的几乎等同的内在逻辑关联，恐怕是其最主要的社会吸引力。科举制废除后，道统与政统已两分，这就改变了人的上升性社会变动的取向。同时，前述思想上之“新的崇拜”作用于社会，其直接影响就是上升性社会变动渐渐也几乎到了唯新是尚的地步。

早期留学生，多边缘人物而少“良家子弟”；到科举改革之时，留学已成学子的人心所向。严复在1902年观察到：“近今海内，年在三十上下，于旧学根柢磐深，文才茂美，而有愤悱之意，欲考西国新学者，其人甚多。上自词林部曹，下逮举贡，往往而遇。”① 以个人论，严复心中颇以没有真正的科举功名而不能自安，此话或未必没有暗示自己旧学根柢磐深而文才茂美之意。但留学确渐为士人所趋。民国著名报人黄远庸就是在那两年以进士身份留学日本，他的确也是当得起“旧学根柢磐深而文才茂美”之誉的。而夏同龢、骆成骧和刘春霖等状元先后留学日本，更具象征意义。②

入民国后，“以官费留学为赏功之具”（许多人愿领此赏，最说明问题）。胡适在美国读书时，“留学界官费者居十之六七”。他在1914年写的《非留学篇》里说，“今日最大之隐患”，在“国中有名诸校，都重西文，用西文教授科学”。而“国内学生，心目中唯以留学为最高目的”。他们“以为科举已废，进取仕禄之阶，唯留学为最捷”。③ 胡适所说的国内学生，部分也是以自己的经历为底子的。他自己在赴北京考试之前给母亲的信中就曾说，“现在时势，科举既停，上进之阶惟

① 严复：《论教育书》，载《外交报》（1902），见张枬、王忍之编：《辛亥革命前十年间时论选集》，卷一上，113页。

② 胡思敬就把“夏同龢之剪辫出洋游学”视为翰林失声价之极。参见胡思敬：《退庐全集·审国病书》，1305～1306页，台北，文海出版社，1970年影印（沈云龙主编，《近代中国史料丛刊》第45辑）。

③ 胡适：《非留学篇》（1914），见《胡适早年文存》，周质平主编，366、354页，台北，远流出版公司，1995。

有出洋留学一途”。这“惟有”之一途，就是胡适选定之路。的确，那时一旦得一本科学位归，即被“尊之如帝天”。① 学子既以“进取”为目的，则读书唯求速成，都想早得文凭，回国任事。写《非留学篇》时的胡适对此颇不以为然，但世风之变，却是极明显的。

教育改革引起近代中国社会结构的一大转变，是四民之首的“士”这一旧的社会群体的逐渐消失，以及在社会上自由浮动的“知识人”这一新的社会群体的出现。“士”的消失意味着四民社会已成为历史（四民社会的解体自然还有许多其他原因，比如新型的金融业、工商业等的出现，以及由此带来的城市与乡村的疏离等，都是很重要的因素）。同时，四民社会的解体本身，也是现代知识人不得不在社会上自由浮动的造因之一。两者之间是一种互为因果并且互动的关系。

士的来源既因社会变迁而中绝，其在社会上的领导作用也就空出。传统的士大夫作为四民之首这一社会角色的一个含义就是士也是其他三民的楷模，分配给大众的社会角色是追随；而榜样与追随者之间，仍保持着有机的联系。社会分工既然确定，双方都不存在要辨明地位高下的必要。但随着四民社会的解体和新观念的引入，传统的社会分工遭到质疑，过去认为不言而喻的事情现在却需要论证了。林白水在1904年指出：“现在中国的读书人，都是以上流社会自命的；凡不读书的人，如工农商兵，共会党里面的人，都说他是下流社会。这种意见，并不是从现在才有的，但既然有了这意见，群力的团结，自然不能够坚固了。”② 以是否读书分上下流，且必须加以强调，正是社会变动的表征。而“读书人”又是过渡时代的士、知识人及边缘知识青年的共同点。

近代知识人和边缘知识人的产生及其自觉意识的萌芽，几乎是同时的。早期的学校和学生的程度都相差甚远，同一学校的学生有时已不可同日而语，异地异校的学生更不能一概而论。这样，由于或主观或客观的原因，有的人继续深造，乃成为知识人；有的人不愿或无缘

---

① 胡适致母，1910年6月30日，载《安徽史学》，1989年1期，75页。

② 林懈［獬］：《论合群》，载《中国白话报》，1904，见张枬、王忍之编：《辛亥革命前十年间时论选集》，卷一下，909页。

长期受教，便成为边缘知识人。同时，在近代中国的特殊语境中，有一些正在受教育过程中的知识青年，其最后是否会成为知识人尚属未定，但又已参与社会事务的讨论，本文在技术处理上将其未受完系统教育时的言论均纳入边缘知识人的范畴；对那些继续深造者，则将其已受完系统教育时的言论纳入知识人的范畴。

大约从1903年起，近代知识人和边缘知识人的自觉意识已萌芽。那年一月《湖北学生界》杂志的创刊，就颇有些象征意义。从该杂志的内容看，里面的“学生”显然已不是清代科举中人的谦称，而是一个开始独立的有自觉意识的社会群体。特别是该刊第二期发表的李书城写的《学生之竞争》一文，就很能反映新兴知识人（含边缘者）要主动异化出“士”这一读书人群体的自觉意识。李氏将学生列为一个单独的社群，居于由士大夫组成的上等社会和基本不识字的下等社会之间，并明确指出上等社会已崩溃决裂而不能救国，只能“待继起者收拾之”。下等社会则因不知祖国历史地理而使爱国之心无由产生。“学生介于上等社会、下等社会之间，为过渡最不可少之人。”不但要肩负起救国重任，而且要成为“下等社会之指向针”。①

当然，这里的学生，主要还是指学问的载体。在某种程度上甚至也可看作尚未成为“大夫”的“士”要与“大夫”决裂之意，隐约可见道统与治统分离所造成的困惑。其基本的出发点，虽然仍是士的以天下为己任的传统精神，却并不认同于传统的士，既不以士自居，也不自诩为道统的载体。李书城不仅强调“重哉学生之位置”，而且提出学生应先注目与“内界之竞争”：一是“权利之争”，即争参政议政之权利；二是“势力之争”，要争在国是上的影响力。总之处处呈现一种过渡与萌芽的特征，但独立与疏离的倾向是明显的。

留美学生许肇南，就曾主张一国命脉在中等社会。胡适有诗记许氏的观念说：“诸公肉食等狐鼠，吾曹少年国之主……愿集志力相夹

---

① 本段与下段，李书城：《学生之竞争》，载《湖北学生界》，二（1903年2月），见张枬、王忍之编：《辛亥革命前十年间时论选集》，卷一上，452～459页。

辅，誓为宗国去陈腐。”① 留学生当然不是边缘知识人，而已进入真正的“中等社会”。但同在中等社会之中，肉食的“诸公”与“吾曹少年”显然是两个社群；而后者也已将前者视为“陈腐”，要誓为宗国去之。这里也同样呈现出一种过渡与独立的倾向。正像许多晚清士人反清是因为清廷不能救国一样，新兴的学生社群之所以要主动从士大夫中异化出来，也是因为他们认为士大夫已不能承担救国的使命。

与此同时，中国传统中的反智倾向也得到某种程度的“现代复兴”。梁启超在《新民说》中点名攻击读书人说：“谓其导民以知识耶？吾见读书人多而国民愚也。谓其诲民以道德耶？吾见读书人多而俗日偷也。”这些人“事无廉耻而嗜饮食，读书人实一种寄生虫也。在民为蠹，在国为虱”。②

梁氏的观念很得另一个读书人林白水的认同。林氏在 1903 年说：“我们中国最不中用的是读书人。那般读书人，不要说没有宗旨、没有才干、没有学问，就是宗旨、才干、学问件件都好，也不过嘴里头说一两句空话，笔底下写一两篇空文，还能够干什么大事呢？”林氏特别指出，以前的读书人也还是有用的，“但是现在的读书人比不得从前”了。次年又说：“你道这意见是我一个人的意见么？大家是国民，便大家都有这一番的意见，我白话道人不过替你们大家发表发表罢了。”以前的士人是代圣人立言，现在林氏要代国民立言。立场一移，他就理直气壮地代为断言说：“现在中国的读书人没有什么可望了。”③ 读书人在“现在”的无用，提示着传统的士人不能因应新的形势。

到 1915 年北京政府被迫接受日本“二十一条”的大部后，梁启超重申他对中国读书人的谴责说，“今日国事败坏之大原”，即种因于士大夫之恶劣。因为蠹国之官僚、病国之党人，皆士大夫也。“劝老百姓爱国者，士大夫也；而视国家之危难漠然无动与中者，即此士大夫也；

① 《胡适日记全编》，1914 年 8 月 14 日，第 1 册，418～419 页。

② 梁启超：《新民说》，见《饮冰室合集·专集之四》，89～90 页。

③ 林懈［獬］：《发刊词》，载《中国白话报》，1903 年 12 月 19 日；《国民意见书·序论》，载《中国白话报》，1904 年 2 月，见张枬、王忍之编：《辛亥革命前十年间时论选集》，卷一下，603～605、894 页。

利用老百姓之爱国以自为进身之径谋食资者，亦即此士大夫也。”不过，梁氏主要是自责，他仍以为“一国之命运，其枢纽全系于士大夫”。所以，“欲国耻之一洒，其在我辈之自新。我辈革面，然后国事有所寄”。① 这已是民国初年，梁启超以天下为己任的思想，的确是士大夫的传统观念；但他所说的“士大夫”，恐怕已更多是“读书人”的同义词。

从士转化为知识人那一两代人，在身份转换时确有某种困境。当读书人的主体已是知识人之时，上一代的“遗士”有时也不免为知识人的社会角色所覆盖。反过来，早期知识人的心态和行为上，又处处可见士的余荫。

知识人与传统的士的一大区别，即前者已不再是四民之首。在四民社会中，士大夫一身而兼“道统”和“治统”的重心，集议政与参政于一身。四民之首的最重要含义，就是士与其他三民的有机联系，以及士代表其他三民参政以“通上下”。科举制正是士与其他三民保持有机联系的最重要渠道。故像曾国藩这样的士人不论居庙堂还是处江湖，都可久居主干之位。今既被废除，道统和治统已基本疏离，新学制产生出的现代知识人既然在社会“自由浮动”，大部分人只想议政不欲参政，通常也只能议政而不能参政。一小部分人干脆走进了象牙塔，疏离于大众亦即农工商三民。知识人与大众的疏离及道治二统之分，正是历史知识绝不逊于曾国藩、张之洞的章太炎就连在道统中也不能久居“中间主干之位”的根本原因。

近现代知识人的观念与传统的士有同有异。他们大体上认同于士的社会角色，或者说继承了士的社会责任。传统的士的责任是务本，所以他们必须要有远虑。这一点，民初知识人也力图继承之。但有一个大的区别：士集道统与政统于一身，对于眼前的国是，必须有以因应。也就是说，士要直接参政。而知识人则相对要超然一些，多数是像胡适一样倾向于“讲学复议政”，把直接参政置于第二位；但也有人试图将学术与政治分开，在象牙塔中不问世事。故他们对政治可议而

① 梁启超：《痛定罪言》，见《饮冰室合集·文集之三十三》，1～9页。

不参，也可视而不见、完全不议。前者是新文化运动诸人所一意提倡，后者虽被鲁迅视为是“新思想中了‘老法子’的计”，但确实是“五四”之后几年间许多知识人“自己愿意”的。①

实际上，民初不论社会区分上的士与知识人还是思想区分上的新派与旧派，其思考的问题是非常接近的。像章太炎和梁启超那样最后一代的士，早年处于思不出其位的时代，所谓“不在其位，不谋其政”，那时的议政就是参政。他们晚年都基本以讲学研究为主，看上去很像知识人。实际上，他们与传统士人一样，是参政不成之后才做学问。但社会既然已大变，他们到底也只能是议得多而参得少。不过，其要想参政的传统情结一直都在，且“出仕”的愿望到老并不稍减。故其并不专意于学术，一有机会，总是又议政又参政。北伐之时，久已不谈政治的章、梁二氏都突然异常活跃，不仅大发政论，更或直接或间接奔走于各势力之间，只是到后来发现其想认同的北方已无希望，才渐渐歇手。

梁启超在1927年5月给他儿女的一封信，颇能表现过渡时期士与知识人心态的异同。他自称那时“天天在内心交战苦痛中”。不少朋友敦促他出山组党，而他又讨厌政党生活。“既做政党，便有许多不愿见的人也要见，不愿做的事也要做，这种日子我实在过不了。若完全旁观畏难躲懒，自己对于国家良心上实在过不去。”梁氏最后拟取妥协的办法，即对政治议而不参。可是新一代的读书人丁文江，却主张梁“全不谈政治”，专做学问。他又觉得“这样实在对不起我的良心”。②

丁文江所说，其实只是他对梁启超在学术上发展的一种希望，因为丁氏自己就已直接参政。胡适晚年自述说：“我对政治始终采取了我自己所说的不感兴趣的兴趣。我认为这种兴趣是一个知识人对社会应有的责任。”③ 这才是身历从士到知识人过渡的当事人对两者间区别的

① 鲁迅：《致徐炳昶》（1925年3月29日），见《鲁迅全集》，第三卷，25页。

② 梁启超：《给孩子们的信》（1927年5月5日），见丁文江、赵丰田编：《梁启超年谱长编》，1130页，上海，上海人民出版社，1983。

③ 唐德刚译注：《胡适口述自传》，36页。

最清楚表述。

简言之，清季民初读书人从士到知识人的转化，在社会学意义上似乎比其心态的转变要来得彻底。士与知识人在社会学意义上似已截然两分，在思想上却仍蝉联而未断离。民初的知识人虽然有意识要起新的社会作用，扮演新型的社会角色，其心态却在无意识中仍传承了士以天下为己任的精神及其对国是的当下关怀。身已新而心尚旧（有意识要新而无意识仍旧），故与其所处之时代有意无意间总是保持一种若即若离的状态。这是民初知识人的许多行为在今人看来充满“矛盾”的一个主要原因，也是其不全为时人所理解接受的一个根本因素。

作为一个在社会上自由浮动的社群，知识人可以与其他各社群都有所关联，但其浮动性本身在某种程度上也意味着与其他社群的疏离。而疏离的结果就是自身的边缘化。

三、社会权势再转移：知识人的边缘化与边缘知识青年的兴起

可以说，知识人有意无意间也对其自身的边缘化做出了“贡献”。在尊西崇新的过程中，当知识人将传统学问的载体“士”挤到了社会的边缘时，他们实际上促成了整个读书人的边缘化。如果说在整个社会体系中存在着读书人的边缘化的话，在读书人群体之中还有很不一样的两个社群：一是更加边缘化的遗存之“士”，一是正在兴起的边缘知识人。现代知识人比士当然要新，新兴知识人与遗留的士两者之间如果出现竞争，通常是前者取胜。但在整个社会的地位，近现代社会中知识人却明显不如当年的士了。士为四民之首意味着士在社会上扮演领导角色，四民社会解体后，知识人因其浮动性和边缘化，却未能完全接替这一社会的领导角色，于是出现中间主干之位空虚的现象。

同样，科举制的社会功用并不止于教育。它在整个传统中国社会结构中起着重要的联系和中介作用。但是，清季人在改革和废除科举制时基本只考虑到其教育功用并试图加以弥补。科举制的其他社会功用，有些是非常重要的，基本不在时人考虑之中，自然也谈不上填补，

但其社会后果却是长远的。

中国历史上科举考试最高一层即在京城，同时更于京师设大学、太学、国子监、翰林院等，并集中了相当数量的职业“言官”。这些制度，在不同程度上起着思想的社会聚合作用。结果使京师不仅为政治中心，同样也是全国性的思想言说中心，士人的思想多以京师为依归。龚自珍以为，京师的重要，很大程度上即在其能聚集古今典籍，供天下有心人观览，故此游士云集，人文荟萃。换言之，京师的地位，正在其能为天下思想中心并能吸引天下有识之士。①

在龚生眼里，帝王和士人间显然有一种既对立又统一的“辩证”互动关系。双方既相互依托，又实存竞争。由于士人是“四民之聪明喜议论者也。身心闲暇，饱暖无为，则留心古今而好议论”。故对“人主之举动措置，一代之所以为号令者，俱大不便”。所以，历代帝王在京师广置乐籍，也是为了以声色“箝塞天下之游士”。② 但帝王需要集多士于京师参政议政是很明显的。唐太宗谓天下英雄尽入彀中，其实也不无此意。到京师不能为思想言说中心，即政治中心与言说中心两分时，多半已是乱世而非治世。

明清鼎革，满人以异族入主中原，士人或不仕二朝，或不仕“夷狄”，多散居山林。几代人后满汉意识渐淡，京师乃复为思想言说中心。太平天国起，政治权势从中央往地方倾移，封疆重臣的幕僚集团已有形成言说重镇之势。洋务运动起而新学兴，新学的中心却在东南，京师已渐失竞争能力。戊戌变法时京师一度有成思想中心之势，但转瞬星散。庚子义和团事发，京津士人四出避乱，而新老趋时名士多集中于上海，隐然成一新言论重心。虽然为时不长，且各方意见很不统一，但也成为不少新人借以成名的机缘。故梁启超的文章方风行于海

① 龚自珍：《太史公书副在京师说》，见《龚自珍全集》，王佩诤校，82页，上海，上海古籍出版社，1975。

② 龚自珍：《京师乐籍说》，见《龚自珍全集》，117～118页。按龚生这里对士人的界说，与熊彼得在20世纪40年代给知识分子下的定义，有异曲同工之妙。参见熊彼得：《资本主义、社会主义和民主主义》，183～185页，北京，商务印书馆，1979。

内外，而章炳麟、蔡元培、吴稚晖等言论界新人已露头角。江南言论重心由两广而湖湘而江浙，虽半由偶然，却不可忽视。到科举废而新旧攻守之势异，言论中心更随之而转。

汪康年在废科举后的1907年指出："政府者宜多方罗致，使四方有怀欲陈者悉趋而麇聚于京师而上之于朝廷，使全国人心皆以京师为依归，而朝廷亦得听采之益……今使四方之奇人杰士，末欲至京师而散处于山颠水涯，或远适异国，而各为其所欲为，如是则京师谓之空无人焉可也。不特此也，奇人杰士之踪迹，不向于京师则必背于京师。踪迹之向背，即心迹向背之符也。"汪氏可谓深得思想与社会互动之机。他观察到："今士至都者，不为官则为学堂教习，否则以考试，无他目的也。"盖朝廷"若以富贵为招，则来者皆志在禄糈，而于国家无与"。他提出的解决办法是："令静整宏达之士，以报馆之名，使首建议论于都中而布之四方。使都城与各省互相开引，而妄谬欺蠹之官吏，亦有所惮而不敢肆。以士招则士至，以言招则言至。士至言至，则天下之人心皆至。如是则朝廷之势不孤，而国事亦有所倚矣。"①

清季学制既改，士的社会来源断绝，养士的翰林院已不复能起思想的社会聚合作用，而新办的京师大学堂也未能集中人才。恰如汪康年所言，京师既不能为思想言说中心，又不能与各省互相开引，则清廷势益孤，垮台是早迟的事。在道治二统两分的情势下，民国后蔡元培主北大，颇能在北京重建全国思想言说中心。这部分是因为趋新已成全国风向，东南之新学优势顿失；留学生欲为官任教者，齐聚京师，北京俨然再成中心。但因北京政治及教育皆不能保持稳定，不仅未能形成真正的全国性政治中心，且言论中心也于数年间聚而复散。北伐前后知识人纷纷南下，却也未能在南方形成全国性的思想言说中心，中国言论中心自此不存。②

---

① 汪康年：《论朝廷宜激励国民多设报馆于京师》，原载《京报》，见《汪穰卿先生传记》，见章伯锋、顾亚主编：《近代稗海》，第12辑，260～261页。

② 参见罗志田：《南北新旧与北伐成功的再诠释》，载《新史学》，5卷1期（1994年3月）。

中间主干之位既虚，遂给边缘人造成机会。同时，由于科举制废除而新的职业官僚养成体制缺乏，使政统的常规社会来源枯竭，原处边缘的各新兴社群开始逐渐进据政统。近代军人、职业革命家和工商业者等新兴权势社群因“市场规律”的需求而崛起，是知识人在中国社会中处于一种日益边缘化的境地的又一重要原因。

科举制废除所造成道治二统两分的直接结果，就是其载体士与大夫的分离。清季所设学堂，最初不过是要养成新型的“大夫”以应付新的局势。特别是京师大学堂，入学者本是官员，在功能上亦无非新型翰林院也。且清季士人心态已变，张百熙为管学大臣时就主张读书不为做官。他在1904年对新进士金梁说：“京师人才所萃，来者皆志在得官，君当以求学问为先。官岂可求，唯学问必求而始得尔。”① 可知彼时不仅政治中心与言说中心两分，而主事者竟然以为分开才是正常，士人观念已大转。民国后学生已平民化，蔡元培长校后更要驱除“科举时代思想”，提出“大学为纯粹研究学问之机关，不可视为养成资格之所”。②

但问题的另一方面是，科举已去，官吏不复要求资格。若大学仅为学术研究之机关，而不再是官吏养成之地，则有良好训练的官吏又从何而来？民国政府及彼时知识人，显然未能认真考虑此一重大问题。民国官场之滥，即从为官不要求资格始。国无重心，亦因官场之滥而强化。科举之时，士是大夫的来源，大夫也是士的正当职业。如今士与大夫分离，前者变成主要议政而不参政的职业知识人，则势必出现新的职业“大夫”即职业官吏。

但大夫既然不从士来，又并无新的官吏养成体制，传统的官吏生成方式即只剩“出将入相”一途。军人在近代中国的兴起，似乎已成

---

① 金梁：《光宣小记》，见章伯锋、顾亚主编：《近代稗海》，第11辑，286页，成都，四川人民出版社，1988。

② 蔡元培：《北大一九一八年开学式演说词》（1918年9月20日），见高平叔编：《蔡元培全集》（3），191页，北京，中华书局，1984。

必然之势。“民国成立，军焰熏天”，便是时代的写照。[①] 有人曾与民国报人王新命谈起他选女婿的标准，要“三十岁以下，又成名又成业者，且非军人”。王氏回答说：“在科举已废的今天，三十岁以下能够成名成业的非军人，实不可多得。”[②] 正是典型的时代认知。

不过，“出将入相”终非正途，且将也并非都能相。在中国的传统选举制度已去，而又没有真正引进西方的选举制度时，新的大夫渐渐只能如梁启超所说，多从不事生产的社群中来。在革命已成近代中国的伴生物的时代，也就出现了像孙中山那样的职业革命家这一新的社群。王新命的话，其实也不无士大夫意识的残存。不论是有意还是无意，他显然忽略了近代从边缘走向中央的另一大社群——工商业者，特别是近代渐具独立身份认同的绅商。[③] 不管知识人主观上是否有与这些新兴社群争夺社会权势的愿望，它们的兴起在客观上促进了知识人的边缘化。

教育制度改革的另一个影响深远的社会后果，即是中国的城乡渐呈分离之势。传统士人是以耕读为标榜的，多数人是在乡间读书，然后到城市为官。旧制即使读书做官，或候缺或丁忧或告老，读书人多半要还乡。这当然不止是人员的流通，它还意味着信息、资金等多渠道的流通。更重要的是，它使整个社会处于一种循环的流动之中。新制则大学毕业基本在城市求职定居，甚至死后也安葬在城市，不像以前一样要落叶归根。整个社会的循环流动在相当大程度上中止了。

这个问题在很长时间内并未得到时人的重视，也没有产生出什么因应的措施。所以到民国后，章太炎指出：“自教育界发起智识阶级名称以后，隐然有城市乡村之分。”所谓“智识阶级”，其实就是教育制度改革的产物。太炎更敏锐地认识到，由于“城市自居于智识阶级地

---

① 沃邱仲子（费行简）：《民国十年官僚腐败史》，见荣孟源、章伯锋主编：《近代稗海》，第8辑，17页，成都，四川人民出版社，1987。

② 王新命：《新闻圈里四十年》，136页，台北，海天出版社，1957。

③ 从社会史或社会学取向来研究职业革命家者，我尚未见到，其实也是大可开拓的领域。关于绅商，参见马敏：《官商之间：社会剧变中的近代绅商》，天津，天津人民出版社，1995。

位，轻视乡村”，就产生了城乡“文化之中梗”。① 民初的知识人学洋人提出“到民间去”的口号，正是城乡分离的明证。

而教育改革、特别是科举制的废除，也是大量边缘知识人出现的一个直接原因。在科举之时，读书人“向学”之心从少到老不疲，清代便有百岁童生的盛举。但新学堂收生则有年龄限制。起初虽不乏二十岁上下的中小学生，但过三十者即极少见，以后入学年龄限制更越来越严。换言之，科举制废除的当时，就断绝了已成年而尚未“进学”的大量读书人成为士的可能。再以后，任何读书人到了一定年龄，若还未跨入知识人阶层，就已不再有希望。而从清季起直到今天，中国高等教育机构的容量与同时期中等教育的毕业生相比，一直相对微小。从这个视角看，近代教育的开放性是不及以往的。在传统的读书做官心态影响甚大（意味着大量的人要走读书之路），而高等教育机构的容量又尚小的情形之下，势必产生大量的边缘知识人。

近代中国特别是民国初年的各边缘人集团中，介于上层读书人和不识字者之间的边缘知识人是最值得注意而迄今尚未得到足够注意者。他们不中不西，不新不旧，中学、西学、新学、旧学的训练都不够系统，但又初通文墨，能读报纸；因科举的废除已不能居乡村走耕读仕进之路，在城市又缺乏“上进”甚至谋生的本领：既不能为桐城之文、同光之诗而为遗老所容纳，又不会做“八行书”以进入衙门或做漂亮骈文以为军阀起草通电，更无资本和学力去修习西人的“蟹行文字”从而进入留学菁英群体，但其对社会承认的期望却不比上述任何一类人差。他们身处新兴的城市与衰落的乡村以及菁英与大众之间，两头不沾边也两头都不能认同——实际上当然希望认同于城市和菁英一边而不太为其所接受。

对这样一种社会群体的界说，传统中国的士农工商既不适用，近代西方的社会分类标准也觉勉强。过去有些学者不免将其拔高，如周策纵先生不仅将“五四”前后的初高中学生纳入知识人的范围，而且

① 章太炎：《在长沙晨光学校演说》（1925 年 10 月），见汤志钧编：《章太炎年谱长编》，下册，823 页，北京，中华书局，1979。

将第一次世界大战时旅欧华工中的识字者也归入知识人社群。[①] 这样的分类，不论以中西当时和现在的标准，均觉勉强。美国学者朱丹（Donald Jordan）也将 20 世纪 20 年代的中学生列入“上层菁英”（elite）之中。[②] 自下而上看，或稍近；若自上而下看，恐难入流。但这些学者之所以不得不如此，正从一个侧面凸显了这一社会群体的边缘特性，也提示出边缘知识人在近代中国的重要性。

这些人对城乡分离的情势感触最深。近代以还，由于上升性社会变动的途径多在城市，边缘知识人自然不愿认同于乡村；但其在城市谋生甚难，又无法认同于城市。他们不像鲁迅那样有固定收入可以抄碑帖排遣意绪，也不像胡适那样可以在大学获取有面子的高薪教职。与鲁、胡一样，他们每日目睹中国在西潮冲击下的败落；与鲁、胡不同，他们同时看见自己生涯的无望。这样的双重失意惆怅，使边缘知识人比别人多一层烦恼焦虑，因而也就更迫切需要寄托于一种较高远的理想，以成为社会上某种更大的事业的一部分。即使生活改善不多，到底是为一种更大更高的目标而生存、而奋斗。所以他们对社会政治等的参与感和实际的参与都要比其他许多社会群体更强。

同时，由于边缘知识人不论身心都徘徊在城乡和菁英与大众之间，其在一定程度上也就起到了联系和沟通城乡及菁英与大众的功用。所谓边缘，本是双向的，即一脚踏在知识人一边，一脚踏在不能读写的大众一边。这样一种两可的特性，使其有时恰更容易被双方接受。知识人可见其知识的一面，大众则见其通俗的一面。

近代中国既然是走在所谓现代化的路上，其大方向总的来说是在向西走。而知识菁英的西向程度是远超过大众的。钱穆就从义和团事件中看出上层知识人与大众在民族主义方面的疏离。他说，近代中国知识人“天天把自己从西方学到的许多对中国民众并非切肤之痛的思想和理论来无条件地向他们炫耀夸扬。外国的件件对，中国的件件不

---

① Chow Tse-tsung, *The May Fourth Movement: Intellectual Revolution in Modern China*, Cambridge, Mass., 1960, pp. 9, 38.

② Donald Jordan, *The Northern Expedition: Chinese National Revolution of 1926-1928*, Honolulu, 1976, pp. 17-18.

对”。实际上，民族主义情绪更强的一般民众，对此“会发生很大反感”。[①] 这里面的关系当然还更复杂。知识菁英所表现出的民族主义情绪，或者不是那么强烈，但其内心深处实际的民族主义关怀，实不稍让于大众（详另文）。但是，一般民众认知中的知识菁英，当然只能来自其表现出来的部分。钱氏观察到的现象确实存在。

胡适还是一个边缘知识人时，虽然自己一直在下大功夫学英文，却也在《竞业旬报》里鼓励世人要“使祖国文字，一天光明一天。不要卑鄙下贱去学几句爱皮细底，便稀奇的了不得。那还算是人么?”[②] 可知当时学了几句 ABCD，确实可以“稀奇得了不得”。而这里流露出的对那些能说 ABCD 者既羡慕又憎恨的边缘知识人心态，也是非常传神的。胡适后来成了知识菁英，心态为之一变。也曾用“几句爱皮细底”去“威慑”章太炎那样的国学家。但近代多数没能学会“蟹行文字”的边缘知识人，确实是在追逐西潮的同时对西化菁英有某种不舒服的感觉。

那时不仅存在知识菁英与一般平民疏离的现象，而且还有自晚清以来西洋留学生与国内思想言说（discourse）的疏离。新文化运动的兴起，特别是《新青年》的出现，使不少留英美学生参与到国内思想言说之中。尽管疏离并未完全弥合，仍基本改变了留美学生自说自话的状态。与此同时，文学革命那面向“一般人”的倾向，在民初思想接收者渐居主动地位时，也带来意想不到的正面回馈。[③]

特别是胡适所说一个人只要会写字并且胆子大就能作文的主张，适应了近代社会变动产生出的一大批边缘知识人的需要，故能够一呼百应、不胫而走。“五四”学生运动前后，小报小刊陡增，其作者和读者大致都是这一社会阶层的人。从社会学的层面看，新报刊也是就业机会，他们实际上是自己给自己创造出了“社会的需要”。白话文运动对这些人有多么要紧，而他们的支持拥护会有多么积极，都可以不言

① 钱穆：《中国思想史》，175 页。

② 胡适：《爱国》(1908)，见《胡适早年文存》，177～178 页。

③ 本段与下段，参见罗志田：《文学革命的社会功能与社会反响》，载《社会科学研究》，1996 年 5 期。

而喻了。

文学革命无疑给边缘知识人提供了方向和出路。当他们从茫然走向自觉时，也必定要想发挥更大更主动的作用。的确，正是向往“上层”的边缘知识人，才是西向知识菁英的真正读者听众和追随者，有时并将其所接收的再传布给大众。故在知识菁英面前，边缘知识人代大众而为一种想象的听众；在大众面前有时又代菁英执行士的社会领导作用。这样的中介功用，至少部分弥合两者的疏离，但有时也可能造成双方虚幻的接近感。

边缘知识人在对大众立言之时，其口号仍基本是从知识菁英那里传承来的西向口号，这是近代中国全社会或多或少都有尊西倾向的一个重要原因。但是，边缘知识人也有自己的思想，故在沟通双方时，有意无意间将自己的愿望和观念转移到两者身上。更因其中介功用的不可或缺，结果不但影响双方，更有因替代而成真的情形。钱穆观察到的菁英往西走而大众民族主义情绪尚强的现象，部分也有边缘知青的作用。盖西化口号下所包含的实际内容，经边缘知青转手后，到一般民众那里已大为淡薄。如果说近代中国人表露出的民族主义情绪有一个自下而上逐渐淡化的现象，可以说其西化倾向也有一个自上而下的淡化过程。这里面边缘知识人的中介作用，是有特殊意义的。

而且，正因为边缘知识人所掌握的中西学均有限，反容易自以为“已学通”而行动更大胆活泼。他们的行动能力的确是超过知识菁英的。林白水早已表达了读书人“最不中用”，只能“嘴里头说一两句空话，笔底下写一两篇空文”的认知。他为证明读书人没用，进而说：“你看汉高祖、明太祖是不是读书人做的？关老爷、张飞是不是书呆子做的？可见我们不读书的这辈英雄，倘然一天明白起来，着实利［厉］害可怕得很。”不过，林氏马上又指出：“书虽然来不及去读，报却是天天要看的。”① 可知他所针对的，正是那些不太算得上“读书人”，

① 林懈［獬］：《中国白话报·发刊词》，1903年12月19日，见张枬、王忍之编：《辛亥革命前十年间时论选集》，卷一下，603～605页。清初的曾静曾说，以前的皇帝都让世路上的英雄做了，其实皇帝合该我儒生做。与林的认知恰相反。

却又还能看报者。正因为边缘知识人胆大肯干，一般民众渐得出他们在“干”而知识菁英只会“说”的认知。

这样，新文化运动的一个目的本来是要弥合士人与大众的疏离，即胡适所说的要合“我们”与“他们”为一体，故曾努力“与一般之人生出交涉”。① 但其尊西的取向，恰又扩大了双方间的疏离。四民社会中士人本是社会其他阶层的楷模，这样的疏离当然对新型“士人”的楷模地位大有毁损。近现代知识菁英既然连与大众沟通都困难，也就难以充分填补因士的来源中绝而出现的社会领导空缺。而胆大肯干的边缘知识人，反能部分取代知识菁英以填补此社会领导地位的空缺。

这就是章太炎、胡适所见的民国人物不能持久的一个主要原因，而两人自己，也在此循环之中。胡适在1918年写的一篇文章中，以上海大舞台为“中国的一个绝妙的缩本模型”，指出：在台上支撑场面的，“没有一个不是二十年前的旧古董!”② 约两年后，戴季陶也说，辛亥革命后政治局面虽一年数变，但“变来变去，在政治这一个舞台上的背景、脚色、排场、科白、表情，都是差不多”。③ 换言之，这么多年中国并没有造出什么“新角色”。古董而且旧，其过时自不待言。据胡适那时的看法，这是因为中国“时势变得太快，生者偶一不上劲，就要落后赶不上了”。④

胡适曾以龚自珍的“但开风气不为师”与章士钊共勉，因为他们“同是曾开风气人”。但是，这些“曾开风气人”都在开风气之后不久就“落伍”。正如曾开一代风气的“新党”代表梁启超的境遇。但胡适以为，梁、章的落伍是不同的。梁氏“这几年颇能努力跟着一班少年人向前跑。他的脚力也许有时差跌，但他的兴致是可爱的”。梁所跟着跑的“少年”，正是胡适等人，当然可爱。章则不然，他不但不跟着少

---

① 黄远庸：《释言（致甲寅杂志记者）》，载《甲寅》，1卷10号（1915年10月），2页（通讯栏页）。

② 胡适：《归国杂感》，载《新青年》4卷1号（1918年1月），20～21页。

③ 戴季陶：《到湖州后的感想》（1920年7月），见《戴季陶集（1909—1920）》，唐文权、桑兵编，1272页，武汉，华中师范大学出版社，1990。

④ 胡适：《致高一涵等（稿）》（1919年10月8日），见《胡适来往书信选》，上册，72页。

年跑，而且攻击梁说，“梁任公献媚小生，从风而靡，天下病之”。所以胡适说章甘心落伍而不甘心落魄，不得不站到反对的一边去做首领。①

其实，梁启超的落伍，部分也因为他并不仅仅是跟着跑。钱基博说，胡适归国，“都讲京师，倡为白话文，风靡一时”。梁启超“乐引其说以自张，加润泽焉。诸少年噪曰‘梁任公跟着我们跑也’”。但“梁出其所学，亦时有不‘跟着少年跑’而思调节其横流者”。② 一个人是否落伍，即在于是否“跟着少年人跑”，颇能提示那时的时代风尚。具有诡论意味的是，在这样的时代，要想“调节其横流”，必先“跟着少年跑”；如果不“跟着少年跑”，也根本就无法“调节其横流”。③ 但若“调节其横流”的苦心超过了“跟着少年跑”的努力，仍要落伍。

在某种程度上，能有较长远的政治思虑，也是社会分工上已不再为四民之首，而在思想上多少还能为社会指方向的民初知识人存在的一项主要社会价值。故在民初的北洋时期，才有些自以为是社会中坚、却因道治二统的分离而独善其身的“好人”出来努力影响政治，甚至有组织“好人政府”的想法。这正是重心已失，却还有些余勇可贾的时候。但“好人”之必须“出”，实即其已不再居于社会中心的直接表征。“好人政治”的失败本身，近一步表明这些“好人”不能像传统的士那样作为政治的重心。

知识人既然已不能为社会指引方向，其存在价值自然就进一步降低，不得不让位给具体做事的边缘知识人。“好人”们既然自知无用，大家或者学俄国的虚无党“到民间去”；或者如胡适所认知的那样去追

---

① 胡适：《“老章又反叛了！”》（1925年8月），见《胡适全集》（12），74～76页，合肥，安徽教育出版社，2003。

② 钱基博：《现代中国文学史》，361页。

③ 类似倾向更早已出现，胡思敬在清季就注意到：“近时士类大败，少年粗解阅报，拾取一二名词，哆然谈经济。一时风气所趋，虽老生宿儒，莫敢自坚其说。盖欲避顽固之名，不得不进调停之说。”胡思敬：《退庐全集·退庐笺牍·与李梅庵书》（约1905），438～439页。不过胡之所谓“调停”，带迎合意，与钱之“调节”略不同。

赶时势，以“免了落后的危险”。到20年代生胡适与死孙文论“知难行易”还是“知难行也不易”，观点虽对立，但都着眼于“行”的青年，正是“知”和知的载体都已差不多到头，只好让位于“行”和行的载体的一个表征。

本来近代中国不论思想社会，都呈正统衰落、边缘上升的大趋势，恰与“新的崇拜”相表里。崇新则自然重少。从逻辑上言，中国传统既然黑暗，则越年轻当然受害越少也越纯洁，故少年才代表着中国的未来和希望。所以鲁迅宁愿自己来肩负那“黑暗的闸门”，让青年少读或不读中国书；而钱玄同更主张将四十岁以上的人全杀掉。他们无非都是眼盯着那较纯洁的年轻一辈。在此重少的流风所被之下，更形成一种老师向学生靠拢的新风尚。上层知识人反向边缘知识人看齐，世风为之一变。

到1946年，闻一多自问道：中国的老师和学生“究竟是谁应该向谁学习”？答案自然是老师向学生学。因为“这年头愈是年轻的，愈能识大体；博学多能的中年人，反而只会挑剔小节。正当青年们昂起头来做人的时候，中年人却在黑暗的淫威面前屈膝了”。① 1948年闻氏的朋友朱自清去世，许德珩在挽联中说：朱氏“教书三十年；一面教，一面学，向时代学，向学生学”。② 真是那个时代做教师者“跟着学生跑”的最好写照。

这也是民初社会变动的思想语境。如上所述，边缘知识人对社会政治等的参与感，本就比其他许多社会群体更强。白话文的推广，既扩大了边缘知识人的队伍，也增强了他们的影响。白话文本身又为日后的标语口号演说等政治行为的兴起埋下了伏笔。故苏俄式的群众政治运动方式尚未引进，其在中国得以风行的土壤已经准备好了。“五四运动”更使社会各界注意到学生力量的重要。京、沪新闻出版界立即开始大量启用大学生，各政党则同时注意在中学生中发展力量。

---

① 闻一多：《八年的回忆和感想》，见《闻一多全集》，第2卷，432页，武汉，湖北人民出版社，1993。

② 朱闰生：《魂牵梦萦绿杨情——记父亲朱自清与扬州》，见江苏省政协文史资料委员会等编：《江苏文史资料》第57辑（1992），74页。

胡适等新文化人提倡在先，边缘知识人自觉在后；他们一旦自我觉醒，参与意识更强，就要在社会政治生活中起到更大的作用。到20年代，李璜已在抗议各政治党派驱使利用中学生参政而造成其流血牺牲。① 鲁迅到广州也发现北伐军中拼命的原来竟是学生辈。② 此时边缘知识人无疑已渐成中国政治力量的主力军。

这样，在中国历史上，边缘知识人第一次既是政治运动的主力军，又部分是其领导中心；而且恐怕是唯一一个参与意识既强，其数量又大到足以左右其所在政治运动的社会群体。20世纪中国各政治运动的成败，常视其能否吸引和容纳大多数边缘知识人而定。同时，边缘知识青年自身也要受时代激进趋势的影响，其激进也随时代而进步；而且他们一旦激进起来，其速度又比老师辈更为迅猛。

君不见"问题与主义"论争时，后来的马克思主义者毛泽东此时基本是站在主张研究"问题"这一边的。同样，后来非常著名的共产党人恽代英，在"五四"前后给胡适的信中所表露的思想，就比钱玄同还要温和得多。恽代英主张"与旧势力不必过于直接作敌"。他觉得更有成效的办法是"把孔子的好处发挥出来"，以平旧派不正的感情，然后证明旧派其实不合孔子之道。恽氏已认识到那时的"所谓新人物，不尽有完全之新修养。故旧势力即完全推倒，新人物仍无起而代之之能力"。③ 这在当时是极少见的卓识。

新派破坏了旧的以后，用什么新的东西来代替呢？胡适和新文化人除了用白话来代替文言这一确切答案，似乎也未准备好其他方面的具体解答。既然不能取代，一味打倒，只会增强中国的乱象。持这样稳健观念的人，竟然不久就成为身与武装革命的领袖，可知边缘知识

① 李璜：《我们为什么要办爱国中学》，载《晨报副刊》，1926年7月27日，13页（社会栏页）。

② 鲁迅：《庆祝沪宁克复的那一边》，载《国民新闻》（广州），1927年5月5日，重印于《中山大学学报》，1975年3期。

③ 毛泽东曾在湖南组织"问题研究会"，这样重视"研究问题"的在当时国内还不多见。参见汪澍白等：《青年毛泽东世界观的转变》，载《历史研究》，1980年5期；恽代英信引自耿云志：《胡适年谱》，73页，成都，四川人民出版社，1989。

青年行动起来之后，其激进是远过于老师辈的。“五四”时如果要在胡适与陈独秀之间划一条线，很可能毛和恽都会站在更温和的胡适一边。但他们后来在共产党内，都觉得陈独秀右倾（即保守）并努力反对之。几年之间，两代人“进步”的速度已完全不可同日而语了。

而“行”的载体的地位一上升，又反过来影响思想演变的走向。中国思想权势又出现新的转移。余师英时注意到，马克思主义一类思想在中国社会上的广泛传播，“最先是大学生受到感染，然后再一步一步地影响到教授阶层”。① 老师向学生学习既然成了终生的目标，则学生喜欢的，老师也不得不学着去喜欢。这当然是有一个过程的。新文化运动的老师辈由威尔逊向列宁的转移，恰证明这样一个学生影响教授的过程。

陈独秀在1918年底所作的《每周评论》的《发刊词》中，还曾称威尔逊为“世界上第一个好人”。他在1919年也曾喊出“拿英美作榜样”的口号，不久就成了中国共产党的创始人。到1923年12月，北大进行民意测量，投票选举世界第一伟人，497票中，列宁独得227票居第一，威尔逊则得51票居第二。威尔逊从“第一好人”变为“第二伟人”，正是由美到俄这个榜样的典范转移趋于完成的象征。②

以士农工商四大社会群体为基本要素的传统中国社会结构，在自身演变出现危机时，恰遇西潮的冲击而解体，拉开了近代中国社会结构变迁的序幕。社会结构变迁既是思想演变的造因，也受思想演变的影响。西潮冲击之下的中国士人，由于对文化竞争的认识不足，沿着西学为用的方向走上了中学不能为体的不归路，失去了自身的文化立足点。文化立足点的失落造成中国人心态的剧变，从自认为世界文化的中心到承认中国文化野蛮，退居世界文化的边缘。近代中国可以说已失去重心。结果，从思想界到整个社会上都形成一股尊西崇新的大

---

① 余英时：《中国近代思想史上的激进与保守》，载《历史月刊》（台北），第29期（1990年6月），145页。

② 北大民意测量转引自陈福霖（F. Gilbert Chan），*Nationalism in East Asia: An Annotated Bibliography of selected Works*, New York, 1981, pp. 21-22. 并参见罗志田：《胡适与社会主义的合离》，载《学人》，第4辑（1993年7月）。

潮，可称作新的崇拜。从19世纪80年代中期起，科举考试内容已重新学胜于旧学，中国腹地不能接触新学书籍者已难以通过考试。实际上，最后一代社会学意义上的士在思想上已与传统的士大不相同。

思想权势的转移是与社会权势的转移伴生的。四民之首的士这一社群，在近代社会变迁中受冲击最大。废科举兴学堂等改革的社会意义就是从根本上改变了人的上升性社会变动取向，切断了"士"的社会来源，使士的存在成为一个历史范畴。士的逐渐消失和知识人社群的出现，是中国近代社会区别于传统社会的最主要特征之一。知识人与传统的士的一大区别即其已不再是四民之首，而是一个在社会上自由浮动的社群，道统与政统已两分，而浮动即意味着某种程度的疏离。再加上近代军人、职业革命家和工商业者等新兴社群的崛起，知识人在中国社会中处于一种日益边缘化的境地。同时，科举制虽废除，而并未代之以新的官僚养成体制，政统的常规社会来源枯竭，原处边缘的各新兴社群开始逐渐进据政统。身处城乡之间和菁英与大众之间的边缘知识人尤其适应近代中国革命性的社会变动。崇新与重少相表里，在此大趋势下，出现听众的拥护与否决定立说者的地位、老师反向学生靠拢这样一种特殊的社会权势再转移。

同时，近代新的崇拜虽因失去思想、社会重心而起，当其成为"风气"之后，又反过来强化了中间主干之位空虚的现象。崇新的一个直接后果，就是不断地追求进一步的新，则"国中人物，皆暴起一时，小成即堕"，固亦宜也。一般老百姓，固然要不断追求更新的偶像；就是已成偶像者，也要不断地破旧，以证明及维持其新。可是新总是相对于旧的，一旦旧被破除，新也就不成其为新。如是则既存的偶像转眼已旧，不得不让位于更新者。如此循环往复，没有一个大家可接受的持续象征，于是中间主干之位空虚就成为近代中国持续的社会现象。

不过，近现代中国知识人尊西崇新，其潜意识里也未尝没有以夷制夷这个理学模式传统的影响在。其学习西方之目的是为了要建立一个更新更强的国家，最终凌驾于欧美之上。在此情势之下，民族主义乃成一股大潮。从社会学的角度看，民族主义运动有其特殊的吸引力。边缘知识青年在其中找到自身价值的实现，从不值一文的白丁

(nobody) 变成有一定地位的人物 (somebody)，国家的拯救与个人的出路融为一体。菁英知识人也在这里发现一个选择，即一条通往回归到与大众和国家民族更接近的路径；在某种程度上也可说是从边缘回归中央的可能。

如果可以把走进象牙塔这种与大众的疏离视为传统之士的内在超越性的某种外在社会化，则经民族主义运动而回到与大众的接轨就是一种超越的超越，即外在地超越于内在超越的社会化。故即使仅从这一层面看，民族主义运动为知识人的边缘化和新兴的边缘知识人都提供了某种出路，其在近代中国的影响自然非其他主义可及。

但民族主义只能提供出路，却不能解决全部问题。重心既失，边缘人打了天下后仍面临是以自己为中心独治还是重建一个社会重心来"共治"天下的问题。蒋介石在北伐结束后曾感叹说："今之行政机关所最难者，不用一旧有人员，则手续多有不便；用一旧有人员，则旧有之积习，照随之而入。"① 此语固有其特定的指谓，但多少透露出那种独治也难，共治又无所与共的窘境。

胡适在北伐统一之后不久仍说中国的民族自救运动已失败，即因为他一生追求的"再造文明"的目标并未实现。近代重心之失的根本，还是中国人已失其故，缺乏一个重建民族认同的文化基础。没有这样一个基础，即使"收拾"来一些西方的学理，仍谈不上对外来思想资源的消化、借鉴和利用；没有这样一个基础，更不可能建立起社会和政治的重心。重心不立，则乱多于治的现象必然反复出现。所谓"再造文明"，正是要重建这个民族认同的文化基础。胡适提出的这个任务，仍有待完成。

据原刊《清华汉学研究》第 2 辑（1997 年 11 月）的《失去重心的近代中国：清末民初思想权势与社会权势的转移及其互动关系》改写

① 蒋介石：《今日党员与政府军队及社会之组织唯一要素》，载《盛京时报》，1928 年 8 月 18 日，1 版。

近代湖南区域文化与戊戌新旧之争[1]

中国近代明确的新旧之分，即“新党”、“旧党”等群体认同词汇的频繁出现，大约即在戊戌变法前后。在新政推行较早的湖南，新旧之分在光绪二十三年（1897）末似已基本确定。叶德辉在那年十一月的《与石醉六书》中，已开始大肆攻击梁启超在湖南传播公羊学。他在后来刊印的信末按语中说：此信“为斯事辩难之始”。虽然他那时尚认为“旧党与新党，说到人情天理，固无有不合者。”[2] 但新旧两党的分野显然已出现了。

以今日的后见之明来看，戊戌变法前后湖南乃至全国的所谓“新派”并不全新，他们对“新政”的参与和接受有不同程度的区别。而“旧派”也并不全旧，他们大都支持甚至提倡某种程度的革新。但对当时人来说，新旧两党的人员分野基本是清晰的，新旧之争的存在也的确是时人的共同认知，故本文使用新派、旧派这样的词汇，主要指谓他们不同的群体身份认同，而并不意味着他们在思想及行为上都截然对立。

可以说，到19世纪后期，中国朝野所谓“守旧”，大致都不过是相对而言。甲午中日战争以后，中国的全国性语境中几乎已不存在真

---

① 文中引用一些标点过的史料时，已重新标点，不一一注出。另在叙述中凡具体到月日的时间，均使用时人的记时方式和历法，偶引外人言论而用西历则明确写出。这样较便于引文，而尤能适应当时人的思维习惯（特别是年头年尾，一换算则大不相同）。

② 叶德辉：《郋园书札·与石醉六书》，长沙，中国古书刊印社，1935，《郋园全书》版，页1A～4A；叶德辉致熊希龄，光绪二十三年十二月一日，载《湘报》，第112号，页447B，北京，中华书局，1965，影印本。

正纯粹的守旧派（详另文）。当然，以近代中国思想社会发展的明显地区差异，也有可能存在一些区域性的例外。过去不少人论及戊戌变法前后的湖南新旧之争，都要说到近代湖南区域文化的守旧与排外，这当然不是无根之谈，但也不乏迷思（myth）的成分。而有些迷思，也就起源于最早记述这一事件的当事人梁启超在戊戌当年的著述。①

近代湖南区域文化的主流倾向究竟是趋新还是守旧？这是认识戊戌前后湘籍士人心态、观念与行为的一个重要基本因素。本文即围绕这一问题，从湖南区域文化的一些特性入手，探讨这一特定区域文化语境对湘籍士人（亦偶及在此特定时段进入这一区域文化氛围的外来士人）思想观念和社会行为的影响。② 由于他们所思考、探索和因应的毕竟是全中国（而非湖南）当时面临的问题和挑战，即钱基博所说"其人为天下士，为事亦天下事"③，故本文的研究也希望能对理解整个近代中国稍有促进。

一、从边缘走向中央的湘学

湖南于康熙三年（1664）在湖广省内分设布政使司，辖七府二州，同时移专治苗疆的偏沅巡抚驻长沙。到雍正二年（1724）始正式设立湖南省，领九府四州，成为全国十八行省之一。此前湖南不过是一个半边疆区域，此后也还有一个适应的过程。④ 钱基博注意到：清代湖南的交通不便和土地贫瘠使其"民性多流于倔强"。⑤ 张朋园搜辑了湖

---

① 梁启超：《戊戌政变记·附录二：湖南广东情形》，见《饮冰室合集·专集之一》，129～146页，北京，中华书局，1989年影印。

② 从湖南区域文化的角度来探讨这一论题的取向，也可上溯到梁启超，近年又有进一步申论者，如张朋园：《中国现代化的区域研究——湖南省，1860—1916》，台北"中研院"近史所，1983；杨念群：《儒学地域化的近代形态》，北京，生活·读书·新知三联书店，1997，特别见其论时务学堂的第8章。不过两书各自关注的主要是"现代化"和"儒学地域化"，而并不特别侧重湖南区域文化。

③ 钱基博：《近百年湖南学风》，104页，长沙，岳麓书社，1985。

④ 张朋园：《中国现代化的区域研究——湖南省，1860—1916》，8、50～51、345页。

⑤ 钱基博：《近百年湖南学风》，1页。

南省志和州县志关于湘人性格的记载近二十条，出现最频繁的字是“悍”，次则为“劲”与“直”，再次则为“刚”。① 湘人杨树达也认为：“湘中前辈大抵以横拙刚毅见长”。② 杨所指的主要是士大夫，可知近代湖南民风与士风都以悍劲著称，具有较强的斗争性，这与湖南士绅在戊戌变法前后的社会行为有直接的关联。

近代湖南最具象征意义的事件则是咸同时期因镇压太平军起义而导致的湘军兴起。曾国藩和郭嵩焘都视湘军之起为“湘运之起”。③ 可以说，以咸同时期为转折，湖南在全国的地位明显可见一个从边缘到中心的过程。由此进而产生了士人心态和观念的大变，戊戌时《湘报》撰稿人杨毓麟（笃生）后来说：“咸同以前，我湖南人碌碌无所轻重于天下，亦几不知有所谓对天下之责任；知有所谓对天下之责任者，当自洪杨之难始。”④ 这样一种由地方而全国的关怀和思虑，使许多湖南士人由区域学子而转变成“天下之士”；其眼光和责任感之所及，都已不限于一隅了。

地处边缘意味着受正统的约束相对较少，在一个变动剧烈的时代，也就意味着思变求变的阻力没有中心那么大。近代湖南学术发展有其独特性是一个多数人接受的共识，但对这一独特性的评价则可见一个明显的由自卑到自豪的过程。湘人原对湘学的边缘性颇感遗憾。皮锡瑞追述说：“湖南人物，罕见史传。三国时如蒋琬者，只一二人。唐开科三百年，长沙刘蜕始举进士，时谓之‘破天荒’。”至元、明稍盛，清代则同治中兴以前湖南士人长期在全国没有什么地位。⑤ 也是到雍

---

① 张朋园：《中国现代化的区域研究——湖南省，1860—1916》，338～339页。

② 杨树达：《积微居回忆录》，209页，上海，上海古籍出版社，1986。

③ 郭廷以等编：《郭嵩焘先生年谱》，435、447页，转引自张朋园：《中国现代化的区域研究——湖南省，1860—1916》，349页。

④ 杨笃生：《新湖南》（1903），见张枬、王忍之编：《辛亥革命前十年间时论选集》，卷一下，618页。

⑤ 皮锡瑞：《师伏堂日记》（1897—1900年的皮锡瑞日记分四次选刊在《湖南历史资料》1958年第4辑、1959年第1～2辑、1981年第2辑，以下仅引年月日），光绪二十四年闰三月十九日。

正二年，湖南的科举考试才正式与湖北分闱。在此以前“达于朝者寥寥焉”；改划考区后，湖南中进士的人才开始增加。①

与中原的隔绝造成湖南学术的不入流，当乾嘉“汉学”风行全国时，“独湖湘之间被其风最稀”。② 叶德辉注意到：“乾嘉以后，吴越经学之盛，几于南北同宗。”而湖南人则“笃守其乡风”，“不以考据为能”。生长于湖南的叶氏本人就是以宋学之史学为启蒙，“自登乡荐，北游京师，于是日与日下知名之士文酒过从；又时至厂肆，遍取国朝儒先之书读之，遂得通知训诂考订之学”。③ 叶氏中进士进京是 1892 年，在那之前尚不知考据之学，足见湖南学风的确有所不同。而他在此后的急起直追，又最能体现边缘人向中心靠拢的迫切。

对于湖南在学术上的边缘地位，不少外出获得全国影响的湘籍士人颇觉不安，也曾暗中努力消除或减轻外人这一认知。曾在其江苏学政任内编《皇清经解续编》的王先谦对叶德辉说：他在编辑中“仅得《船山遗书》及魏默深《书、诗古微》二种，犹未纯粹”。在深感湖南“经学之陋”的心态下，遂勉强“以曾文正公《读书日记》析其读经笔记，杂凑一家。生存人如胡元玉、胡元仪所著书，亦录入，盖不得已也”。④ 王曾明确其刊《续经解》，因学派关系，不收宋学家著作⑤；而魏、曾二人，都不脱宋学影响，曾氏更不以经学名家。倘非为维护湘誉，是不会收入的。

皮锡瑞于戊戌年在南学会讲学中说：“文人相轻，自古已然，湖南此风更甚。我湖南人最尚气，勇于有为，是其好处。而气太盛，多不能虚衷受益。后生喜谤前辈，同时互相诋毁。外省人皆推湖南人材极

---

① 杨笃生：《新湖南》，见张枬、王忍之编：《辛亥革命前十年间时论选集》，卷一下，616 页。

② 钱穆：《中国近三百年学术史》，下册，575 页，台湾，商务印书馆，1964。

③ 叶德辉：《郎园书札·答人书、与罗敬则书》，页 23B、36A。

④ 汪兆镛：《叶郎园先生事略》，见《郎园全书》卷首，页 1B。

⑤ 王先谦：《复阎季蓉书》，见《虚受堂文集》，1932 年葵园四种版，卷 14，页 14B。

盛，而湖南学术不能成一宗派，皆由无会以联合之故。”① 这是皮氏为了提倡学会而引申（皖学亦无会，却自成派），实不足据，但说明湖南学术未能开宗立派正是湘籍学人的忧虑所在。

后来章太炎论湖南经学家说：“邹汉勋学未成就。王闿运不专取《公羊》，亦杂采古今文。王先谦经学不足道。”后起的皮锡瑞“亦从吴皖二派入手；久之，以翁潘当道，非言今文则谋生将绌，故以此投时好，然亦不尽采今文也”。故“湖南经学，唯有单立湘派而已”。② 虽然勉强许其立派，但实属另册之意是明显的。不过章氏是从儒家经学观念立论，所以轻视以“杂而不纯”为特点的湘学。若从经学正统衰落之后的眼光看，湖南学术的长处或者正在其“杂”之上。湘人李肖聃说：“九流之学，楚士号精。”经学不足道的王先谦却也兼通子学，正不失为一长。③

但这是后来才能有的观念。林能士引梁启超晚年的观点，说自魏源倡今文经学，到唐鉴讲程朱学，“自是湘学彬彬矣”。④“彬彬”指谓好到何种程度，当然说不清；然大致是今文家的后起诠释，与湘学当时在全国的边缘地位不甚相合。林氏进而认为：嘉庆中叶后，湖南学术“异军突起，并能独树一帜”；故“湘学的勃兴，正是近代湖南地位崛起的先声”。⑤ 恐怕是被梁氏欺之以方，将先后搞反了。若彼时湘学已“勃兴”，王先谦后来又何以会有湘学不入流的感叹呢。

其实，湘学的名声大著，仍沾了湘军的光。正因为湘军是靠“讲学之儒，奏戡乱之绩”⑥，故得以如梁启超所说，“湘学之名随湘军而大振”。梁氏并云：湘学“自是一雪理学迂腐之诮”。⑦ 最足说明前此

---

① 《皮鹿门学长南学会第二次讲义》，载《湘报》，第 6 号，页 22A。

② 章太炎致支伟成论订书及批语，约 1924 年 9 月 14 日，见支伟成：《清代朴学大师列传》，10、323 页，台北，明文书局影印（无日期）。

③ 李肖聃：《湘学略》，208 页，长沙，岳麓书社，1985。

④ 梁启超：《近代学术之地理的分布》，见《饮冰室文集》之 41，76 页。

⑤ 林能士：《清季湖南的新政运动，1895—1898》，4 页，台北，台湾大学文学院，1972。

⑥ 叶德辉：《郎园书札·答人书》，页 23B。

⑦ 梁启超：《近代学术之地理分布》，见《饮冰室文集》之 41，76 页。

之湘学因唐鉴、罗泽南等大讲程朱，正被人讥诮为“理学迂腐”。左宗棠以为：在全国学术陵迟、士人争竞科名利禄之途时，“湖湘诸君子独发扬蹈厉，慨然各毕其志力，以当世变，而抉其衰。忠义之风，照耀寰宇。”① 实有所见。湖湘士人本以其能经世而显，以“忠义之风”见长，湘学之名亦借事功而立，非真以学术见长也。

所以，在乾嘉正统笼罩学界之时，说湘学独立可以；说其已“勃兴”，则只能是对学术主流视而不见的掩耳盗铃之法。在学术典范的“话语权势”存在时，“独立”不过是不入流的代名词；只有在道咸以后，经学之正统已衰落，“独立”才可能成为正面价值。② 价值观念一变，不利的条件就转化成有利的因素了。

杨毓麟后来说：湖南交通不便的地理条件造成当地人“独立之根性”，特别表现在学术之上。从宋代的周敦颐、明末的王夫之到清代的魏源、王闿运，都以学术与时流有所距离而独立。③ 再以后钱基博干脆说：正因为湖南“风气闭塞，常不为中原人文所沾被。抑亦风气自创，能别于中原人物以独立。人杰地灵，大儒迭起。前不见古人，后不见来者；宏识孤怀，涵今茹古；罔不有独立自由之思想，有坚强不磨之志节；湛深古学，而能自辟蹊径，不为古学所囿；义以淑群，行必厉己，以开一代之风气。盖地理使之然也。”④ 这更是经学正统确立时不可能见到的议论。

咸同后在全国学术界立名的王闿运、叶德辉、皮锡瑞等，均能独树一帜，却不是纯粹的“汉学”或“宋学”，显然可见湖湘独立风气的影响，也能体现湘学“杂而不纯”的特色。盖其本不在正统之中，故较少受典范的约束而容易有所突破。特别是王闿运学说正是丁酉戊戌活跃于湖南及全国的康梁学说的源头活水之一，其在当时的影响最不

① 左宗棠：《箴言书院记》，转引自林能士：《清季湖南的新政运动，1895—1898》，5页。

② 参见罗志田：《清季民初经学的边缘化与史学的走向中心》，载《汉学研究》，15卷2期（1997年12月）。

③ 杨笃生：《新湖南》，见《辛亥革命前十年间时论选集》，卷一下，617页。

④ 钱基博：《近百年湖南学风》，1页。

可忽视。

叶德辉指出："考康有为之学，出于蜀人廖平，而廖平为湘绮楼下楼弟子（湘绮尝言廖平深思而不好学）。渊源所自，咸有闻知。"而"三传互有短长，前人论之详矣。至以专门而论，湘绮实上接胡董真传。观其所为传笺，并不拘守任城之例。遗经独抱，自有千秋"。叶本来对王学颇有微词，以为王是"六朝文士，不足当经学大师"。但有人"或因其流毒，转咎湘人"，叶氏为了捍卫湘学的地位，乃不得已出而为之辩，强调其独立性。①

其实叶看到的别人因康学而转咎湘学这一现象并不多见，相反，湖南新派一般似较少注意王闿运的存在（仅梁启超大约稍知其老师学之所出，似曾写信恭维王②）。湘抚陈宝箴对同辈的王先谦等乡绅一意笼络，对王闿运则不然。后者曾想担任校经堂山长，陈不予。王对此虽以一贯的诙谐处之，但皮锡瑞观察到，其"言虽恢奇，不无恩怨"。故其"恶言洋务，甚不以节吾为然。谓开矿必无利"。③ 节吾即后来入陈幕之欧阳中鹄，而力主开矿者则包括比湘绮要"新"许多的王先谦。当时新学的本土思想资源确多可追溯及王，而王本人却对新政持反对态度，这一诡论现象大有探讨的余地。④

对新派冷落湘绮老人的做法，王氏弟子杨度甚感不平。他曾到时

---

① 叶德辉：《郎园书札·答人书》，页23B～24A；杨树榖、杨树达记，崔建英整理：《郎园学行记》，载《近代史资料》总57号（1985年4月，以下径引书名），109页。

② 王日记称："得吕生书，词甚谄阿，有似梁启超。"王闿运：《湘绮楼日记》，光绪二十四年四月十日，第20册，10页，上海，商务印书馆，1927。则梁可能曾"谄阿"王，唯尚未见实证。

③ 皮锡瑞：《师伏堂日记》，光绪二十一年十一月六日。

④ 其中一个重要因素，即在于新政既然由地方大吏推动，则伴随新政的社会资源的分配，常与时人对新政的态度直接相关。当湖南新旧之争表现为皮锡瑞与叶德辉的笔战之后，皮即注意到"大抵不得志于近日官绅者多归叶"（《师伏堂日记》，光绪二十四年四月八日）。这是一个关键，皮本人趋新即有谋"馆地"的明确企图，而其全家也都在新政中得到职位。当道的"近日官绅"对不紧紧追随新政者似太不重视，是致彼有怨的一个原因（当然，有些人如果让其参与，恐怕也要反对，但有所疏解终不一样）。这个问题牵涉甚宽，只能另文探讨。

务学堂访梁，“欲闻康氏之学”。并就《春秋》的义理与梁“论辩甚多，词气壮厉”，至“昏暮方去”。梁突然遇到王门正宗，“初犹肆辩，后乃遁词”。杨度承认梁其人“年少才美”，但对其在湖南“以《春秋》骗钱”，甚觉“可惜可惜”！他感叹道：“其学盖私受于廖平，而不曰王门者，欲为立名地耳。”①

其实王闿运自己也越来越不想过问世事，② 但他的被冷落仍从一个侧面提示着19世纪90年代对湖南来说似乎意味着两代人的转换。光绪十六年（1890）相继去世的湘籍达官有曾国荃、彭玉麟、杨岳斌、曾纪泽、黄彭年共五位，次年则先已退隐的郭嵩焘也去世。咸同时代的湘籍风云人物基本消失殆尽，仅剩一个已淡化家乡认同的刘坤一。两三年后湘军在甲午中日战争中的败绩，是又一个划时代的影响，提示着与湘军相关的时代之终结。湘人谭嗣同说：“湘军与日本战，大溃于牛庄；湖南人始转侧豁悟，其虚骄不可向迩之气，亦顿馁矣。”③

一般而言，自边缘居中心者，最珍惜其来之不易的历史地位，绝不肯轻易放弃。这一中心地位及在此基础上形成的湖南在全国的形象，应即是近代湖南区域文化的主流趋向。从曾国藩起在全国有地位提得起的湖南人除以“忠义”见长外，便是善于经世。而“经世”与“洋务”在晚清如果不是同义词，也越来越是近义词，这只要看各种《皇朝经世文编》、《续编》、《新编》、《统编》等的篇目便可了然。近代湘籍名人基本在办洋务这一趋新的路向上，他们的形象是湖南在全国形象的主要组成部分。对此后来的湖南士人一直在努力维护，即或时有

---

① 几天后，杨度再至时务学堂，发现“卓如竟患疟症，陈君移檄，何如杨子《春秋》！”对自己辩论的杀伤力颇感得意。杨度未刊日记，光绪二十四年一月二十三、二十六日，此日记承杨念群先生提供，特此致谢！

② 除湘省当道对他不甚重视外，颇懂霸、王之术的王湘绮之所以隐而不出，也因为他感到世事已不可为。戊戌新政期间，曾有朝旨“谕巡抚察看品学，是否可起用”。王以为：“季孙矣。寻思世事，无处下手，又将为左季高耶？惟有藏拙而已。”《湘琦楼日记》，光绪二十四年七月二十八日，第20册，26页。则其心态可见。

③ 谭嗣同：《浏阳兴算记》，见蔡尚思、方行编：《谭嗣同全集》（增订本），上册，174页，北京，中华书局，1981。

突破，也基本不取公然对立的姿态。

二、后湘军时代湖南的守旧与趋新

随着咸同风云人物那一代人的离去，湖南士人在全国的整体地位和形象恐怕都大为下降，他们中一部分人的眼光也似乎出现内缩的倾向，其所注重者逐渐由全国而家乡。这样一种眼光的内倾，与因湘军之起而高涨的湖南绅权相结合，就给后来的湖南地方政治带来相当的影响（详后）。① 丁酉、戊戌年间在湖南喊得越来越响的“自立”口号，虽然主要是出于对全国的关怀，然转变中的湖南区域文化多少有些潜在的协助作用。同时，以趋新为基本倾向（程度容有不同）的咸同时代湘籍风云人物的离开历史舞台，也多少为新一代湘绅提供了其他选择（包括“守旧”）的可能。

王先谦为自己定位说：“平生愿为读书人，不敢貌袭名士；愿为正人，不敢貌袭道学；愿为建言之人，不敢貌袭直谏。”② 叶德辉也说：鄙人“最畏居理学之名。平生言行之际，大德不逾。尝言吟风弄月之时，须具有仁民爱物之量，此方是圣门第一等学业，天下第一流人物。讲学而如楚囚相对，岂复有生人之乐哉。”③ 两人都明确其与“道学”或“理学”的距离，最可见其与曾国藩那一代的明显差异。故老辈王闿运对叶氏的为人极看不惯：“叶麻子来，躁妄殊甚，湘潭派无此村野童生派也。”④ 而叶的弟子则记述他“平生耻言高尚，以为高尚乃无用之别名”；其“为人磊落光明，欲言则言，欲行则行。不知趋时，亦不

---

① 湘军兴起与湖南绅权上升的关系，论及者已多。张仲礼对 19 世纪的绅士分省考察，发现他所谓的“新进者”（即第一代成为绅士者）比例最高的是湖南省，达到 65%。张认为这与湘军引起的地方绅士权力上升有关（见其《中国绅士》，218 页，上海，上海社会科学院出版社，1991）。目前尚未见有人将此区分应用于戊戌前后湖南绅权与新旧之争的研究。

② 王先谦：《复某君》，见《虚受堂书札》，卷一，页 11B，1932 年葵园四种版。

③ 叶德辉：《郎园书札・与罗敬则书》，页 37A。

④ 王闿运：《湘琦楼日记》，光绪二十一年一月九日，第 19 册，2 页。

知避谤”。① 两说大致接近实际，不过各从其身份地位立言而已。

王、叶大概都不太注重修养，叶尤其“率性”超过“作圣”而稍带湖南民间的“痞”气，这可能是他们后来不时被人称为“劣绅”的一个原因。叶德辉一向强调其学术独立，甚而敢于攻击乡贤，这在当时极为少见。他自述说：“鄙人生长湖湘，先辈如王湘潭、郭湘阴，一时号为学者所宗，鄙人亦未尝依附。所谓士各有志，学各有宗。”叶的年辈相对低，而能与二王并称，他也不以为荣，反强调其学“迥与二王宗派不同”；他对当代大家如陈澧、俞樾“皆有微词”，而“于湘绮之尤力”。更曾点名攻击魏源“晚病风魔”，倡今文经学，结果几乎“尽灭全经以入于异室”。② 这样的“率性”之人，在素重“作圣”的传统中国社会里，是很难有美誉的。③

王、叶等人的不重修养，具有明显的后湘军时代的意味；而其之所以能这样特立独行，恐怕与湘军兴起带来的豪气也有一定关系。如果没有曾国藩那一代人对道德修养的强调，湘人在全国的边鄙形象恐难转变；但近代湖南由边缘而中央这一大转折又的确使许多旧有的特性都借此发挥到更高的程度，从而使包括读书人在内的许多湘人部分回复到原有的刚劲强悍。

咸同后湘人的敢作敢为颇受世人注目，无意中支持或助长了一些与湖南相关的迷思之形成（其中梁启超起的作用尤大）。陈宝箴已说：咸同中兴的“名臣儒将，多出于湘。其民气之勇，士节之盛，实甲于天下。而恃其忠肝义胆，敌王所忾，不愿师他人之长，其义愤激烈之气，鄙夷不屑之心，亦以湘人为最。”④ 梁启超也认为：“发逆之役，

---

① 《郎园学行记》，144 页。

② 叶德辉：《郎园书札·答罗敬则书、与戴宣翘书》，页 34B、19B～20B；《郎园学行记》，109、116 页。

③ 从高远些看，人总要有“超我”才能区别于其他动物的基本只有“本我”。故中国文化一向甚重人禽之别，其行为准则尤讲究“作圣”，凡能韬晦者口碑多佳；而“率性”则常是修养不足的反映，稍过更可能被视为“无行”之人。参见罗志田：《“率性”与“作圣”：胡适少年受学经历与胡适其人》，载《四川大学学报》，1995 年 3 期。

④ 陈宝箴：《奏设时务武备学堂摺》，载《湘报》，第 25 号，页 97B。

湘军成大功。故嚣张之气渐生。”这大致是时人的认知，但梁随后下一转语“而仇视洋人之风以起”，则显然为信口开河（详后）。①

梁又说：“湖南向称守旧，故凡洋人往游历者动见杀害，而全省电信轮船皆不能设行。自甲午之役以后，湖南学政以新学课士，于是风气渐开。而谭嗣同辈倡大义于天下，全省沾被，议论一变。”于是有陈宝箴等推行的新政。这些话也都只能说是半虚半实，将半带想象的诠释掺和于事实叙述之中。湖南电信轮船固难设难行，但洋人有几人被杀却是可以统计的。所谓“动见杀害”，不过是把描述全国排外的习惯模式（其实全国也未达此程度）套在已先定为“守旧排外”的湖南之上。同时，甲午后学政江标以新学课士颇有影响是实，但陈宝箴抚湘前谭嗣同等人的观念已沾被全省，使议论一变，又只能是想当然。②

大抵梁启超如其自述，“笔锋常带感情”，故立说较随便。但正因“梁笔”的感染力，其说最易为人接受。他在光绪二十二年（1896）致函汪康年说：“十八行省中，湖南人气最可用。惟其守旧之坚，亦过于他省。若能幡然变之，则天下立变矣。”③ 这里“若能幡然变之”只是一个希望，后来却成为一种习见的诠释。戊戌当年一位江苏人注意到：“夫湘人，吾华之深闭固拒最甚者也。一朝丕变，咸与维新。”王尔敏引用此语后进而提出：“甲午战后，湘省人士幡然改途，由守旧的中心，一变而为最积极维新的推动者。”④ 问题在于，甲午战争的失败对所有中国士人的刺激诚不可谓不深，但何以唯湖南人那么快就“幡然改途”呢？

---

① 本段及下段，均见梁启超：《戊戌政变记·附录二：湖南广东情形》，130页。

② 按陈于光绪二十一年九月升任湘抚，那年除夕谭嗣同给他老师欧阳中鹄的信中说到他与强学会总会分会均无关系：“已既不求入会，亦无人来邀”（《谭嗣同全集》，下册，455页）。强学会集当时各种趋新人物之大成，而并无人注意及谭，大致可知他在全国的地位。而谭那时在湖南的革新影响主要在浏阳，也尚未及全省。

③ 梁启超致汪康年，光绪二十二年，《汪康年师友书札》，第2册，1843页，上海，上海古籍出版社，1986。

④ 王尔敏：《南学会》，见《晚清政治思想史论》，130页，台北，商务印书馆，1995。本书承王先生赐寄，特此致谢！所引文在《皇朝经世文统编》，卷106，页24A。

其实，梁本人在光绪二十二年（1896）仍说湖南守旧过于他省，则湖南人在甲午后的转变，显然是有一个过程的。《国闻报》到戊戌当年五月说："素称守旧"的湖南"近日丕变之急，冠于行省"。① 注意到其丕变在于近日，庶几近之。而梁启超和上引之江苏人已为湖南之变何以异于他省提供了答案。梁写信给汪康年是因为江标出任湖南学政，而汪与之厚，欲汪劝江"于按试时，非曾考经古者，不补弟子员，不取优等；而于经古一场，专取新学，其题目皆按时事（尝见建霞所命题，甚通）。以此为重心，则利禄之路，三年内湖南可以丕变矣"。江标果然以新学课士，两年后那位江苏人即注意到湖南的"一朝丕变"，其转折正在于"自我吴江建霞太史衔命视学，一以阐发新学为心，而澧兰沅芷之乡，无不知研求时务为当务之急"。② 这就是说，甲午战败的刺激是全国性的，而湖南却因学政自上而下地以"利禄之途"导引，所以出现异于他省的变化。

同时，说甲午前的湖南是"守旧的中心"，恐怕也有疑问，对此谭嗣同、梁启超等当年即感疑惑。谭说：中国十八省中，"湖南独以疾恶洋务名于地球"，然"闻世之称精解洋务，又必曰湘阴郭筠仙侍郎、湘乡曾劼刚侍郎，虽西国亦云然。两侍郎可谓湖南光矣，湖南人又丑诋焉。若是乎名实之不相契也"！梁也说："湖南以守旧闻于天下，然中国首讲西学者，为魏源氏郭嵩焘氏曾纪泽氏，皆湖南人。故湖南实维新之区也。"他提出的一个解释是："他省无真守旧之人，亦无真维新之人。湖南则真守旧之人固多，而真维新之人亦不少。此所以异于他省也。"③ 这话与不说实无区别。谭注意到的"名实之不相契"说明湖南民风士风的守旧还是趋新，的确需要仔细甄别，这也就回到了前面提出的近代湖南文化主流趋向的问题。

---

① 《国闻报》，光绪二十四年五月十一日，转引自汤志钧：《戊戌变法史》，310页。

② 梁启超致汪康年，《汪康年师友书札》，第2册，1843页；《读湘报》（不著作者），见邵之棠辑：《皇朝经世文统编》，卷106，页23B，上海，宝善斋，光绪二十七年（台北，文海出版社影印，1980）。

③ 谭嗣同：《浏阳兴算记》，见《谭嗣同全集》，上册，173～174页；梁启超：《戊戌政变记·附录"湖南广东情形"》，130页。

关于湖南人的守旧，论者多引同治十一年（1872）曾国藩灵柩因用轮船运回故乡受阻事为例。① 自胡林翼慨叹洋船在长江的疾速行驶以还，轮船在近代中国就有相当程度的象征意义。但这一次轮船与曾国藩灵柩的关联，很有可能是后之治史者读出的新意。湖南当时为之哗然者是否从“新旧”立场出发思考和因应这一问题，迄今未见可靠的依据，相当值得怀疑。其实那件事或者与今人所说的“迷信”及相关习俗关系更大。曾纪泽在中国传统认为非常重要的事项中使用了当时不习见的运输工具，这大概是问题的关键所在。假如他用先民使用的木筏子运送乃父的灵柩，应属最“旧”，恐怕仍会引起相当程度的哗然（当然轮船可能更容易引起争议）。

湖南民风或有守旧一面（实则全国亦然，义和团事最足证明之），而湖南士风则绝不守旧，反而明显趋新。咸同以后湖南的象征人物是曾、胡、罗、左等，到那一代人影响式微时，魏源、郭嵩焘、曾纪泽等在戊戌新政前后被新派提出作为正面的乡贤象征，借重建湘学的地位以延续传统。重要的是，旧派实不能提出足以重建湘学地位的其他人选，所以他们只能基本默认新派的主张。戊戌新旧之争时除叶德辉因反对公羊学偶尔攻击到魏源外，所有旧派攻击的范围并不曾波及郭嵩焘与曾纪泽，则后二人的正面形象并未受到挑战。简单考察一下这一重建湘学传统及象征的过程，有助于认识湖南士风究竟是否保守。

陈宝箴在《招考时务学堂示》中说：“湖南地据上游，人文极盛。海疆互市，内地之讲求西学者，湘人实导其先。”以下历数曾国藩送学生出洋、左宗棠建福州造船厂、曾纪泽使俄不辱君命、魏源编《海国图志》、郭嵩焘使西以还之著作，“皆能洞见隐微，先事而发，创开风气，尤为海内所推”。② 这一趋新的传承脉络极为清晰，而“为海内所推”一语尤能道出湖南在全国形象之所在。

皮锡瑞所拟的南学会第一次讲义就强调：“粤匪之乱，中兴将相，

---

① 事见郭廷以：《近代中国史事日志》，同治十一年五月二十日，上册，565页，北京，中华书局，1987，影印本。

② 陈宝箴：《招考时务学堂示》，载《湘学新报》，第1册，204页，台北，华文书局影印，1966。

多出湖南。”他在列举了曾、唐、罗、左等以学人出而戡乱的业绩后强调：“乡先生流泽未远，学者当闻风兴起。即事权不属，如王船山先生，抗论古今；魏默深先生，纵谈海国；著书传世，亦足以教后学。”故倡立南学会的目的就是希望“将来风气大开，使我湖南再见曾文正、罗忠节、左文襄之伟人，再闻王船山、魏默深之伟论”。① 皮氏后来再论清代湖南说：“船山、默深诸公，以文学开风气；曾、左、胡、江、罗、李，以武功致中兴。于是四方推重湖南为人才极盛之地。固由地气转移所致，亦由乡先生之善变也。如不变，则终如古南蛮而已矣。”② 他不仅确立近代湖南讲学经世的传统在此，尤突出湖南风气正在于“乡先生之善变”。

这一观念显然传承下去，时务学堂学生林圭于戊戌当年写信向其过去的老师叙述省城新政举措后说：“外人以吾湘为善变，斯言不虚。”③ 时务学堂另一学生杨树达到1935年演讲“湖南文化史略”，仍说“自王船山先生以后，湖南人笃信民族主义，因欲保持自己民族，故感觉外患最敏、吸收外来文化最力，且在全国为最先。如魏默深之志海图，郭筠仙、曾劼刚之赞欧化，戊戌之办新政，皆其例也”。④ 更把戊戌新政与这一传统接续起来。

而且，是否承认这一区域文化传统对判别湖南趋新还是守旧极为重要。《湖南时务学堂公启》说：因西人足迹不及湖南，“海内海外遂咸以守旧目湘士。然窃闻吾乡先辈，若魏默深、郭筠仙、曾劼刚诸先生，咸于天下不讲西学之日，受怨谤、忍尤诟，毅然决然以倡此义。

---

① 皮锡瑞：《师伏堂日记》，光绪二十四年一月二十九日。后来刊出的讲义甚短，不包括王、魏二人，不知是未讲或仅摘要刊发。参见《湘报》，第2号，页13A～B。

② 《皮鹿门学长第十一次讲义》，载《湘报》，第72号，页285B；按皮日记原稿文字稍异，参见皮锡瑞：《师伏堂日记》，光绪二十四年闰三月十九日。

③ 林圭致黄奕叟，光绪二十四年三月二十八日，见《湖南历史资料》，1981年第1辑，38页。

④ 杨树达：《积微居回忆录》，101页。

至今天下之讲西学者，则靡不宗诸先生。乌在湘人之为守旧也”。① 这段话当然是在“讲西学”已成正面象征时力图为湖南形象增光，同时也说明只要认同这一区域文化传统，湖南人就并不“守旧”。

可证明湖南守旧的还有一象征性事件，即郭嵩焘确曾因太“新”而为湖南士人“公拒”。但此事原委尚可细析：郭本与更具威望的另一湘人左宗棠有隙，且湘人拒郭是他已先在政治上失意后出现的举动。一般而言，湖南人不会轻易牺牲一个有希望为乡邦大争名誉的难得人才，而拒郭一事基本是个偶发事件。郭氏后来在湖南学界的地位仍甚高，那以后他不仅长期在书院中任山长（以山长在晚清的地位，一个真正被地方拒绝的士人绝不可能久任此职），且被认为是湘学的主要代表之一。实际上，戊戌时的新旧两派大致都是在郭的影响下成长起来的。前引叶德辉说“王湘潭、郭湘阴，一时号为学者所宗，鄙人亦未尝依附”，以示其“士各有志”，最能凸显郭嵩焘在湘学中的主流地位。假如郭氏真像有些论者所强调的那样不为湘人所容，叶氏这段话还有什么学术独立的意义呢？②

湖南人的乡邦意识本较强烈，对其缺乏全国性学者又心有所慊（前引王先谦叙述其编《皇清经解续编》时的苦衷即是显例）。在此情形下，既然近代湖南学术文化的主源流是趋新的，任何有学术地位并且希望维持其声誉的士人皆不能冒与前辈乡贤完全背道而驰的风险。后来被时势推上旧派领袖地位的王先谦，在郭嵩焘去世后曾领衔上奏请朝廷表彰郭，并为郭撰神道碑铭，这都是维护乡贤的明确表现。且郭是王的年长好友，王后来论“朋友之道”当“求直言”说，“犹忆郭筠仙先生在时，每见先谦文，其以为可者，反复称美，又时时为人道

---

① 麦仲华辑：《皇朝经世文新编》，卷5上，页22A，上海，大同译书局，光绪二十四年（台北，文海出版社影印）。

② 有意思的是，反倒是左宗棠因与郭、王为代表的湖湘学界颇有距离而在卒后受到冷落，“自国史立传外，其家子弟亦未求人为神道、行状之文；以郭公与公有宿嫌，湘绮又非公所敬也”。参见李肖聃：《湘学略》，186页。盖彼时有资格为左写神道、行状之乡贤唯郭与湘潭王，长沙王先谦的资格还有些不够，余不必论。

之；其不可，则奋笔代定，无所假借。真能与人为善者也。”① 自认在学术上不追随郭的叶德辉在“平时与及门论文”时，于“湘人则取湘阴郭养知侍郎嵩焘，谓其充实在曾文正之上”。② 戊戌时湖南最著名的两位旧派领袖的态度，足以表明“守旧”绝非湖南的风气所趋。

魏源、郭嵩焘、曾纪泽三人被重新“发现”或被正式确定在近代湖南文化传统主流之中，固然体现出世风的转移，这一修改历史记忆的有意尝试终是以历史事实为基础的。不论前此湘学湘风以保守还是趋新为主，到甲午戊戌之间，自魏、郭、曾确立为正面形象并与以前曾、左一辈的趋新形象一结合，就确立了以趋新为表征的近代湖南文化统系。湘人要维护乡谊，就不能不沿“善变”之路而有所新。近代湖南区域文化这一主流趋向决定了守旧在那里是不甚可取的，湘籍士人要维持已处下降趋势的湖南在全国的地位和形象，实难完全选择“守旧”的认同。

三、近代湖南排外的实际与迷思

另一方面，对近代湖南人著名的“排外”形象，也还值得稍作界定。王尔敏观察到：湘军的成就，坚定了湖南人的“自信心与责任心，形成极端热忱的救世观念，为后日政治运动的动力源泉。”但他又提出：“因为自信心的增强，卫道的意识横亘胸臆；遂构成极深度的守旧的顽固势力，含有强烈的排外思想，而对所有的新事物新观念，无不深闭固拒，态度坚决，甲于各省。”③ 自信心与责任心何以会及怎样与趋新或保守发生逻辑联系，却未见说明。通常自信者既可守旧，也可趋新。张朋园就观察道：“湖南的保守派，其成就感与使命感绝不亚于

---

① 王先谦：《复王泽寰书》，见《虚受堂文集》卷 14，页 17A。

② 《郎园学行记》，119～120 页。

③ 王尔敏：《南学会》，101 页。王先生此文的观念颇影响了后来台湾一些史学研究者。如林能士就几乎完全采用了这个观点及前引“幡然改途”一说，参见林能士：《清季湖南的新政运动，1895—1898》，2～3 页。

维新派。”①

有意思的是，多数时人和后来的研究者都一面说因湖南人排外，故对西方事物所知甚少；同时又说湖南封闭，故当地士人对外事了解不足，所以排外特甚。这在逻辑上多少有些问题。历史当然不是逻辑地发展，士人的行为也并非总是理性的。但一般读书人的言行，总不能太出常轨。试想湖南人既然基本不知外事，何以要排外？而且排得那样厉害？同时还值得考究的是，湖南人究竟排的什么“外”？这个问题大概要以专文才能彻底解决，以下仅以与近代排外联系最密切的教案和涉教事件为例略作分析。

吕实强综合咸丰十年至同治十三年（1860—1874）十五年间“中国官绅反教有关大事”约五百余条，湖南仅占六条，分别在咸丰十一年（1861）、同治元年（1862）（4 条）、同治十三年（1874）。② 据陈银崑的统计，1860—1874 年间，全国共发生教案 284 起，而湖南仅有 5 起，居第 13 位；在 1875—1884 年间，全国共发生教案 199 起，而湖南仅有 7 起，与江苏并列第 11 位；在 1885—1899 年间，全国共发生教案 328 起，而湖南有 15 起，与其余四省并列第 6 位。总计从 1860—1899 年，中国共发生教案 811 起，而湖南仅有 27 起，居第 11 位。③ 可以看出，湖南教案的确呈增长趋势，但总体说来，在全国尚不能算特别排外者。尤其是 1860—1884 年间湖南教案数量并不算多，实看不出湘军兴起导致湖南人排外的联系。

如果稍换视角，从涉教文件的数量（应能大体反映出涉教事件的多寡）来考察，仍可见与上述研究接近的结论。台北“中研院”近代史所据清总理各国事务衙门档案编有《教务教案档》，涉及戊戌年以前的凡六辑，共一万二千余页，其中“湖南教务”篇幅不过四百页，不

---

① 张朋园：《中国现代化的区域研究——湖南省，1860—1916》，351 页。

② 参见吕实强：《中国官绅反教的原因（1860—1874）》，“中研院”近代史所，1985 年 3 版，202～260 页。

③ 陈银崑：《清季民教冲突的量化分析，1860—1899》，台湾师范大学历史研究所 1980 年硕士论文，35～37 页。张朋园统计的同期湖南教案总数尚更低，参见《中国现代化的区域研究——湖南省，1860—1916》，106～107 页。

论是与总量或与他省篇幅相较，都不能算特别多。下表更能具体说明之：

咸丰十年至光绪二十五年湖南与各省涉教文字数量比较①

年代	各省总页	涉及省区	各省平均页	湖南页数	湖北页数
咸丰十年至同治五年	1553	18	86	71	60
同治六至九年	1741	18	97	0	48
同治十年至光绪四年	1981	21	94	9	49
光绪五至十二年	1992	20	100	122	74
光绪十三至二十一年	2318	26	89	178	125
光绪二十二至二十五年	2133	24	89	21	51
平均值	不计	不计	93	67	68

从表可以看出，在《天津条约》准教士入内地传教开初那几年间，湖南人大约不甚适应新形势，涉教事件偏多，但仍低于各省平均数（早期的涉教事件多受地方官鼓励，不一定代表民风）。此后直到光绪初年的十余年间湖南基本没有涉教事件，与其他省区涉教事件比前更有上升的情形适成反比。与前引吕、陈的统计数据参看，可知湖南这段时期确不以排外显。故说湘军兴起造成湖南人排外的说法，大致可确定为无根之谈。

约到19世纪80年代，湖南涉教文件开始激增，从不及各省平均数的十分之一到超过平均数，其中光绪十三至二十一年间（1887—1895）超过平均数一倍。不过那正是周汉反教事件之时，档案文件主要为相关的揭帖。据张朋园的统计，这段时间湖南教案共五起，案件数似不能算高。② 甲午后湖南涉教事件可见明显回落，又大大低于各省平均数。

总体考察，在19世纪最后40年间，湖南涉教文件数量与各省平

① 本表依据《教务教案档》，第1～6辑（咸丰十年至光绪二十五年，"中研院"近代史所，1974—1980）数据所制；其中"各省总页"不包括"通行教务"文件，但包括"京师教务"。

② 张朋园：《中国现代化的区域研究——湖南省，1860—1916》，107页。

均数的比值为 1∶0.72，与全不以排外著称的湖北持平而实际数字稍低。涉教文字的多少不一定完全反映是否排外的实际（比如湖北这段时期共有教案 43 起，就比湖南 27 起高得多，而文字的数量却非常接近），也有可能湖南民风的悍烈起了威慑作用，使传教士望而却步（这至少不适合于耶稣会士，盖成为殉道的烈士正是他们所向往的。同时，教案最多的四川省传教事业远比湖南发达也表明此说难立），也许更主要的是交通不便造成湖南的中外交往不多。总的说来，除周汉案这一特例外，从湘军兴起到戊戌变法时，统计数字似不支持湖南排外明显甚于他省这一习惯说法。

但湖南以排外著称又的确是当时许多人的共识。要到 1897 年年底，才第一次有外国人获准正式在湖南的常德府居住，衙门张贴的保护告示说：奉旨保护传教士，今有两名美国传教士江爱德（E. D. Chapin，其华名提示着他约是江戴德即 Lyman D. Chapin 之子侄）和卞良臣（F. B. Brown）在西门外赁屋居住，签有租约。故此沿街布告，本府子民勿得骚扰生事。美国驻华代办就此报告说："这是外国人在湖南定居的第一例，因此颇值得注意。湖南的面积约与堪萨斯州相等，其居民向以强烈仇外著称。"① 皮锡瑞也指出：耶教发展遍及全世界，并"及于中国，惟湖南省城无教堂，外府州县亦多有之"。②

可以说，在甲午前的一定时期内，湖南确以排外著称，其排外的名声很可能因周汉事件而鹊起；且因为湖南反教活动以揭帖等文字方式表述为多，流传各省，故实际影响或大于其他一些省区。③ 但周汉反教案有其特殊性，传教事业在湖南并不发达，与周汉等反教的激烈，

① Charles Denby to Mr. Sherman, Dec. 16, 1897, U.S. Department of State, *Papers Relating to the Foreign Relations of the United States* 1898, Millwood, N.Y.: Kraus Reprint, 1983 (hereafter as FRUS 1898), pp. 210—211. 两人汉语名见《教务教案档》，第 6 辑，1173 页。

② 皮锡瑞：《师伏堂日记》，光绪二十四年二月二日。这是皮第二次讲学的草稿，此话在实际演讲时改为"今十八省都有天主教（他当共指基督教新旧两派），湖南省外府亦有之"。载《湘报》，第 6 号，页 22B。

③ 参见吕实强：《周汉反教案》，见《"中央研究院"近代史所集刊》，第 2 期（1971 年 6 月）。

似乎提示着反教是否厉害与当地的开放及传教事业的发展不一定成正比。林能士注意到：与他省比较，湖南反洋教揭帖“以整个中国为对象时居多，并且处处显示湖南与中国命运的关系”。① 这最能说明湖南人的排外和反洋教活动以基于传闻的想象为主：正因为湖南本身几乎没有定居的传教士，故其反教只能以全国为对象，体现出一种强烈的防患于未然的意味。这与士人的文化忧患意识有很大的关系。正因其注重文化竞争，故特别为外国人所关注。

实际上，湖南排外守旧的形象，很大程度上是外国人协助形成的。《湖南时务学堂公启》说“海内海外”咸以守旧目湘士②，即揭示出外人参与了这一形象的塑造。以汉口为中心长期在两湖地区传教的杨格非（Griffith John）于1891年年底说：“湖南排外运动的领袖是所有进步事业不共戴天的死敌，他们决心反对引进每一项新事物，不管其多么有利于中国。”③《万国公报》说：“湖南省人向未知西法为天下良法，更未知新法为今日之要法，是以逞其私见，悉力拒之。甚至奉旨设立之电杆，竟敢拔而投诸火。种种乖僻，皆自困之道也。”《国闻报》也说：“湖南士民向来勇于守旧，故中国通商数十年，而洋人之车辙马迹，于湘省独稀。即一切泰西利国新法，亦丝毫不能举行。”④

前引江苏人关于湖南由旧变新的描述，也极有可能自西人处转手而来。他说：“湘中向不与外人通，读书积古之儒，几至耻闻洋务。西人所谓守旧之党，莫湘人也。”⑤ 连“守旧党”的称谓，也是西来。该文后面屡引西人西报之说，可知作者相当熟悉西人言论。其称湘人

---

① 林能士：《清季湖南的新政运动，1895—1898》，1页。

② 麦仲华辑：《皇朝经世文新编》，卷5上，页22A。

③ *North China Herald*, Dec. 18, 1891, p. 846, cited in Lewis, “The Hunanese Elite and the Reform Movement, 1895-1898,” *Journal of Asian Studies*, 29: 1 (Nov. 1969), p. 36。

④ 《三湘喜报》，载《万国公报》，第90卷（光绪二十二年六月）；《湘抚被劾》，载《国闻报》，光绪二十四年四月四日，均收中国史学会主编：《戊戌变法》，第3册，376～377、379～380页，上海，神州国光社，1953。其中《国闻报》于光绪二十四年三月已为日本人所接办，一般论者常将其作为中国舆论引用，未必可靠。

⑤ 《读湘报》（不著作者），见《皇朝经世文统编》，卷106，页23B。

“丕变”，也不排除转自西人。盖湖南人从守旧“幡然改变”为趋新，同样也为上引《万国公报》和《国闻报》消息所道及，似已成为在华外国人的共识（两报均承认地方官的作用，其中《万国公报》又特别强调教会印刷品的功能）。杨格非也于 1897 年 5 月发现：“长沙的一些学生显现出对西方知识的真正渴望”，并相信湖南地方官“倾向于支持引进西学和每一种类的西方改良措施”。①

前已述及，湖南的开放与否，与排外似不构成正或反比例的关联。与本文关系更重要的是，一个地区的开放或排外与否，与新政是否推行的直接关联也并不紧密。湖南常德府的情形很能说明这一点。卞良臣报告 1897 年年末那里的情形说：“（当地）一切都非常平静地继续，人民友善，而官吏为保证我们平安甚为尽心。衙门走卒（Yamen runners）每日仔细地照料我们。”他确信将保护传教的告示沿街张贴，是“这一封闭的省份以一种前所未有的方式向福音和外国人开放的象征”。②

到 1898 年年初，江爱德进而报告说：“这里的居民对外国人比省内几乎任何其他地区的人对外国人更友善。过去的一年中，可见甚大的觉醒（awakening，此词有明确的宗教含义）及对西方知识和事物的新需求。”其表现是“该城的士人正在组织学习英语的班级，并要求提供外国书籍，而更进步的人士已在讨论开通一条常德与汉口之间的轮船航线”。他认为：“所有这些都是一个巨大变迁和进步运动（forward movement，此语带有明显的价值判断）的证据。我们高兴地看到，这一变迁和运动并不仅仅与贸易和科学相关，因为同时也出现了对基督教的新兴趣。已有少数人受洗而皈依成为教徒，其他人也表现出兴趣并在探询关于主的意旨。毫无疑问，不论就贸易还是传教事业的目的而言，常德府都是一个最重要的中心。”③

---

① *North China Herald*, May 7, 1897, p. 834, cited in Lewis, “The Hunanese Elite and the Reform Movement, 1895-1898,” p. 36.

② F. B. Brown to Consul Child, Nov. 12, 1897, FRUS, 1898, p. 211.

③ E. D. Chapin’ s report, about January or February 1898, FRUS, 1898, p. 212.

但常德人在新政期间似乎未表现出比其他地区更积极的态度，而省城的新派官绅在将新政往地方州县推进时，也并不特别考虑常德的特殊性。这很能说明开放与否与新政推行的直接关联实不紧密。在甲午战败的全国性大刺激下，以闭塞和排外著称的湖南独能努力推行新政，而开放得多的湖北便不如湖南那么热烈，号称更开放的广东和其他沿海省区大多未推行新政，已充分证明一个地区是否实行学术和政治改革，更重要的毋宁是地方官吏的态度。

四、余论：官绅的互动与竞争

过去对湖南新政的研究似有低估地方官吏的作用和高估士绅作用的倾向，其实湘省主要官吏的趋新才是新政得以推行的主导力量，湖南各州县新旧不一的情形也基本因此。广而言之，晚清绅权在地方的作用或不如许多研究者想象的那样有力。刘铮云在其对咸丰年间浙江南部民间小会党金钱会的研究中发现，清中叶以后的地方政治运作中，士绅在地方事务上的自主性和活动余地均甚有限，其有多大作为通常取决于地方行政官员的态度。① 湖南新政的发展情形相当支持这一论断，别的许多地方亦然。

甚至在政变之后，当朝旨明令停罢学堂而各省书院照旧办理时，两江总督刘坤一立即上奏代为诠释说："夫书院与学堂，诚如懿旨，名异实同。各书院肄业士子，自应讲习天文舆地以及兵法算法，未可专尚训诂词章。礼部所谓照旧办理，亦即此义。"他据此一面遵旨"考试仍用制艺试帖"，同时咨行所辖各省，命"各书院于制艺试帖外，兼课经史掌故时务，以成经济之才"。更对"禀求仍旧专课时文"的地方生监，予以"严行申饬"。② 这一诠释与一般理解的朝旨意谓几乎完全背道而驰，参以戊戌前江标主持湖南学务造成与他省大不相同的变化，

① 刘铮云：《金钱会与白布会——清代地方政治运作的一个侧面》，载《新史学》，6 卷 3 期（1995 年 9 月）。

② 刘坤一折，光绪二十四年十月三日，见国家档案局明清档案馆编：《戊戌变法档案史料》，488 页，北京，中华书局，1958。

可知那时各地士人究竟读什么书，主要视督抚学政的态度而定。

刘坤一对科考的复旧取表面遵奉实际违背的态度，且公开申明之，这当然与咸同后督抚地位升高有关，但仍提示晚清政治的中央集权程度或不如我们过去认知中那样强。再参以晚清各地督抚和州县官员对行政教育等大事可以态度不一，而在相当程度上仍为上级所容忍，揭示出“人治”社会中每一负治理责任之官吏个人有多么大的回旋余地。

戊戌湖南新政的推行即特别体现出地方官的作用，新旧之争的最后“胜负”实因中央政府突然发生政变而决定，如果没有北京的突变，戊戌时期湖南的政教大致会基本按照地方官的意旨发展。由于趋新而非守旧是近代湖南区域文化的主流趋向所在，湖南的所谓旧派不少都赞同某种程度的改革，只不过各有不可逾越的最后准则（各人又不尽相同，所以参与程度不一，退出的先后也不一）。他们能在一定程度上参与新政，既因上有朝旨号召，更为地方官所推动。

王先谦是湖南初期新政的积极参与者，他在已领衔上呈反对时务学堂后仍说：“国家以西学导中人，亦是于万难之中求自全之策。督抚承而行之，未为过也；绅士和之，未为过也。故从前火柴机器各公司，先谦与闻其事，确系中心之诚，以为应办，至今并无他说。”① 此最能说明士绅的参与自有其对时势的思虑，但附和督抚是一重要因素。

另一方面，因湘军兴起而已大张的湖南绅权，在戊戌新政期间确可见进一步的提升。那时任江西布政使的翁曾桂在读了《湘报》后，即谓“湖南抚台难做”。当皮锡瑞恭维翁“将来必升湘抚”时，翁表示“有此事即告病”。皮甚叹其“畏湘人如虎”。稍后曾入陈宝箴幕的欧阳中鹄也说“湖南官难做，自夔师［王文韶］后皆不讨好”。皮锡瑞对翁曾桂怕到湖南为官，乃有进一层的理解。②

唯湖南绅权在戊戌新政期间的提升，却是由于湘抚陈宝箴等大吏的鼓励和提倡，而陈等有意提升士绅对地方政事的参与程度，又是出于晚清地方官调动太频繁因而导致其实际作用锐减这一思虑，这是很

① 王先谦：《复吴生学兢》，光绪二十四年六月上旬，见《虚受堂书札》，卷一，页 35B～36B。

② 皮锡瑞：《师伏堂日记》，光绪二十四年七月四日、九月二十五日。

值得注意的。这个问题牵涉到时人对官权、民权和议院等方面的认识与思考，只有专文讨论才说得清楚。但绅权的提升在很大程度上是因大吏的主动放权，当无疑问。别处大吏不放权即官“好做”的地方，绅权就不一定大。这仍归结到“人治”社会中负治理责任之官吏个人所起的作用。

有意思的是，士绅方面也并非人人都愿意自己的权力得到提高。新政的积极参与者皮锡瑞对陈宝箴提升绅权的做法即颇感疑虑。他被告知将以南学会“为议院规模，利权尽归于绅。即右帅去、他人来，亦不能更动”。便觉“似此举动，未免太怪。中国君主国，绅权太重，必致官与绅争权。且恐洋人来，愚民无知，与之争斗，难以调停”。结果会是参与“学会议院诸人，必受其咎”。①

君主国的改革应自上而下还是从下到上（这里的下指士绅，当时读书人不会想也不愿去发动群众），这是皮早就在思考的问题。他于光绪二十三年（1897）九月读黄遵宪的《日本国志》时，即对日本变法成功究竟靠什么人领导推动感到疑问：“《志》并未言其主英武。拟倭之强，非尽由其君所致？而其创议变法者，西乡隆盛以叛诛，大久保利通被刺。其能一变致富强者何人？岂皆井上馨、伊藤博文之力耶？”② 黄书实强调日本维新“志士”的作用，但皮却注意到黄不言其主英武。则他不主张“绅权太重”应是一个持续的看法。

与其他参与新政的湖南官绅一样，皮锡瑞对因主持新政之大吏如陈宝箴、黄遵宪的可能调职而造成新政难以为继甚感忧虑。皮日记中各方面人此类言论甚多，均担心陈、黄离湘则“无人护法”，不仅“湖南新政如何举行”难以逆料，更恐“维新党将为人龁龁”。③ 说明湖南新派主要靠地方官支持，官吏换则一切均可能变。

---

① 皮锡瑞：《师伏堂日记》，光绪二十三年十二月一日。

② 皮锡瑞：《师伏堂日记》，光绪二十三年九月十五日。蒲地典子已注意到皮的疑问，参见 Noriko Kamachi，*Reform in China*：*Huang Tsup-hsien and the Japanese Model*，Cambridge，Mass.：Harvard University Press，1981，p. 216.

③ 皮锡瑞：《师伏堂日记》，光绪二十四年二月七日、闰三月九日、四月十七日、四月二十七日、五月三日。

正因为此，新派官吏在外患日亟的特殊情形下，特别希望通过强化士绅对地方学术、治安、工商等各项事务的实际参与来维护新政的持续性。黄遵宪在南学会将此意明白讲出，他强调，晚清实行的任官避籍和三年一任的制度使官如过客，并不甚知地方事务，也难以有稍长远的计划。故只有期望士绅起来“自治其身、自治其乡”，将一切利弊兴革视为“己忧”，并“先事而经画，临事而绸缪”。简言之，“此皆诸君之事”。黄明确说：他这一主张，“誉之者曰启民智，毁之者曰侵官权”。① 其对未来所寄予之希望，仍透露出当时绅听于官的现实。

当然，咸同以后许多湖南士人自身也确实特别主动地感觉到其对天下的责任，并多少认识到中国在列强环伺下的危局。光绪二十三年(1897) 皮锡瑞返湘后，某日拜访经学家胡元仪，两人所谈并非学术，却是“时事”。胡云：“外夷以湖南为射之鹄，英法德皆觊湖南铁路。意以湖南强悍，先将此地收伏，以外皆传檄定矣。”皮颇以为然。② 从经师对时局的关注及对局势的分析，可知湖南士人确颇自信，认为本省在全国地位重大。而皮氏同意此分析，说明趋新的他其实与胡元仪一样对外国人的观念所知甚少（故能有想当然的诠释）。但正因为并不熟知外国人真意图，又有这样的自视，湖南人在外患压迫下的危机感确可能会比其他一些省的人更强。③

有此自信和对时局的忧虑，再加上湘人固有的强悍风格，湖南士绅本不待提倡就可能自动参与和干预地方事务。黄遵宪在“启民智”时考虑的只是官绅的对应关系，但士绅却不是一个观念一致的社群。当士绅真的响应黄的号召起而“自治”时，他们中一些人对时局的认

---

① 《黄公度廉访南学会第一、二次讲义》，载《湘报》，第 5 号，页 17B～18A。

② 皮锡瑞：《师伏堂日记》，光绪二十三年十一月九日。

③ 许多论者常引“湖南兴则天下兴”一类言说来证明湖南人的自信自尊，这类慨叹的确最能反映时人心态，却不必视为实录。否则也有湖南人说“孔教不亡则已，亡则将自湖南始；黄种不灭则已，灭则将自湖南始；中国不波兰印度非洲则已，波兰印度非洲则愈将自湖南始”（张翼云：《论湖南风气尚未进于文明》，载《湘报》，第 57 号，页 225B)。其视湖南甚重的关怀全同，而所申论则迥异。若据以说湖南人无自信且自卑，可乎？

知及其因应之对策却未必与官方同。后来湖南事态的发展，正展现出这样一种具有诡论意味的结果。由于新派实际是以地方官为主导，湖南新旧之争在相当程度上体现出官绅之争的蕴涵（从这个角度看新派士绅的参与反被淡化）。后来北京的政变不在新旧双方的预计之中，但造成旧派在湖南新旧之争中实际获胜。这一结局并未反映出湖南官绅权力强弱的实际对比关系，故虽是现实却带有虚拟意味，唯湖南绅权复因巡抚、学使、盐道的败落这一半带虚拟的真实而进一步趋重。

张朋园注意到：后来王先谦等挟戊戌“战胜新政派的余威，使主张开放社会的官僚派一筹莫展”①，实有所见。叶德辉的弟子后来记述：“湖南绅权过重之谣”和“王、张、叶、孔四大绅士把持省政之谤”渐成固定认知，“以致外来官吏不由湖南起家者，往往误听人言，先谋应付之策”。② 不过官绅间的持续竞争是晚清的共相，似不必也不能全从新旧角度观察；湖南后来也曾出现绅新官旧的现象，更多时是官绅之新旧相近，仍存在竞争。

但戊戌时的“战胜”却有明显的促进作用：戊戌当年的旧派士绅基本还是被动反击，到后来则气焰真有点嚣张不让人。在戊戌的第二年，新巡抚俞廉三即又与地方绅士易顺鼎起矛盾。而前旧派要角孔宪教敢与张之洞争，也使原来偏向旧派的俞颇感为难。孔“自云不避权贵，俞中丞甚畏之，日趋其门”。一向不主张绅权太重的皮锡瑞对此慨叹道：“湖南绅士太霸，祸未已也！”③

俞本“出身佐贰”，没有功名，又不以应变之才见长，所以不得不既尊上级又对士绅退让。庚子年唐才常等的自立军（富有票）事发，俞廉三“为张文襄函电所迫，穷治不免株连”。叶德辉乃为进言，说“此辈书生无非受人诱惑，文襄貌似风厉，实欲嫁祸邻抚，自居解网之仁”。俞有所悟，遂渐宽放，“是案全活之人无数”。④ 这是叶德辉弟子的记载，或不免有夸大老师作用之嫌。但据皮锡瑞日记，当时湖南对

① 张朋园：《中国现代化的区域研究——湖南省，1860—1916》，370 页。

② 《郎园学行记》，136～137 页。

③ 皮锡瑞：《师伏堂日记》，光绪二十五年五月七日。

④ 《郎园学行记》，130 页。

此事确甚宽松，极少株连，因参与者多官绅子弟也。俞本人在审讯汪某时，即明“饬勿援他人”。① 故此事虽不必全因叶德辉维护乡人而致，然上既有令，且富有票人中多戊戌时的新派少年，倘若叶等旧派不主张放松，俞未必能宽放。

总体观察，戊戌后湖南的官绅关系基本仍视巡抚个人背景与个性而定，官强则绅弱，官弱则绅强。光绪二十九年（1903），素称强硬且明显趋新的巡抚赵尔巽奉朝廷兴学诏旨，改岳麓书院为高等学堂，山长王先谦等虽不满意，也只能敢怒不敢言。一年后赵他调，温和的陆元鼎署湖南巡抚，王先谦等立即反击，以纪念曾、左、胡、罗等前岳麓学生为名，禀请另建岳麓景贤堂，该校定额三百名，其规模为长沙所有新式学堂的总和。此事经陆元鼎上奏而获朝廷批准。在戊戌变法后几年间，湖南学界应该说为旧派所把持，但陆元鼎到光绪三十年（1904）仍感到湘省教育的弊病之一正是“以激烈为宗旨”。② 这固然与近代湖南文化主流不无关系，也当与趋新的赵尔巽任湘抚有关。赵在则湖南新，而绅亦不多事；赵去即不然。可知湘省事务的主动权仍在官吏一方。

范文澜说：“湖南新旧两派长期猛斗，直到庚子年（1900，即光绪二十六年）唐才常自立军起义失败后，顽固派屠杀维新派一百余人，才暂时取得了可耻的胜利。”③ 这样从较长的时段观察湖南新旧之争，眼光比就事论事者高远得多，颇给人以启发。唯如前所述，当时“顽固派”并不特别想要“屠杀维新派”，而其“胜利”也是短暂的。湖南的新旧之争因与清季逐渐明显的官绅之争纠缠在一起，到 1900 年仍未完全结束。要到 1910 年的抢米事件，官与绅两败俱伤，均遭严厉处罚，特别是戊戌时的旧派主将王先谦、叶德辉等悉被贬斥，这一持久的斗争才基本完结。

---

① 皮锡瑞：《师伏堂日记》，光绪二十六年八月八日。

② 《署湖南巡抚陆（元鼎）奏湘绅建立岳麓景贤堂摺》、《谕折汇存·光绪三十年十一月十日之陆奏》，转引自张朋园：《中国现代化的区域研究——湖南省，1860—1916》，177、194～195 页。

③ 范文澜：《中国近代史（上册）》，302 页，北京，人民出版社，1955。

叶德辉在1923年为王先谦的《虚受堂书札》作跋时指出：他本人和王在宣统庚戌米荒狱中，“同为当事罗织挂吏议”的原因，就在于他们在戊戌变法时“同持正义，触忤异己”。当时“虽幸免于祸，至是十三年，卒罹党锢”。可知他们在抢米事件后的被黜，确伏因于戊戌之时。这一官绅与新旧的斗争，持续了十三年。此事既了结，而清廷的统治也于次年随之结束。此后湖南当然仍有各种新旧之争，但与戊戌前后那一次从人员组合到思想路向都已没有很直接的关联。只是从民初湖南省治运动的汹涌澎湃之中，还依稀可见戊戌前后官绅讲求“自治”的吉光片羽。

原刊《近代史研究》1998年5期

思想观念与社会角色的错位：王先谦、叶德辉与戊戌前后湖南新旧之争

一百年前的戊戌变法无疑是中国近代史上一个具有转折意义的象征性事件。变法本身虽以“失败”而告终，但中国许多事情的确从此而转、因此而变。其中一个长期影响此后历史的转变，就是新旧之分的明显确立与新旧之争的持续进行。“新党”与“旧党”等群体认同词汇在近代中国获得较有共识的明确指谓，大约即在戊戌变法前后。① 故时人有“自六烈士杀，而新旧泾渭于是分”的说法。② 而在新政推行较早的湖南，新旧之分在戊戌前一年即已基本确定，唯新旧两派尚不到水火不相容的程度而已（详后）。故研究戊戌变法时期的新旧之争，最宜首先考察湖南的情形。

一、引言

关于戊戌变法前后的湖南新旧之争，最早的著述，开始于当事人梁启超在戊戌政变当年的记述。③ 而有些迷思（myth），也就起源于梁。近几十年来，学界对此已有相当数量的论著刊布。这些论著多数

① 这也可见西方的影响，如前文所引述，“守旧党”的称谓，即可能是西来的。

② 李群：《杀人篇》，载《清议报》，88 期（1901），转引自张枬、王忍之编：《辛亥革命前十年间时论选集》，卷一上，23 页。

③ 梁启超：《戊戌政变记・附录二：湖南广东情形》，见《饮冰室合集・专集之一》，129～146 页。

发表在六七十年代，近年也仍有颇具分量的文章。① 百年的研究澄清了不少史实（特别是黄彰健的研究，对新政和新旧之争的史实逐日重建，有可能时更尽量厘清同一天内事件发生的先后，其严格的态度颇值取法），对理解这一事件打下了较好的基础。近年又有一些新的史料刊布，这个题目本身也还大有探讨的余地。

实际上，过去已发表的资料仍未得到充分的利用，这部分因为多数研究者都带有明显的先入为主的倾向。② 其一个表现是大量依据当事人如梁启超和熊希龄当时争辩的文字，而较少加以必要的甄别。如熊希龄说：梁启超初来时王先谦等均甚热情，而叶德辉与梁交往尤多。这大致属实，盖先参与新政而后来转成旧派的士绅如王先谦曾任国子监祭酒、龙湛霖曾任刑部侍郎、汤聘珍曾任山东布政使，且年辈亦高；唯叶始中进士数年，官不过吏部主事，与梁年辈最为接近。但熊说叶要他的学生从梁学《公羊》，则最多不过是叶的客气话，更有可能是熊兴之所至的发挥；与叶平日观念，全不相符。③ 稍作甄别，当知不足

---

① 如邓潭洲：《十九世纪末湖南的维新运动》，载《历史研究》，1959 年 1 期；黄彰健：《戊戌变法史研究》（“中研院”历史语言研究所专刊，1970）中的数篇长文；林能士：《清季湖南的新政运动，1895—1898》，台湾大学文学院，1972；小野川秀美：《戊戌变法与湖南省》，李永炽译，载《大陆杂志》，39 卷 9 期（1969 年 11 月）；Charlton M. Lewis, “The Hunanese Elite and the Reform Movement, 1895—1898,” *Journal of Asian Studies*, 29：1 (Nov. 1969)；Noriko Kamachi, *Reform in China：Huang Tsup-hsien and the Japanese Model*, Cambridge, Mass.：Harvard University Press, 1981, chap. 8；汤志钧：《戊戌变法史》（北京，人民出版社，1984）的第 4 章及《戊戌时期的学会和报刊》（台北，商务印书馆，1993）的第 5 章；周秋光：《熊希龄与湖南维新运动》，载《近代史研究》，1996 年 2 期。

② 这一倾向也始于梁启超，他在 1924 年撰《近代学术之地理分布》，论湖南时最后已述及皮锡瑞和谭嗣同（《饮冰室合集·文集之四十一》，77 页），却只字不及叶德辉。其实若从民国湘学反溯晚清，则民国湘籍学人最有成就者或当推杨树达和余嘉锡，杨固从叶氏学，而余所长的目录学也正是叶最为人称道者，皆恰好接续在叶氏一途。传人当然不是衡量学术的唯一标准（谭早逝不必论，皮却长期授学于乡，其学似未见承续），但能有大成就者皆出一途，至少说明叶的学术地位实被忽视。

③ 熊希龄致陈宝箴，《湘报》，第 112 号，页 446A～B，北京，中华书局，1965，影印本。

据。而这几句话因对叶形象不利，恰为人引用最多。

另一个特点则是非常关注激进的死难者如谭嗣同和唐才常，却较少注意即使在新派一边却不那么激进的陈宝箴、黄遵宪、徐仁铸、熊希龄等，而对实际参与新政甚力的陈三立、皮锡瑞、蒋德钧和欧阳中鹄等更基本忽视。这一倾向直接导致关于新政和新旧之争最为详尽的史料，即已摘选刊发的《皮锡瑞日记》，却几乎最少得到使用（黄彰健除外）。而旧派方面在当时即已积累的大量资料，更是除了摘取其有助于说明新政的一些字句外，对其自身的观念和言论，几乎都是以点到为止的方式偶尔摘引（且大家所引都是差不多的几句），余则较少理会。①

所以，迄今为止的研究，虽然已对此事的认识与理解做了很多重要工作，仍基本是只给新派一边以发言权，而很少予旧派以申述的机会。这无疑是先入倾向极强的单方面历史诠释，与原本的史实恐怕有相当的距离。实际上，即使仅仅想要了解新派的观念和行为，也必须给对立面以发言权，然后可得到接近原状的认知。只有对新旧双方的心态、观念和行为及其互动有比较深入而接近原状的认识，我们才能对戊戌变法这一近代中国极为重要的政治事件有更进一步的了解。②

何况旧派的言行本身就非常值得关注：戊戌变法时的湖南旧派并不能预知我们今日已知的后来变化，故他们在相当时期内是冒着直接与皇帝及其在湖南的代表巡抚作对的政治风险。除非我们认为晚清政治运作相当自由和开放（多数人显然不同意），否则就必须深入分析是什么因素促使这些读书人有这样的大胆表现。由于旧派在现存研究中基本处于程度不同的“失语”（voiceless）状态，我们对湖南旧派人物

---

① 一个例外是陈鍫的《戊戌政变时反变法人物之政治思想》，载《燕京学报》，第25期（1939年6月）。

② 以今日的后见之明看，戊戌变法前后湖南乃至全国的所谓“新派”并不全新，他们对“新政”的参与和接受有不同程度的区别。而“旧派”也并不全旧，他们大都支持甚至提倡某种程度的革新。但对当时人来说，新旧两党的人员分野基本是清晰的，新旧之争的存在也的确是时人的共同认知（新与旧正是当时人使用的语汇），故本文使用新派、旧派这样的词汇，主要指谓他们不同的群体身份认同，而并不意味着他们在思想及行为上都截然对立。

的认知大致不出近代“顽固派”或“保守派”的固定形象，在此基础上产生出的既存诠释似难以解释旧派人物何以能有这样的政治胆量。而这一问题又与晚清的政治运作、中央与地方的关系、朝野关系及官绅关系等一系列重要面相密切相关，实不容忽视。

可以说，一个比较全面的丁酉戊戌时期湖南新政及新旧之争的动态历史图像还有待重建。这样的重建至少需要一组立足于实证的系列文章，本文只是其中一个不大的侧面，希望能尽量减少研究者先入为主的成见，采取朱熹所说的“虚其心”（open mind）的态度来对待当时湖南一些旧派代表人物的言行，并尽可能将他们在丁酉戊戌期间的言行置于此前此后较长时段内他们观念与行为的脉络以及与当时新派人物的互动这一纵横框架中进行考察，庶几对其“不得不如是的苦心孤诣”（陈寅恪语）得出一个比较贴近史实的认知。不敢言拾遗补阙之功，仅期收抛砖引玉之效。

从全国语境看，甲午中日战争后真正纯粹的守旧派几乎已不存在。即使是恶西学如仇雠、据说主张“宁可亡国，不可变法”的徐桐，也强调中国自己应“一意修攘，图自强”。徐以“顽固”著称于史书，他使用的“话语”固有传统如“修攘”者，到底也包括流行不久的“自强”一类，最能体现旧中有新的时代现象。陈鍫和汤志钧早就注意到，甲午后，连“握有军政实权的后党官僚”如王文韶、荣禄等均提出了改革的主张。两人都在戊戌变法前后得到重用，后者尤被视为反对新政的核心人物。而这两人恰是新政的重要推动者湖南巡抚陈宝箴的先后荐主，特别陈任湘抚正是荣禄举荐；陈后来能仅受革职的处分，大约也因此。所以汤先生说陈“原属后党”。①

再往上考察到最高层次，如果没有长期实际主政的慈禧太后的首肯，从咸同时开始推行并在后来得到进一步推进的洋务或自强活动，以及在士林中连带而起的趋新思潮，应该说几乎都难以发展。其实慈禧太后对外国人和外国事物的态度并不像一般认知中那样仅有“保守”

① 陈鍫：《戊戌政变时反变法人物之政治思想》；并参见汤志钧：《戊戌变法时满清统治阶级内部各派系的分析》，见《戊戌变法史论》，9～12页，上海，群联出版社，1955。

一面。就在戊戌变政后不久，她也曾对外国人表示友好。1898 年 12 月 13 日，慈禧太后首次接受了七国公使夫人面贺她六十四岁万寿。主政的太后有此姿态，必然影响余人的态度。正如美国公使的报告所说："在中国历史上，这是皇后或太后第一次接见外国夫人们，故可期望由此将产生某种善果。可以相信，这一接见将在皇宫内引起观看和了解西人和西方事物的愿望；而当广大中国人民普遍得知太后本人愿意接见并招待外国人时，他们［对外国人与事］的反感会部分减轻。"①

因此，到 19 世纪后期，中国朝野所谓"守旧"，大致都不过是相对而言。当然，由于近代中国思想社会发展有明显不同步的特征，存在一些区域性的例外也是可能的。过去不少人将近代湖南区域文化的守旧和排外视为导致一些士人守旧的基础因素之一，这当然不全是无根之谈；但以曾国藩那一代人镇压太平军起义而导致"湘运之起"为转折，湖南在全国的地位可见一个从边缘到中心的明显过程。而那一代湖南人又恰是推动中国洋务或自强运动的核心人物，他们形成的湖南在全国的形象，也就是近代湖南区域文化的主流趋向，显然是趋新而不是守旧。故近代湖南的区域文化不应该是导致部分湘籍士人守旧的重要因素。②

在晚清的"人治"社会中，一个地区是否实行政教改革，地方官的态度至为重要。可以说，甲午后湘省主要官吏的趋新是新政在那里得以推行的主导力量。既然趋新而非守旧是近代湖南区域文化的主流趋向所在，而实行新政又上有朝旨支持，更为地方大吏所推动，湖南的所谓旧派不少都在一定程度上参与新政，且他们实从内心赞同某种程度的改革，只不过各有不可逾越的最后准则（各人又不尽相同，所以参与程度不一，退出的先后也不一）。同时，他们中相当一部分人也还有更为深远的关注和思虑。

---

① E. H. Conger to Mr. Hay, Dec. 14, 1898, U. S. Department of State, *Papers Relating to the Foreign Relations of the United States 1898*, Millwood, N. Y.: Kraus Reprint, 1983 (hereafter as FRUS 1898), pp. 223-224.

② 本段与下段，参见罗志田：《近代湖南区域文化与戊戌新旧之争》，载《近代史研究》，1998 年 5 期。

清季湖南旧派并不全旧这一点不少人都已论及，唯其内心世界和真实思想及其对国情的实际认知，迄今未得到足够的关注。对这些人在多大程度上是内心愿意参与新政，还是因学堂等本是诏书规定办且由现任巡抚主持故必须适当表明支持的态度，应有更细致的区分。同时，他们中相当一部分人显然有一个始新而转旧的过程，何以会如此，更应做认真的考察。其实旧派诸人也有很大的不同：其中最受瞩目的王先谦与叶德辉就有所不同；以学术名的王、叶后来虽与那些学问不深的旧派士绅结为反新同盟（并因其学术地位而为该同盟提供了有力的正当性），其心态和思虑也有相当大的区别。全面分析旧派诸人的观念异同只能另文为之，以下仅以王、叶为例，简略考察当时湖南士绅的新旧异同。

二、旧中有新：王先谦、叶德辉对国情的认知

王先谦半属自强或洋务运动时代之人，从光绪初年起，他长期主张加强海军、对外通商而内兴工艺；始终强调强国在富，富靠工商，特别要中国学习引进西方的器物工艺，以建立自身的工艺与外国竞争，从而抵抗西方的“经济侵略”（他未用此词）。盖“中土工艺不兴，终无自立之日”。但他与所谓洋务派观念也有所区别，而认为发展工业是军事的基础，反对“言制造以火器为先，而工政与军政不辨”的观念。①

当时包括张之洞在内的维新派的基本思路是：甲午一战表明仅仅学习西洋的工艺已不足以救国，亦即以注重“制造”为标志的自强运动已被证明为“失败”，则注重学习工艺的取向不是中国正确的选择。所以张明确提出西学中“西艺非要，西政为要”。② 但王先谦则认为不

---

① 王氏这方面的言论在其书札和文集中比比皆是，本段中引文在其《复毕永年》，见《虚受堂书札》卷一，页33A，1932年葵园四种版；《工商论》，见《虚受堂文集》卷一，页10A，葵园四种版。

② 参见罗志田：《西潮与近代中国思想演变再思》，载《近代史研究》，1995年3期。

是学习工艺的取向有问题，而是根本没有把西方的工艺学到手。换言之，注重“制造”的取向并不错，错在贯彻得不够深入彻底。甲午战败也并不证明以前建设海军的错误，只表明海军建设得不够。特别是战后几年竟不再加强海防，正在于没有弄清列强并非仅仅“志在通商”，其实别有他图这一要害。①

王先谦素主变法，他到民国时仍指出：晚清“外患纷乘，群思变法，可谓有大顺之机矣”；可惜清廷“任非其人”，方法也不对，终致覆亡。盖“政不一端，安民而已。未有民本安而行一政以使其不安者”。如果“必吐弃一切政令，事事效法西人，以为如是则自强；恐强之效不章，而安之象已失”。实际上，中国之所以“纷纭廿年，一无所得，即师法泰西成效章著之日本，懵不知亦趋亦步”；即在于自己号称“事事考求西法，兼能自出新意”。随意变革西法以见自出之“新意”，结果是连西法也学不到手，反生破坏的效果，这才是最可怕的。②

由于其一贯的思想，王先谦是湖南初期新政的积极参与者，包括时务学堂在内的许多新政机构，都是以王领衔禀请开办的。故他曾被更“僻陋”的旧派视为新政要角，王后来自述说：“从前学堂之事，外人以为先谦主持，群相指摘”。直到他又领衔签署反对新政的《湘绅公呈》后，王仍认为“湘人俨分新旧二党”并非因为“趋重西学”所造成。盖“所谓西学者，今日地球大通，各国往来，朝廷不能不讲译学。西人以工商立国，用其货物，朘我脂膏。我不能禁彼物使不来，又不能禁吾民使不购，则必讲求工艺以抵制之，中国机庶可转。故声光化电及一切制造矿学，皆当开通风气，力造精能。国家以西学导中人，亦是于万难之中求自全之策”。因此，“从前火柴机器各公司，先谦与闻其事，确系中心之诚，以为应办，至今并无他说”。③

---

① 王先谦：《海军论》，见《虚受堂文集》卷一，页8B。按此文作于戊戌年，约在政变之后。

② 王先谦：《太息论》，见《虚受堂文集》卷一，页20A；《复岑中丞》，见《虚受堂书札》卷二，页73A；《五洲地理志略序》，见《虚受堂文集》卷三，页40B～41A。

③ 王先谦：《复吴生学兢》，光绪二十四年六月上旬，见《虚受堂书札》卷一，页35B～36B。

从当时已具新旧象征意义的轮船公司的兴办，也可见王先谦比一些主要新派人物的观念还要更“新”。他领衔的《湖南绅士请办内河小火轮船禀稿》说，“从前湘人恐因轮船致引外人入于内地，又恐民船尽失生涯”，近来已“风气日开”，对轮船见惯不惊。且新条约已准西人货物通行各省，“与其本地利权全付他人，孰若本地之人自立根基。或可免异日喧宾夺主之患。是以从前不愿举办轮船者，兹皆极称轮船有利无害，宜速无迟”。《禀稿》强调：兴办此事是因“目击时艰，冀维桑梓；怵他人之我先，懔利权之宜挽”。①

张之洞一开始反对此事，他说：“闻比年以来，湘中士大夫讲求洋务，考究机器，专立书院，研究西法，辄为之神王眉飞，颂祝劝赞，以速其成。”但他认为，“此事行于下江一带，固属有利而无弊，行于湘中则尚有不尽然者。西人觊开湘省口岸久矣。徒以风气未开，若远人麇至，易滋事端。故每婉谢彼族，冀缓岁月。”且“湘中民情，见异族异教如仇”。虽说“近年风尚，渐见转移。然湘中士气素坚，民习素强。其持迂论守旧说者，恐仍不少。虽有通达时务之荐绅先生，恐亦不能遍行劝导阻止。设一有衅端，必致牵引大局。”② 张之洞对湘情显然有所了解，他知道湘人趋新者已日众，但王等号称众人“皆极称轮船有利无害”，恐不无夸张成分。

陈宝箴电复张，指出如今“外夷来与不来，不在我引与不引”。新派皮锡瑞最同意这一观点，视为“破的之论”。盖“恐轮船铁路引洋人来者，此前一二十年情形。今中国已不国，彼欲来则来，何须人引”！后来皮在南学会讲学中也反复申明：对于洋人，“既不能阻之不来，惟有讲求抵拒之法”。如果“我不亟行轮船，彼将来立码头；我不急行火车，彼将来开铁路；我不急兴保卫，彼将来设捕房。与其待彼来办，权柄一切属人，何如即早举行，将来尚可自固。若事事疑滞，人人阻

① 《湖南绅士请办内河小火轮船禀稿》，见《湘学新报》，第1册，190～192页，台湾，华文书局，1966，影印本。

② 张之洞：《与陈右铭》，光绪二十二年十二月二十八日，见《张文襄公全集》，第4册，848～849页，北京，中国书店，1990，影印本。

挠，他人先我，追悔何及！”[①] 其与王先谦等一样的急迫心态，跃然纸上。

可以说，主动先变则法操在我是当时许多湘士的共识，少壮新派如罗棠也说：“湘省地接长江，英人尤为觊觎……我今默运全筹，预争先著；防太阿之倒授，握固有之利权。”[②] 进而言之，类似观念在全国许多地方都可见，说明这一共识的范围还更广泛。梁启超在大约同时就说：“今日非西学不兴之为患，而中学将亡之为患。风气渐开，敌氛渐逼，我而知西学之为急，我将兴之；我而不知，人将兴之。事机之动，在十年之间而已。”[③] 王先谦和皮锡瑞也都分享着相似的见解，但皮氏的出发点在于被动地“讲求抵拒之法”，似尚不如王氏积极主动。

在一定程度上，轮船等西来新生事物在当时对中外双方以及中国的新旧双方恐怕都是象征意义大于实际意义。传教士江爱德（E. D. Chapin）在 1898 年初报告说：常德府居民“在过去的一年中可见甚大的觉醒及对西方知识和事物的新需求”，那里“更进步（the more progressive）的人士已在讨论开通一条常德与汉口之间的轮船航线”。[④] 将“讨论开通轮船航线”作为“更进步”的表征，轮船在这里的象征意义是很明确的。

对轮船这一涉及“西方”的关联象征，各方的态度颇不相同：传教士在其中看到“进步”，湖南新派中的唐才常、熊希龄等也多看到其正面价值；而张之洞和皮锡瑞等则甚虑洋人之来与不来。一则以喜，一则以忧；对这类事物的态度，最能判断是真新还是真旧，或到底在多大程度上新与旧。通观皮锡瑞的日记，可以说他在对轮船铁路等新事物的态度上，不仅比主办此事的熊、蒋等更旧，甚至比王先谦等也

---

① 皮锡瑞：《师伏堂日记》（1897—1900 年的皮锡瑞日记分四次选刊在《湖南历史资料》1958 年第 4 辑、1959 年第 1～2 辑、1981 年第 2 辑，以下仅引年月日），光绪二十三年十一月二十四日，光绪二十四年闰三月二十九日。

② 罗棠：《论湘鄂创办小轮公司之益》，载《湘报》，第 46 号，页 181A。

③ 梁启超：《西学书目表后序》（光绪二十二年），见《饮冰室合集·文集之一》，126 页。

④ E. D. Chapin’s report, about January or February 1898, FRUS, 1898, p. 212.

不见得更新。王虽与皮观念相类，至少比皮更主动（按张之洞的划分，王正是“通达时务之荐绅先生”，乃负有“劝导”之责的先知先觉者）。

后来成为旧派另一主将的叶德辉要年轻得多，洋务或自强运动在他身上的影响不特别明显。但他对西方和学西方的认识也与我们平常认知中的守旧派颇有距离。叶在戊戌争辩时颇重“夷夏之防”，大概出于一种防卫意识。其实他后来教弟子时并不以夷狄视外国。如对修《清史》，他就以为：虽然“前史皆有《外夷传》，此亦当有变更。自海西棣通，列强已成。彼国从前即修职贡，并非藩服称臣。此当名实相孚，易名《外国》”。庚子时尽驱教士的“朝旨日数至”，湖南巡抚拟奉谕张贴。叶随即进见，谓“告示一出，捣毁教堂之案必纷纷而起，无论战事利钝，终归于和，彼时赔偿之费将何所取?”故他建议湖南暂不奉诏。① 说明叶氏实不主张胡乱排外。

叶德辉对西方文化也不轻视，他认为天理人心，中西皆同。故尤其不欣赏“自来中国之士攻彼教者失之诬，尊彼教者失之媚”的现象。那些“谓西人无伦理者，浅儒也；谓西教胜孔教者，缪［谬?］种也”。他对中西文化竞争尚有信心，相信“孔教为天理人心之至公，将来必大行于东西文明之国”。故“孔不必悲，教不必保。忠信笃敬，可以达于殊方；魑魅罔两，可以消于白昼。汉制虽改而不改，民权不伸而得伸，由乱世而升平而太平”。②

最后两句尤其值得注意：叶氏不仅暗中也受公羊家三世说的影响，且实际上把改汉制（这里的“汉”是针对“西”而言）和伸民权视为长远的努力目标。他曾说：“中国自同光以来，亦颇采用西艺，要非全不变法者。何以中东一战，遘此奇变？则以军械不备，上下离心故也。”而“凡人有自私自利之心，不足与议国事；人具若明若暗之识，不足与论民权”。很显然，叶并不排斥民权本身，不过因为戊戌前后的

---

① 杨树穀、杨树达记，崔建英整理：《郎园学行记》，载《近代史资料》，总57号（1985年4月，以下径引书名），118、131页。

② 叶德辉：《郎园书札·明教》，见长沙中国古书刊印社1935年《郎园全书》汇印本，页39A～43B。

中国国情是上下离心、一般人多心自私而识不明，故尚“不足与论民权”。①

叶德辉已认识到：“今日之时局，法诚弊矣：士不知学，民不知兵；百里之外，风俗不通；九州以内，地利未尽。制造兴则仕途多无数冗员，报馆成则士林多一番浮议。学堂如林，仍蹈书院之积习；武备虽改，犹袭洋操之旧文。凡泰西之善政，一入中国，则无不百病丛生。故鄙人素不言变法，而只言去弊。弊之既去，则法不变而自变矣。”可知他本承认泰西有善政，中国应变法。所谓制造、报馆、学堂、武备等，本身都不错，只是中国人自身弊重而未能运用得法。

从根本言，叶认为“古今无百年不变之学”，故“不通古今，不得谓之士；不识时务，不得谓之俊杰。班固欲人通万方之略，马迁蔑儒者博而寡要、劳而少功。此二者当互观其通，各救其失。今之视西艺若仇雠者，一孔之儒也；借时务为干进者，猥鄙之士也。深闭固拒，问以环海各国之政教，茫然不知谓何，所谓不通万方之略者也；袭高邮王氏之颓波，理仓山主人之旧业，所谓博而寡要、劳而少功者也”。因此，“于学之有益于己者，当博观而约取之；于学之有用于世者，当兼收而并蓄之。用夏变夷，则必入穴以探虎。”② 则他不仅不反对西学，实主张入西学之穴以探虎，兼收并蓄“学之有用于世者”。

叶德辉注意到：当时江南学界大讲颜回、子贡，湖南时务学堂则传授“公羊、孟子之教”，这都是“所学非所用”。盖“西人之胜我者，轮船也、枪炮也、制造也”。③ 他强调：“中国欲图自强，断非振兴制造不可。”甚至对于维新人士所谈的“易服”问题，他也主张“衣冠服色，能否划一，则不可知。顾世宙日进于文明，则人情日趋于简易。衮冕之烦重，且变为大清之冠裳。则自今以后之文章，何不可以臆断。惟是谈时务者以为变法必先变服，则又昧本之谈”。中华乃堂堂秉礼之国，不必袭彼族之皮毛。关键在于，“若舍此［制造］不顾，非独易服

---

① 本段与下段，参见叶德辉：《郎园书札·答人书》，页22A～B。

② 叶德辉：《郎园书札·与石醉六书》，页3A。

③ 叶德辉：《郎园书札·与刘先端黄郁文两生书》，页7A。

色不能强，即不缠足亦岂能强”。① 叶氏把中国传统看得极重的服色也视为皮毛而可以易换，然一再强调当学西方所长的“制造”；这已非是否“旧”的问题，而是已“新”得超出一般儒生的见解了。

当然，与王先谦一直侧重工商层面的中外竞争并长期身与制造业不同的是，叶德辉更重视中西文化竞争（详后），而基本未直接涉入工商层面。只有在光绪二十八年（1902）时，他曾应洋务局总办蔡乃煌之邀，为涉及奥商开采矿产之合同签字作证。② 熊希龄直到光绪三十二年（1906）还在攻击叶串合外商，偷卖矿产。③ 则叶虽未直接参与矿业经营，到底表现出一种认可的姿态。若对比山西举人刘大鹏到民国初年为谋生而不得已“弃儒就商”经营小煤窑，仍认为大失“耕读为家”的身份，宁愿以“老农”为其身份认同的心态④，王、叶都是名副其实的新派。

过去中国有一句流行的话：不见其人观其友。从交游看，王先谦和叶德辉本都不全与旧派来往。他们与久宦湖南的陈宝箴皆有旧交：陈初到任，王即曾献练兵之策，劝陈学曾、胡自为统将。他后来说：“弟为此言，亦稔知义宁立体尚正，驭下颇严，果能如此练兵，湖南营务，可望起色。然义宁未能用也。”在陈未任湘抚前侨寓湘中时，叶德辉“即与相识”，并因与其子陈三立“同官吏部，往来亦颇相亲”。只是后来陈主张变法自强，“二三新进少年遂乘隙而入”，南学会、时务学堂中“学说乖谬，湘中耆旧皆不谓然”，叶才开始著文反对新政。⑤

---

① 叶德辉：《郎园书札·与俞恪士书》，页32A～B。

② “中研院”近史所编：《中国近代史资料汇编·矿务档》第4册，2503～2507页，台北，“中研院”近史所，1960。按叶于此事的卷入程度现存湖南矿务档案不详。张朋园据此称叶“更进而与奥商订约开采锑矿”（参见张明园：《中国现代化的区域研究——湖南省，1860—1916》，130页），不知是否有进一步的依据。

③ 熊希龄：《奏为湖南劣绅把持新旧攻击恐酿事变摺》，1906年6月，见周秋光编：《熊希龄集》，上册，131页，长沙，湖南出版社，1997。

④ 参见罗志田：《科举制的废除与四民社会的解体——一个内地乡绅眼中的近代社会变迁》，载《清华学报》，新25卷4期（1995年12月）。

⑤ 王先谦：《与陈子元观察》，见《虚受堂书札》卷一，页29A～30A；《郎园学行记》，130页。

攻击新派最力的叶德辉，其交游实兼新旧。他于1922年写《壬戌感逝诗》共怀十三亡友，序中说："此十三人者，为文章道谊之交，不可以寻常声气论。"他们是：杨锐、陶觐仪、张祖同、皮锡瑞、孔宪教、黄自元、李辅耀、俞廉三、庞鸿书、叶昌炽、朱益濬、沈瑜庆、易顺鼎。其中皮、易二人是戊戌时著名的湖南新派，再加上与张之洞关系密切的新派杨锐和沈瑜庆两位，则其特别注重的交游中明显的新派人物相当不少。叶怀张、孔、黄诗均不及戊戌事，可证他们当时基本只是署名表态而已（表态当然也很重要）。只是怀俞廉三诗中说："公初秉节来湘日，正值妖氛未扫除。"而怀皮诗对其讲公羊学仍有非议，但也说他"师承歧路缘先误，党锢终身亦可伤"，对皮因戊戌事被参革，其所受处分终身未完全注销尚表同情。①

如果说这是晚年恩怨已淡的情形，则反观戊戌当年，叶氏仍不是完全亲近旧派。他的弟子记述道：戊戌时新派的易顺鼎，因"遇事儿戏甚，或狎侮老成，戊戌己亥间领湖南榷场，凡省绅皆凶隙而散，独吾师善交久敬"。而湘籍翰林院编修陈鼎，"颇负乖戾之名，同乡罕与之来往，独与吾师交好，终身无间言。戊戌朝变，为掌院徐桐诬参，交原籍监禁。吾师言于俞公，待之极优异"。其实陈遭贬斥确因趋新，有其上书为证，绝非受人"诬参"。② 而叶却不以新旧之分便不亲近旧友，可知当时新旧区分的影响是有限的。

更能说明问题的是，时务学堂的西学总教习李维格就与叶的关系特别好，直到政变后学堂改组，李仍未被解职。皮锡锐明确指出是因"此人与叶厚，故不去"。③ 作为西学教习的李氏而能与叶交厚，提示了一个过去备受忽视的现象：旧派诸人基本不甚反对西学（当然他们对西学或有其自己的界定）。前引叶德辉指责湖南只讲公羊、孟子而不讲西学的看法，已知他根本认为时务学堂的课程是"新"而不够

---

① 叶德辉：《浮湘集·壬戌感逝诗》，见1935年《郎园全书》汇印本，页4B～11A。

② 《郎园学行记》，144页；陈鼎事参见孔祥吉：《晚清知识分子的悲剧——从陈鼎和他的〈校邠庐抗议别论〉谈起》，载《历史研究》，1996年6期。

③ 皮锡瑞：《师伏堂日记》，光绪二十四年九月十九日。

“西”。

类似的观念在旧派的主要文献中表述得非常清楚：岳麓书院学生宾凤阳等在给王先谦的信中说，中丞“合中西为学堂，原欲以中学为根柢，兼采西学之长。堂中西学，自有教习订立规模，与中学不相涉也”。但“梁启超等自命西学兼长，意为通贯，究其所以立说者，非西学实康学耳”。《湘绅公呈》再申此意：“原设立学堂本意，以中学为根柢，兼采西学之长。堂中所聘西学教习李维格等，一切规模俱属妥善。”而“梁启超及分教习广东韩叶诸人，自命西学通人，实皆康门谬种”。故“伏乞大公祖严加整顿，屏退主张异学之人，俾生徒不为邪说诱惑；庶教宗即明，人才日起，而兼习时务者不至以误康为西，转生疑阻”。①

王先谦本人更进而总结说：“康梁今日所以惑人，自为一教，并非西教：其言平等，则西国并不平等；言民权，则西主实自持权。康梁谬托西教，以行其邪说，真中国之巨蠹。不意光天化日之中有此鬼蜮！”② 他们都强调梁启超在时务学堂所授并非真西学，说明所谓旧派实不反对真西学，也不反对引进西学。观旧派主将王、叶二人的书札文章，可知他们的西学知识尚称丰富（就当时水准言），且远超过一些趋新人物（比如皮锡瑞）。这进而提示出西学知识的多寡与趋新和守旧的态度之间也没有成比例的逻辑关系（详另文）。特别是旧派担心兼习时务者“误康为西，转生疑阻”这一点至关紧要，盖其不仅指出康梁非真西学，且康学的存在根本可能对学习西学产生疑阻，必去之而后西学可得倡。

实际上，王先谦对于“帘听之朝”，早有所不满，也认为非变不可。他不过认为朝政并未坏到不可救，故不主张大变。他在约光绪五年时已说：“两宫垂帘以来，开诚布公……即果如外间揣测，以为未必乐闻谠言，亦断无全不顾惜政体之理。”后来王任江苏学政时又说，“今日朝政大纲，尚能支持不坏”，但已“不及雍乾以前极盛”之时；

---

① 《宾凤阳等来书》、《湘绅公呈》，见《虚受堂书札》卷一，页 53B、54B～55B。

② 王先谦：《复吴生学兢》，见《虚受堂书札》卷一，页 36A～B。

盖“帘听之朝，谨守成宪，不轻变更，故利弊不免参半。见在急应设施者，端绪甚多。弟曾妄论列一二，而事会所值，扞格难行，以此知建言之难”。① 可知他早已认识到朝廷“未必乐闻谠言”，后更亲身体会到“建言之难”，不过朝政尚未坏到“全不顾惜政体”的程度而已。

王的“建言”主要即加强办工商和海军以图富强，故他对甲午战败后朝廷改革的缓慢极有意见：戊戌年清廷行新政至裁冗员并衙门时，叶德辉以为“薄海臣民，无不颂圣明之乾断”（这是一般认为导致政变的一个重要原因，时间也已距政变甚近，此时叶的赞同态度尤其值得注意）。他并引王先谦的话说：“曩闻葵园先生言：近日新政，若早行于中日讲和之后，至今必粗具成效。外人不敢轻视，胶州、旅大之患，可以隐消。今又以康梁之故，使天下哗然不敢言新，恐终难收自强之效。盖忧时之君子，未有不知法之宜变者。惟是朝廷不言而草茅言之，未免近于乱政。”②

此最能体现湖南所谓守旧派之心声，他们何尝不思变，且已虑及因变法议出自康梁，反影响变法的推行。即使到政变之后，王先谦仍不赞同恢复八股考试，对此事“以乱党倡言之故而复其旧”，表示“非吾辈所敢议矣”。他公开撰文反对复八股，说不敢议，偏又指出为什么不敢，意思十分明显。对于时人“言变法以乱党为戒，而忠谋与邪谋不辨。视国计民生如秦越肥瘠之不相涉焉，徒思快其口舌，而不悟患之已迫于肌肤”的现象，王至感痛心。③ 可知担心因乱党而阻变法推行是其一贯见解。

对八股时文的态度是当时区别新旧的一个标准。在这方面，王实属新派而叶在新旧之间（叶不欣赏时文但也不强调废八股，详另文）。

---

① 王先谦：《复某君》、《与吴筱轩军门》，见《虚受堂书札》卷一，页9A、25A～B。

② 叶德辉：《郎园书札·与俞恪士书》，页30A。皮锡瑞于几乎同时有同感，他注意到朝廷举措“似有维新之机，将来必有效验，特患迟耳。若十年前能如此，局面断不致坏到此等田地！”（《师伏堂日记》，光绪二十四年七月二十日）新旧两派的感触竟如此一致。

③ 王先谦：《科举论下》、《工商论》，见《虚受堂文集》卷一，页5A～B、10A。

且王、叶有一点是一致的，他们都认为当时士风已出现严重的避实就虚现象。王指出："中国学人大病在一空字：理学兴则舍程朱而趋陆王，以程朱务实也；汉学兴则诋汉而尊宋，以汉学苦人也。"此风到晚清尤盛，"近日士大夫多不读书，乃至奏牍陈词，亦皆肆口乱道"。故他认为："方今通弊，在虚词多而实际少。"有意思的是，王注意到许多谈"新学"者实仍守中学："新学兴又斥西而守中，以西学尤繁重也。"故"日本维新从制造入，中国求新从议论入。所务在名，所图在私。言满天下，而无实以继之；则亦仍然一空，终古罔济而已"。① 叶也说："天下事必有真识力而后有真是非，必有大学问而后有大文章。今日士习游惰，目不知书，是以邪说横流，人人丧魂夺魄。"他强调："中国之事，无不误于空谈。不求立学，徒以策论易时文；不求考工，徒以枪炮易弓马；法则变矣，其如弊之未去何？"②

他们所指谓的"实际"，通常多指晚清言说中的"制造"，但也与学术密切关联。叶德辉知道在新学堂里可以"通晓万方之略，周知天下之情"，这符合"一事不知，儒者之耻"的传统主张，故他并不反对其弟子进入时务学堂。更重要的是，他已依稀认识到"旧学改新学"恐怕已成不得不为之势："时局如此，尚欲三尺童子坐以待毙，虽至愚至陋，计不出此。"③

有这样的观念，且生活于趋新的近代湖南文化主流之中，王、叶等人在一定程度上支持和参与新政是合乎逻辑的发展。前引熊希龄说梁启超初来时王先谦等均甚热情，而叶德辉与梁交往尤多，基本属实。故新政初期的举措，王先谦均是领衔请办之人。他对新政的态度是"共观其成，共防其弊"；且对新政颇有"长虑"，主张"起势总宜慎重"。盖"湘人锐气挫不得，一事失利，即事事不肯向前"。④ 从其一

---

① 王先谦：《复毕永年》、《复某君》，见《虚受堂书札》卷一，页34A～B、8B、11A～B。

② 叶德辉：《郎园书札·与段伯猷书、与皮鹿门书》，页25A、12A。

③ 叶德辉致熊希龄，光绪二十三年十二月一日，载《湘报》，第112号，页447B。

④ 熊希龄致陈宝箴，光绪二十四年五月，王先谦致熊希龄，光绪二十三年八月十日，均载《湘报》，第112号，页446A～B、447B。

贯思想和态度看，王初期参与新政显非勉强，实出主动。在他领衔《湘绅公呈》后，有旧派人以为原本趋新的他“已有悔心”。王氏立即辩称：此语虽“誉我实以毁我也。先谦依然先后一人，并无两样面孔、两样心肠，果有何事应改应悔乎？”①

皮锡瑞曾对叶德辉说：“湘人无乡谊，好自相攻击。见《时务报》则誉之，见《湘学报》则毁之。”盖《时务报》本是王先谦要求岳麓书院学生阅读者。叶氏也承认：“《时务报》初出一二册，见者耳目一新，非独湘人爱之，天下之人爱之。迨其后，阅时既久，讪笑朝政，呵斥前贤，非独湘人恶之，天下之人恶之。”此最可见在前后不长的时期之内有一风向转变的过程。其实《湘学报》也经历了类似的转变。叶德辉就将先出的《湘学报》与后出的《湘报》区别看待，他说：“《湘学报》外间指摘者，大抵吾邑易生之类，初尚未及其余。《湘报》谬论既多，宜乎召人攻击。”② 皮、叶两人观念各异，但皆认可《时务报》甚而《湘学报》都曾为主要旧派人物所欣赏，则不少旧派人物曾一度趋新这一事实本不为时人所隐讳。

实际上，即使在政变后时务学堂改为求是书院时，所设六分教仍是“三中学、二算学、一方言”。此时该书院已在旧派掌握之中，虽中学教习稍多，“新学”仍占一半。③ 政变后几年间，湖南学界应该说为旧派所把持，但署湖南巡抚陆元鼎到光绪三十年（1904）仍感到湘省教育的弊病之一正是“以激烈为宗旨”。而比较趋新的继任巡抚端方也于光绪三十一年（1905）奏称：据他在江苏、湖南所见，后者教育不弱于前者；湖南教育的内容与精神，“均不后于各行省”。这里所谓先后，当然与新旧直接相关。④ 这一现象或者与趋新的赵尔巽此前出任湖南巡抚有关，但赵任职时间仅年余，似不足在短期内完全转变全省之教育风气，则湖南教育在旧派把持期间仍保留了不少一般认为是

① 王先谦：《复吴生学兢》，见《虚受堂书札》卷一，页36B～37A。

② 叶德辉：《郎园书札·答皮孝廉书及所附皮锡瑞来书》，页15A。

③ 皮锡瑞：《师伏堂日记》，光绪二十四年十二月一日。

④ 两奏均转引自张朋园：《中国现代化的区域研究——湖南省，1860—1916》，195页。

趋新之地才具有的成分，大致仍揭示出旧中有新的时代共相。

三、由新转旧：旧派人物反戈一击的关注所在

那么，曾经趋新的旧派何以要中途反戈一击？过去的诠释因多忽视许多旧派人物曾经历过一个由新转旧的过程，且不甚关注其内心世界与真实思想，尚嫌不够全面。关键在于，旧派一度是在逆朝廷的意旨而行，冒有直接的政治风险。这就牵涉到一个更大的问题：晚清政治是否开放和自由到使地方绅士完全可以公开逆朝旨（在湖南更包括当地抚宪的意旨）而行呢？对这一问题的肯定答案恐怕没有多少人能够接受，则这些人的勇气从何而至？他们最担心的是什么？这是认识戊戌湖南新旧之争的一个关键。

今人皆知变法的结果，但湖南新政的反对派当时并不知道。他们也许了解一些帝后之争的信息，却不会很清楚。至今没有什么具体的证据表明湖南旧派与京中的“后党”有什么直接的联络（实际上他们与“后党”大员的关系完全比不上湘抚陈宝箴），也未见证据表明湖南旧派与偏向旧派的湘籍京官有电报联络，而书信联系在当时根本无法跟上事态的发展。更重要的是，直到政变前夕，帝后党争的不可调和性才较为人所知；在那之前，一般京官也实难预见事情的结果。所以即使偏旧的湘籍京官与湖南旧派有密切而频繁的联系，后者所得的信息也应该不足以支持他们公然与朝旨对着干。特别是前引叶德辉在政变前夕还歌颂裁减机构罢黜冗员的举措，既说明他们与帝党的一些观念本接近，也表明他们或不了解京中的帝后党争，或了解也并不据此来调节其行为。

戊戌时湖南旧派敢于逆朝廷的意旨而行这一行为，应该有更具说服力的诠释。

美国学者刘易斯曾提出一个新颖的观点：守旧的湖南士绅指斥康有为的思想为异端，是要想通过此举维护一直在他们控制下的社会秩序。但因其将自身的特权置于国家利益之上，他们的道德权威有所削弱。当一个陈腐的价值体系开始失去效用时，他们转而越来越多地投

入经济实业，借以维持其社会地位并抵制西力的入侵。① 这一观点太偏于理想型，除了发展工商业以抵制西方的经济入侵这一点外，其余均难从时人言说中找到明确的依据。实际上，直到戊戌后的相当一段时间里，经营实业在湖南仍是得不偿失的。湖南旧派士绅对工商业的社会效益（即保持其社会地位的功能）是否能具有那样的理论性前瞻眼光，恐怕还需要进一步考证。

至于说湖南新旧之争“是维资本主义之新还是护封建主义之旧之争”②，就有明显拔高昔人的倾向。未受马克思主义熏染的湖南新旧两派那时是否有明确甚至隐约的“主义”意识，尚未见任何人引用直接的证据。即使确认新政是资本主义性质的（我尚存疑），主义之争的观点仍难解释何以旧派多一度参与新政然后才反戈一击这一事实。特别是旧派多在政变前后持续参与工商方面的建设（这应与资本主义最直接相关），却激烈反对显然更接近“封建主义”的公羊学这一现象，似乎提示着截然相反的诠释，即旧派尚能接受某些资本主义事物，却不能容忍“封建主义”中对既存政治和社会秩序可能造成破坏的因素。

皮锡瑞的学生李肖聃曾提出一个具地方意识的思路，他在为苏舆的遗集作序时说：丁酉时“湘学始衰，粤人来教。素王改制，托齐学之微言；赤乌传书，张纬候之异说。时长沙祭酒主持楚学，郎园吏部抵斥康生。君奉手从师，低头事友。裒其辨学之作，都为异教之编。自叙简端，述其作意。欲守西湘之学统，遏南海之狂流。”③ 杨念群最近提出一个近代儒学区域模式，也从湘学和粤学的角度讨论发生在湖南的新旧之争，说颇新颖。④ 但其观点不好解释与粤人梁启超等共同奋斗的还有数量多得多的湘籍士人（若以湘学本位论，何以西学总教

① Lewis, “The Hunanese Elite and the Reform Movement,” pp. 35, 42. 此观念在其专著 *Prologue to the Chinese Revolution: The Transformation of Ideals and Institutions in Hunan Province, 1891-1907* (Cambridge, Mass.: Harvard University Press, 1976) 中有进一步的阐述。

② 汤志钧：《戊戌变法史》，305 页。

③ 李肖聃：《湘学略》，201 页。

④ 杨念群：《儒学地域化的近代形态》，第 8 章，北京，生活·读书·新知三联书店，1997。

习江苏人李维格及分教习安徽人杨自超便基本不受攻击?)，尤其是另一粤人朱一新的观念正被湖南旧派视为思想资源。恐怕时务学堂被排斥的各中文教习主要因其与康有为的关联，而不过恰好皆是粤人而已。

当年叶德辉积极参与公禀请辞退各中文教习，熊希龄即攻击叶“不过乘鹬蚌相持之际，欲收渔翁之利”。① 意谓叶觊觎时务学堂中文总教习一职，这一观点后人多引用之。近年更有人从“地盘”之争考察整个湖南新旧之争②，不免稍小视昔人。余人不必论，争议的中心人物叶德辉家境颇富而不喜约束，似无出占馆地之欲。据说大约同时张之洞曾聘叶主讲两湖书院，其致湘抚俞廉三电称：“明知叶某境地从容，决不处馆，但此是匡扶正学、津逮后进之事，想必乐为。”叶辞不就。光绪三十一年（1905）湖北设存古学堂时再聘，叶仍以病辞；张复电说：“执事坐拥百城，徜徉山水，其乐何极，自不愿为臬［皋］比所困。”故其弟子说他“平生未尝充山长、作馆师”，正以出任此类职务则“事多拘束”，反不自如。③ 这些记载与叶一生的实际作为大致相符。

查《湘绅公呈》确有为教习而上之意，其中两次点到尚属温和的皮锡瑞之名（其余被两次点名的仅有梁启超和樊锥），先说“虽以谨厚如皮锡瑞，亦被煽惑，形之论说，重遭诟病”。又说“今皮锡瑞不为珂里所容，樊锥复为邵阳所逐，足见人心不死，率土皆同”。最后揭示其上呈之意：“从前士绅公议，拟俟梁启超此次来湘，禀请钧夺。昨闻其留京差委，学堂自必另聘教习。窃以为本源不清，事奚由治。伏乞大公祖严加整顿，屏退主张异学之人。”则《公呈》的确意在教习，但并非叶欲出任教习，乃惧皮为总教习而使业已涣散的时务学堂复兴。后来戴德诚告诉皮氏说：叶等攻皮，乃“因粤人去，学生欲散。公度谕以另请良师，如某某［谓皮］学问通达，可聘；尔等勿以为虑。彼恐

---

① 熊希龄致陈宝箴，光绪二十四年五月，载《湘报》，第112号，页446B。

② 邝兆江：《湖南新旧党争浅论并简介〈明辨录〉》，载《历史档案》，1997年2期。

③ 《郎园学行记》，136、145页。

我至，遂为先发制人之计”。①

当然，由于新政为地方大吏推动，则伴随新政的社会资源的分配，常与时人对新政的态度直接相关。原参与新政的一些士绅后来成为旧派，其一个重要的具体过节确实与新政各项举措之间的分工有关；特别是初期拟设的湖南机器制造公司和时务学堂的资金及管理权限等的分配，颇造成不少问题。前引熊希龄信已说得较多，王先谦后来也数次论及于此，他特别认为陈宝箴“不免偏向”于熊希龄、蒋德钧等，而陈所任命的工师曾昭吉也“挟上宪以自重，不复受绅士商量”。②

另外，陈宝箴和黄遵宪在重城市治安即保卫局而轻乡间团练这一点上，显然也疏远了强调团练重要性的湘省巨绅龙湛霖、张祖同（达官张百熙之兄）和汤聘珍。③ 当湖南新旧之争后来表现为皮锡瑞与叶德辉的笔战时，皮即注意到“大抵不得志于近日官绅者多归叶”。④王、龙、张、汤都曾是初期新政的主要参与者，后来皆转为旧派，说明当道的“近日官绅”对不紧紧追随新政者的重视不够是致彼有怨的一个重要原因。

但社会资源的分配及地方官的重视不够等均不足以使湖南旧派敢于逆朝廷的意旨而行，故不应是他们反戈一击的主要原因。湖南旧派诸人的非常规行为提示着他们显然还有更深远的思虑。这些士绅必定已感到某种强大的压力，使其不得不甘冒危险而抗旨行事。或可以说，他们的忧患意识一定已相当深重，应是真感到不吐不足以救国家、种族、文化于危亡；相比之下，个人进退似可暂时置于第二位。

一般治史者均承认，与历代亡国之君相比，清季实际执政的慈禧太后无论有多少不足之处，其所作所为的荒谬程度尚未到足以亡国的地步。但清季的一个特殊之处是遭遇到外力的入侵，而且是从政治军

① 《湘绅公呈》，见《虚受堂书札》卷一，页55A～B；皮锡瑞：《师伏堂日记》，光绪二十五年十一月二十三日。

② 王先谦：《致俞中丞》，见《虚受堂书札》卷一，页66A～B；《与陈佩蘅》，见《虚受堂书札》卷二，页67A～68A。

③ 参见皮锡瑞：《师伏堂日记》，光绪二十四年一月二十六日、三月二十日、二十一日、闰三月三日、四月六日、七日。

④ 皮锡瑞：《师伏堂日记》，光绪二十四年四月八日。

事到经济文化的全方位冲击。当时朝野士大夫越来越意识到问题的严重性，“数千年未有的大变局”渐成时人言说中的流行语就是一个明证；而大家也都在思考因应的方策。

与湖南乃至全国新派一样，王先谦和叶德辉等人也认识到西潮冲击对中国直接和潜在的巨大影响，并思有以因应。他们与新派的区别主要在于双方对西方冲击影响所及的面相、严重性以及迫切的程度之上。可以说，当时全国性新旧之争的一个关键，即忧患意识的侧重点不同，从而导致可能是根本的策略分歧。大家的心情其实都不轻松，都面临强烈紧迫的压力。这个问题太大，只能另文探讨，以下仅简略言之。

陈宝箴之孙陈寅恪说：“当时之言变法者，盖有不同之二源，未可混一论之。”其一即所谓“历验世务欲借镜西国以变神州旧法者”如郭嵩焘等；另一源则“南海康先生治今文公羊之学，附会孔子改制以言变法”。两派“本自不同”，故陈宝箴见朱一新《无邪堂答问》“驳斥南海公羊春秋之说，深以为然。据是可知余家之主变法，其思想源流之所在矣”。① 这是非常值得注意而迄今为人忽视的洞见，尤其朱驳康的文章，正是作为旧派的思想武器收在《翼教丛编》中的。换言之，在湖南新旧争辩的学理层面，新政主持人陈宝箴的思想反与旧派同源。故实有必要简单考察一下朱、康之争的关键所在。

朱、康争辩事在甲午之前，其牵涉甚宽，从汉宋学、今古文之辨到中西文化竞争，而最后一点是核心问题。朱一新说：康有为“托素王改制之文，以便其推行新法之实”，其实质就是“用夷变夏”。如果康的著作流传，“适为毁弃六经张本”。他强调：“有义理而后有制度。戎翟之制度，戎翟之义理所由寓也。义理殊，斯风俗殊；风俗殊，斯制度殊。今不揣其本，而漫云改制。制则改矣，将毋义理亦与之俱改乎?”制度为文化之载体，故不能轻言变。至于“百工制器，是艺也，非理也。人心日伪，机巧日出。风气既开，有莫之为而为者，夫何忧其艺之不精?”但如果“以艺之未极其精，而欲变吾制度以徇之，且变

① 陈寅恪：《读吴其昌撰〈梁启超传〉书后》，见《寒柳堂集》，148～149页，上海，上海古籍出版社，1980；并参见陈之：《寒柳堂记梦·清季士大夫清流浊流之分野及其兴替》，见《寒柳堂集》，170～172页。

吾义理以徇之"，则欲救而实毁，绝不可为。①

他进而申论说："治国之道，必以正人心、厚风俗为先。法制之明备，抑其次也。况法制本自明备，初无俟借资于异俗；讵可以末流之失，归咎其初祖，而遂以功利之说导之哉？"当世一些人"以为圣圣相传之诗书礼乐，果不足以应变也，而姑从事于其新奇可喜者，以为富强之道在是。彼族之所以富强，其在是乎？其不在是乎？抑亦有其本原之道在乎？抑彼之所谓本原者，道其所道，而非吾中土能行，且为天下后世所断断不可行者乎？"

康有为宽慰朱一新说："西人学艺，与其教绝不相蒙也。以西人之学艺政制，□以孔子之学，非徒绝不相碍，而且国势既强，教借以昌也。"他先说"彼国教自教，学艺政制自学艺政制耳，绝不相蒙。譬之金元入中国，何损于孔子乎"，但接着又转而强调"今之西夷"与昔之魏、辽、金、元、匈奴、吐蕃大不同，而今之中国已是"地球中六十余国中之一大国，非古者仅有小蛮夷环绕之一大中国"。西人数十年来，"尽变旧法，日益求精"，而"中国则尚谨守千年之旧敝法"。一旦开衅，"诸夷环泊兵船以相挟制，吾何以御之"？鸦片战争以来的中外冲突，皆以中国失败告终。若正视实际，"必不肯坐守旧法之虚名，而待受亡国之实祸"。所以，"使彼不来，吾固可不变"，既然已是"数十国环而相迫"，就非变不可。②

康有为虽然否认西人学艺政制与其教相关，却主张文化竞争全凭"势"之强弱："教既交互，则必争长；争之胜败，各视其力。"而"势"之强弱，又落实在舟车器艺之上。"若吾力强，可使吾孔子之学、中国声灵，运一地球；吾不自立，则并其国与其教而并亡之"。今之西夷与金、元等夷狄更有一大不同，即其是"奉教之国"。一旦战败，中国将面临"国亡教微"的局面："彼使臣执吾之政，以其教易吾之教，且以试士。"西人既然"以国力行其教，必将毁吾学宫而为拜堂，取吾

---

① 本段及下段，参见朱一新答康有为第四书，见《康子内外篇（外六种）》，163～165页，北京，中华书局，1988。

② 本段及下段，参见康有为答朱一新，光绪辛卯（1891），见《康子内外篇（外六种）》，168～172页。

制艺而发挥《新约》；从者诱以科第，不从者绝以戮辱，此又非秦始坑儒比也”。故他“急急以强国为事者，亦以卫教也”。这当然绝非孔子的微言大义，而是从西人那里贩来的新说。

如果稍翻检戊戌时湖南新旧人物的议论，可知旧派中的王、叶二人与朱一新的关怀略同而稍更趋新。有意思的是，他们的许多思虑其实又和康有为相近，甚或暗中接受了康的观点。而新派人物不仅陈宝箴赞同朱一新，包括皮锡瑞在内的其他一些人其实也暗中分享不少从朱到王、叶等旧派的观点。

叶德辉最重中西文化竞争，且这一认识是受西人的启发。他说：“人持异教也愈坚，则人之护教也愈力［按：这与康说相近］。西人之言曰‘争自存’，理固然也”。他因而注意到：西人来华之目的在“传教于中国也，非通商者也。通商之士，一其心以营利，不能分其力以传教”。而西人则不但以其医疗为传教方式，且“以最强之兵力行教”，这与“孔教行之三千年，未尝以兵力从事”是根本不同的。王先谦也注意到这一个区别，他曾指责徐仁铸以学使之地位急急推行康教，不啻“以威势强人服从，则与西国以兵力胁持行教”无异。①

西人以力行其教，其实是康有为先注意到的，则王、叶等实受康说影响。但康氏观念的逻辑发展是国强则教兴，这一点叶德辉不能同意，他说：“中西异教，近今不无强弱之分。《劝学篇》言‘保国即以保教，国强而教自存’。此激励士夫之词。其实孔教之存亡，并不系此。”叶已注意到张之洞与康的观念是一致的，这最足反驳后来那些视

① 叶德辉：《郎园书札·明教、西医论》，页40A～43B、页44；王先谦：《与徐学使仁铸》，见《虚受堂书札》卷一，页62B。

张为“保守”的研究者。① 康有为、张之洞与当时不少人实际都已接受西人以力之强弱分教之文野的观念，故出现“甲申之役，法败而中胜，则中国进于文明；甲午之役，中溃而日兴，则中国沦于半教”的现象。叶氏据中国传统观念指出：春秋之教，主张夷狄而中国则中国之；不仅不排斥夷狄，而“正欲其进而同教耳”。但中国文化不“以兵力从事”，更不主张“以强弱大小定中外夷夏之局”。②

正由于接受夷夏以强弱定的思想，故“近世时务之士，必欲破夷夏之防，合中外之教”。他们实“借保护圣教为名，以合外教”，这是叶“断断不能苟同者”。所以，“人之攻康梁者，大都攻其民权平等改制耳。鄙人以为，康梁之谬，尤在于合种通教诸说”。梁所著《孟子界说》和《春秋界说》，“有进种改良之语”，又“隐援西人《创世记》之词，反复推衍。此等异端邪说，实有害于风俗人心。苟非博观彼教新旧之书，几不知康梁用心之所在”。③

故“今之公羊学，又非汉之公羊学也。汉之公羊学尊汉，今之公羊学尊夷”。康梁等“仿礼拜堂仪注拜孔子庙”，其“猥鄙”正类民间淫祀；而其思想资源，则耶稣教之仪式。盖康本“隐以改复原教之路

---

① 后人常说张善逢迎，大约不差。但又说其急印《劝学篇》以图免祸，则似未必。前引陈鍫文已指出《劝学篇》刊于《湘报》时距政变尚早。彼时光绪方亟亟于改革，后之结果尚难逆料，张氏恐无此远见。张著《劝学篇》本有意从学理层面维护新政，该书能起到免祸作用，实因慈禧太后无意广为株连，乃借是书为由放张一马，张遂无事。若慈禧太后有意黜张，该书中原颇有可议处，戊戌当年已有人指出：“近年以来，嗜西学者恐专言西学之难逃指斥也，因诡言中学为体，西学为用；中学为本，西学为末；以中学兼通西学者乃为全才。此欺人之谈也”。而新创各学堂“类皆以中学饰为外观，掩人耳目，而专致志惟在传布西学；以洋人为宗主，恃洋人为护符”（高庚恩摺，光绪二十四年九月十八日，见国家档案局明清档案馆编：《戊戌变法档案史料》，484～485 页，北京，中华书局，1958）。几年后徐桐仍指斥“《劝学篇》尽康说”（参见张謇日记庚子年二月十三日，见张謇研究中心、南通市图书馆编：《张謇全集》，第 6 卷，432～433 页，南京，江苏古籍出版社，1994）。可知真旧派已看破张之洞真意，其所攻也早已直指张。这个问题牵涉甚宽，非简单讲得清楚，但颇能说明真旧派与王先谦等的区别。

② 叶德辉：《郎园书札·与俞恪士书、与皮鹿门书、答人书》，页 31A、9B～10A、23A。

③ 叶德辉：《郎园书札·与皮鹿门书、与俞恪士书》，页 9A～B、30B。

得自命”，故“其貌则孔也，其心则夷也”。叶德辉强调：“战国之世，患在杨墨，孟子辟之；八代以降，患在佛老，韩子朱子辟之；今日之世，患在摩西，无人辟之，且从而韪之，以至异说横流，谬论蜂午；衣冠世族，廉耻道亡；我生不辰，吾为此惧”，故必挺身而出。① 其当仁不让之意表述得非常清晰。

前已述及，所谓旧派并不甚反对引进真西学，他们反康主要是反其搅乱了中学。叶德辉看到了问题的严重性：康的《新学伪经考》使“六经既伪，人不知书，异教起而乘其虚，岂非孔子之大祸”？从学术传承的角度看，这的确不无所见。王先谦也指出：“康梁诸逆，既借西学为摇惑人心之具。无识之流，知西之有学而不能辨其为何学。盈廷交口，请立学堂，直以为西学当兴、中学可废。诏旨一下，疆吏从风，行者不必知，知者又不敢言，如此虽遍天下谓之无学可也。”②

中学既乱，则中国的大是大非也随之而转变。叶注意到：自梁启超主讲时务学堂，“以《公羊》、《孟子》教授湘中弟子。数月之间，三尺童子皆知言改制、言民权、言秦始皇不焚书、言王安石能变法。千百年之事［是?］，一旦得而非之；千百年之非，一旦反而是之”。③

其实新派也知道，以当时的授学方法，真有可能未得西学而先亡中学。皮锡瑞在戊戌年闰三月招复时务学堂考生时，发现考卷皆不佳。那次的题目是“孟子兼师伊尹之仕论”，而学生中“通晓者少”。他不禁想起梁启超的话：“今之学者，未得西学，而先亡中学”。再“观诸生言洋务尚粗通，而孟子之文反不解，中学不将亡耶？予非守旧者，然此患不可不防也”。④ 可见湖南时务诸生当时真已出现邯郸学步、反

① 叶德辉：《郎园书札·与石醉六书、与刘先端黄郁文两生书、与戴宣翘书》，页 2A、5B、19A。

② 叶德辉：《郎园书札·与皮鹿门书》，页 12B；王先谦：《复万伯任》，见《虚受堂书札》卷二，页 21A～B。

③ 叶德辉：《明辨录序》，转引自邝兆江：《湖南新旧党争浅论并简介〈明辨录〉》，109 页。

④ 皮锡瑞：《师伏堂日记》，光绪二十四年闰三月十六日。按梁启超确实在光绪二十二年曾说：“吾不忍言西学”，盖“今日非西学不兴之为患，而中学将亡之为患”。梁启超：《西学书目表后序》，见《饮冰室合集·文集之一》，126 页。

失其故的现象，并引起湖南新派中人的注意。持此观念的新派还有人在，后来张百熙奉诏筹设学部时，戊戌新政参与者邹代钧即向张上书，再次提到“当此新旧交接之际”，实有“新知未浚，旧学先亡”的可能。①

新派中不少人既已虑及中学可能先亡，则他们又何尝不知弊之所在。唯其立场在趋新一边，故不能公开申言。虽然他们也并不知道怎样才能防此患，但在国势危急的紧迫心态之下，有时明知可能得不偿失，也不得不破釜沉舟、一意向前。康有为的基本观点是文化竞争的胜败“各视其力”，后者又落实在舟车器艺之上。且中外之局是西人主动，而其实行的正是“以国力行其教”，国亡则教微。故中国不能不变，且必须落实在“取彼长技而用之”，靠“强国”来“卫教”。在教之文野寄托于国力之强弱这一观念的基础上，国家危亡的忧患意识促进了新派诸人明知有“亡学”的可能仍义无反顾的言行。

旧派诸人同样见到国势的危迫，但朱一新观念的核心是制度为文化之载体，制度变而后文化也会随之而变。至于器艺，则可以变从西人，但尚不如正人心之重要。既然不能“以强弱大小定中外夷夏之局”，则独侧重于物质方面的国力不仅不一定能解决问题，有时反可能造成混乱。

这样，湖南的新旧之争已触及了不久即渐趋热烈的保教与保国孰先孰后的争论。新派皆深感瓜分和亡国的临近，即中国这一政治和地域的实体面临生死存亡的压力，必须当下做出策略方针的选择；他们的选择即是激烈变法，以为不如此不能救中国。他们的思维逻辑实即梁启超后来说的国不能保则教亦不能保。② 而旧派则更多看见文化竞争的长远威胁，对于瓜分的紧迫感不如新派那样急切，似乎对中国的“地大物博”存有相当的信心。他们注意到西方文化的进逼，且并不反对变法及在一定程度上引进西学，但特别强调站稳中学的立场：只有中学阵脚不乱，才足以控制西学的引进并能恰当地运用引进的西学；

① 转引自钱基博：《近百年湖南学风》，70页，长沙，岳麓书社，1985。

② 梁启超：《保教非所以尊孔论》，见张枬、王忍之编：《辛亥革命前十年间时论选集》，卷一上，164～166页。

如果中学自乱阵脚，则从最根本的文化上不能与西方竞争，必然因文化的混乱导致政治秩序的紊乱，其结果当然是既不能保教也不能保国。

当时湖南以外尚有更守旧者，① 改归知县的翰林院庶吉士缪润绂认为，新政的西来性质使其根本没有群众基础：海禁开放以来，"民教相雠，甚于水火"。一般百姓"心目中但知有圣朝；其雠视西人也，殆如鸷鸟猛兽，时时而欲得甘心者。恶其人因并及其法，亦固其所"。他以为："皇上采西法、立庶政，穷乡僻壤，亦幸不闻耳。"如果"刊刻誊黄，遍行晓谕，恐纶音一降，率土惊惶；新政未行，先受变法之害"。缪虽有明显的偏见，然对国情实不无所见。老百姓仇教恶西、并及其法，正是后来义和团事发的历史语境。故他指出：久积的民教冲突加上新政造成的大量失业人员会产生国内的大乱，此时"欲责效于铁路、机器、工艺、兵、商、农、矿、茶、蚕桑诸学，并以缓不济急，而一无可用，甚且半途而废。此时人心已去，皇上孤立无助，外洋诸国乘我之敝，借词保护，长驱大进；拱手奉献，其不为五印度之续者几何？"②

这就凸显了旧派与新派的一个根本区别：新派害怕不行新政则瓜分之祸亟，外患又必引起内乱，从而造成亡国。旧派则认为人心不固将先生内乱而招外侮，然后亡国。虽然祸乱的总根源都是西力东渐，但在可能发生的当下祸源方面，新派以为外患已迫，而旧派认为内乱更急。可见当时湖南以至全国的新旧两派心情其实都不轻松，都面临强烈而紧迫的压力。在此心理压力下，行为便容易趋于激烈甚至走向极端。权力之争特别是帝后党争当然是戊戌政变一个至为重要的因素，双方政策取向的分歧也绝不可忽视，但因国家内外交困而引起的心态紧张或者是导致政变流血的一个更隐蔽但也更根本性的原因。

且当时的新旧分野实有无数层次，以本文所及诸公而言，缪最保

---

① 按湖南之内也有更守旧者如曾廉，当于另文中探讨。

② 改归知县庶吉士缪润绂摺，光绪二十四年八月七日，见《戊戌变法档案史料》，462～463 页。有意思的是，铁路机器等缓不济急并不仅是旧派的看法，新派谭嗣同即有完全相同的认知。参见《上陈右铭抚部书》，见《谭嗣同全集》（增订本），上册，276～277 页。

守，朱次之，叶近朱而王在朱康之间（叶同意康学实质在乱儒学而坏人心，提倡但不强调“制造”；王也反对变制度，却强调物质层面的富强已成为必须）。在新旧之间徘徊的张之洞主张“西艺非要，西政为要”，比王更激进而已接近于康（不过张又强烈反对公羊学）。此外，彼时已接近主张全盘西化（所用语汇不同）的严复以《国闻报》等为阵地在言论界初露头角，虽尚不特别引人注目，其观念又比康更进一步。

要言之，忧患意识的侧重点不同是当时新旧之争的一个关键，这一区别导致了双方对当务之急可能是根本的策略分歧。但即使守旧如缪润绂也担心人心混乱会使铁路机器等“半途而废”，说明他只是强调“正人心”的首要位置，并不反对走富强之路。他所使用的“缓不济急”一语，再次凸显了时人的急切心态。

假如富强是急需的而又必须落实在物质上，农业的改进已知不能应急，则富强确实只能依靠工商业（且在列强环伺之时恐怕最后还真要落实到军事工业之上）。这样，问题的实质就在于，是不是只有彻底改变“大经大法”甚至改变文化观念才能发展工商业？是否存在不改变基本的纲常名教而又发展工商业以臻富强的可能性？

康有为等认为只有从观念到制度的全面改革才能推动“制造”而达富强，他在公车上书中已说：“今之为治，当以开创之势治天下，不当以守成之势治天下；当以列国并立之势治天下，不当以一统垂裳之势治天下。盖开创则更新百度，守成则率由旧章；列国并立则争雄用智，一统垂裳则拱手无为。言率由则外变相迫，必至不守不成；言无为而诸夷交争，必至四分五裂。”① 所论皆两分相对，仿佛只能在生死之间择一，并无中间道路可寻。而张之洞、王先谦与皮锡瑞等则主张“中学为体，西学为用”这样一种表面折中式的取向。虽然其“用”又各不同，张重政治，王重工艺。皮态度不及王主动，但愿意接受更广

---

① 康有为：《上清帝第二书》，见中国史学会编：《戊戌变法》，第2册，140页，上海，神州国光社，1953.

泛的变法。①

从根本言，新旧两派的目标与最终落实的手段（即发展工商业）都是一致的，其歧异只在于选择什么样的取向才能达到发展工商业以臻富强。以今日的后见之明看，晚清的“制造”到戊戌年确实不能说已经有大成就，且其运行实未达到足以判断该取向之成功与失败的程度。但在举国都有急迫情绪之时，康有为一边的论点似乎更有吸引力。戊戌变法确以维新派失势告终，但庚子后的新政虽基本是张之洞取向的体现，却实际容纳了康有为几乎全部的改革主张，甚或有过之。②

忧患意识的侧重不同在湖南也很明显。咸同以后湖南士人特别主动地感觉到其对天下的责任，也认识到中国在列强环伺下的危局。上一文曾引述，皮锡瑞与经学家胡元仪谈时事，胡氏相信“外夷以湖南为射之鹄”，以为“先将此地收伏，以外皆传檄定矣”。皮甚以为然。③从经师胡元仪口中可见湖南人确实颇具自信，以为本省在全国地位重大。而皮同意此看法，说明趋新的他其实也对外国人的观念所知甚少。但正因为不熟知外国人意图，又有这样的自视，湖南人在外患压迫下的危机感可能就要比其他一些省的人更强。

故甲午战败对一些湘人来说刺激或更深，谭嗣同即因此悟出旧不能守，不得不“舍己从人，尽变西法”。他说：以前“于中外事虽稍稍究心，终不能得其要领”。甲午“创巨痛深，乃始屏弃一切，专精致思”，并“详考数十年之世变，而切究其事理。远验之故籍、近咨之深

① 从忧患意识这一关注点的分野看，皮锡瑞实际是一个矛盾的中间派。他在讲学中一再主张中学为体、西学为用的观点，这与湖南旧派中许多人及在湖北支持新派的张之洞是相通的，但他所积极追随的康学却不能为上述两方面接受。皮同时看到国与教受到的严重威胁，也可以接受激烈的变法。但他在西方事物的引进方面比王先谦并不见得更“开放”：他关注着每一外国人及外来事物与湖南的接触，实际上几乎对所有这些接触都持怀疑的态度，因为都可能引发湖南的内乱；而他也只是在无法抵制的现实情形下被迫接受外国的入侵。在皮氏眼中，所有的新政措施都是为了防止或预备外国事物的强行进入湖南（这也是其他新政推行者的一个重要考虑，但似乎不到皮所强调的程度）。这些内容只能专文探讨了。

② 有意思的是那时康梁师弟间对保国与保教的问题反生歧异，这只能另文探讨了。

③ 皮锡瑞：《师伏堂日记》，光绪二十三年十一月九日。

识之人；不敢专己而非人，不敢讳短而疾长，不敢徇一孔之见而封于旧说；不敢不舍己从人、取于人以为善。设身处境，机牙百出。因有见于大化之所趋、风气之所溺，非守文因旧所能挽回者。不恤首发大难，画此尽变西法之策”（按：此具体指兴算学）。①

不过湖南情形似有些两极分化，即“开通者自开通，锢蔽者自锢蔽”。皮锡瑞在戊戌年四月初三的讲义中说：去年胶岛和今年旅顺被德、俄占据事，已见明文，而闻见较少的湘人对此“皆不知。有问洋人在何处，已到湖南否者。此如桃源中人，不知魏、晋”。也有人因这些消息来自外国报纸遂不信其为实，然“外国之报，并非谰言。中国之报，即从外国之报译出，亦非空抱杞忧”。关键在于，“今日割五城，明日割十城，中国尚堪几割？分割渐尽，湖南岂有独存之理”？皮发现湖南有两种对国事不急之人：一是不知者不急，“到今日局面，犹以为太平无事，不必先事预防”。另外一些人则“挟十年前湘军之余威，以为洋人必不敢入湖南境”，也不急。②

以为国势尚不甚危急是湖南旧派中许多人的共相，大绅汤聘珍不属于没有见闻者，他也“以为天下未必有变，即有变，吾辈有钱，尽可安居，何必多事！”③ 事既不急，法就可逐渐改，自不必“尽变西法”。汤对国势的漠然说明，前引陈寅恪对变法派的二分观念同样可以运用于湖南守旧派中一些人。王、叶与汤这类绅士及上述那些真正不急的士绅都很不相同，他们的急迫虽不如新派那样甚，但其内心的危机感与新派实相同。而他们也恰好是旧派中以学问著称者，皮锡瑞即注意到：列名《湘绅公呈》的十人中，“惟王、叶两人颇通古今，其余刘、汪、蔡、孔、郑、黄、严、张并不知孔子改制出何书，乃亦攘臂其间”，不过“如傀儡然”。④ 当时新旧分野真有无数层次，如果从力

---

① 谭嗣同：《上欧阳中鹄书》，见《谭嗣同全集》，上册，167～168页。民初新文化运动在观念上的先驱主要是严复，而在实践层面尝试从文化学术上“以夷变夏”则或开端于湖南。

② 皮锡瑞：《师伏堂日记》，光绪二十四年闰三月二十九日。

③ 皮锡瑞：《师伏堂日记》，光绪二十四年三月十日。

④ 皮锡瑞：《师伏堂日记》，光绪二十四年七月十七日。

学的作用与反作用角度看，学问与急迫感的比例关系或提示着西力冲击的受力点到19世纪末年已更多落在学术文化之上，而这也正是湖南新旧之争的焦点所在。

一般研究者论及湖南新旧之争，大都说始于光绪二十四年（1898）春。其实新旧之分在光绪二十三年（1897）末已基本确定，不过到次年春天才变得显著起来。叶德辉在光绪二十三年十二月给熊希龄的信中，已明确有“旧党与新党”的提法。① 可知两党的分野已经出现，不过那时双方似均未感觉其对立已达势不两立的程度而已。

叶所提到的梁启超与公羊学，大致可以所谓“康学”概括，正是不少由新复旧的湖南士人所特别关注者。然而，戊戌时康有为的实际政治主张与其在湖南的形象，及旧派人眼中康学的可怕之处，其实都有想象或误读的成分，值得专文深入剖析，这里只能稍作勾勒。康、梁等在政变后对其所作所为的自我诠释并非全是实录，后人对其误读与此直接相关。但时人也曾误读康、梁的思想，却更当予以注意。

康有为在光绪二十七年（1901）给赵必振（曰生）的信中，曾说他原主张开议院兴民权以救中国。到戊戌年四月觐见光绪帝，“乃知圣明英勇，能扫除旧国而新之”，故愿为皇上效死。此后康即更强调利用君主的专制威权实行自上而下的政治改革。② 与康其他许多回忆文字一样，此说在多大程度上是实录，还须细考。但康有为在戊戌时政治改革主张的核心是晚清人所谓“开明专制”（这里的“开明”是指政策的内容，其“专制”的实质并未稍减），与“民权”、“平等”本无甚关联。其弟子在湖南偶亦道及“民权”和“平等”（实不多，不过后之研究者较喜欢引用），是否因与康联络不够所致，抑或有意采取梁启超取法乎上、以得其中的“过两级”宣扬方式③，以期得“开明专制”之

---

① 叶德辉致熊希龄，光绪二十三年十二月一日，载《湘报》，第112号，页447B。

② 黄彰健的《论康有为“保中国不保大清”的政治活动》（《戊戌变法史研究》，1～54页）一文论康之转变甚详，极有参考价值，但黄先生立论也时有牵强处。

③ 关于这一点，参见罗志田：《西潮与近代中国思想演变再思》。

实施？甚或不过兴之所至，顺口言及，都尚可考。但“民权”、“平等”之说与康本人当时（而非以前或此后）的政治改革主张完全相背，应无疑义。

这就颇有些诡论的意味：一方面，康被湖南旧派视为大逆不道的众矢之的，虽主保教，却被认为最威胁到“圣教”，而西学反不足虑；另一方面，康氏弟子在湖南所传播的一些“有害”内容如“民权”与“平等”，却有不少属于被康氏“伪托”的西学，且多与康氏本人当时的政治主张相违背。这样经曲折纠葛而产生出的“康学”在湖南的形象（image），曾引起轩然大波，却未必是货真价实的康学。当梁启超等不再空言“民权”、“平等”于湖南，而转往京师搞实际的“开明专制”时，其在湖南的言说却成为旧派的主要攻击目标（而实际更激烈之谭嗣同，其学说观点受到的直接攻击似反较少）。对这样的诡论现象，过去似乎注意得不够充分，还大可进一步探讨。

其实，当时人言说中的“民权”和“议会”一类词汇，都有其特定的指谓。这些词语当然是西来，但当时西书翻译不多，且其中许多还是编译，更有不少人恐怕只是看到或听到转手多次的申说，不免从中文字义去反推其义。如当时湖南人言说中的“议会”或“议院”，就特别注重其“议政”的功能。这与西方议会的原初意义即集会论政或更接近，与我们今日提到议会总先想到三权分立和选举等便颇不同。

而旧派对这些词汇的不满也是首先联想到其相关的中国含义，如见“民权”则思“君臣之分”，见“平等”即虑“父子之别”，这才是他们所关注的。用今日的话说，这些人担忧的是对既存政治和社会秩序当下及潜在的冲击。① 他们恐怕很难想到“资本主义”和“封建主

---

① 民权和平等观念影响到政治和社会秩序的稳定，这是关怀国是的士大夫都不能不虑及的，故对其有疑虑不一定就表明“守旧”。在 1897 年已在思考“西洋人人有自主之权”（彼时已思及此当不算旧）的杨度就认为“人人有权则父不能使子、君不能使臣，至于人人无自主之权矣”（转引自杨念群：《儒学地域化的近代形态》，534 页）。这与宾凤阳等的思路甚接近，后者也说：“今康梁所用以惑世者，民权耳、平等耳。试问权既下移，国谁与治？民可自主，君亦何为？是率天下而乱也。平等之说，蔑弃人伦，不能自行，而顾以立教，真悖谬之尤者”。《宾凤阳等来书》，见《虚受堂书札》卷一，页 52B～53A。

义”的先进与落后，也并不了解“民权”与“平等”后面那一整套系统学理（且这些概念本身在近代西方也是变化中的而非固定的）。简言之，当时新旧两派对这些概念的理解与我们今日认知中后起而系统的西方意义有相当大的歧异，研究者只能据当事人的时代理解（也各不相同）去谨慎考察分析。

而时人在引进这些观念或体制时更有其当下的思虑，这样的“今典”尤须特别注意。谭嗣同说得很清楚：“言民权于此时，非第养生之类也，是乃送死之类也。”所谓“送死”，即谭所说的“亡后之想”。在胶州湾事件后列强瓜分中国的严重威胁之下，谭等以为中国难逃亡国命运。而据其对西方的虚拟认知，若中国成立国会并以国会而非君主政府与列强议和，或能使列强不瓜分中国；即使不行，在战而亡国之后，因中国是“有民权之地”，列强便不会像对待其他殖民地那样对待中国。同样，亡国之后，国家之“公产”会被入侵者据为已有，而以公司形式存在的“民产”则可保留。① 据我们今日对近代西方帝国主义的了解，谭对西方的认知中悬想的成分远大于实际，然彼时新派正是在这样的语境和心态下据其对西方的虚拟认知来提倡民权。若说新旧双方都很少从民主与专制的对立层面去思考和因应民权一类主张，大致属实。

虽然时务学堂和南学会的言论中“民权”与“平等”并不多，却越来越成为旧派攻击的目标（这也有些区别，叶德辉等师辈攻击公羊学为主，宾凤阳等学生则反击“平等”更力）。有些言论也的确已针对君主制甚至满汉歧异（已为多人引用，此不赘）。当此之时，原来在不同程度参与新政的一些士大夫即面临一个是否要与这样的“维新”划清界限以脱身的问题。不论他们内心对新政举措有怎样的观感（比较接近的大约是一种“半肯半不肯”的态度），他们都不得不在当下违背朝旨和将来可能牵涉“犯上”之罪这两害之中做出选择。

当《湘报》第 20 号于光绪二十四年（1898）三月初刊出易鼐的《中国宜以弱为强说》后，张之洞即知这种悖缪言论会引起“海内哗

---

① 谭嗣同：《上陈右铭抚部书》，见《谭嗣同全集》，上册，276～280 页。

然”，而“有识之士，必将起而指摘弹击”。张本人的一个反应即是立即停止其在湖北代传播《湘报》之举。而湖南也确有士绅联名请在京湘籍官员奏请干预湘抚之新政事宜（先后有御史徐树铭和黄钧隆上奏，均奉旨留中）。据《国闻报》称，湘绅函中有谓陈宝箴“紊乱旧章，不守祖宗成法；恐将来有不轨情事，不能不先事预防”等语。① 从张之洞和这些湘绅的言词中，似不难看出他们选择的是一个最为两全的方式：既不直接反对新政，又表明了对一些新派言论的不认同，为以后可能的“秋后算账”预留了余地。

但使旧派最觉尴尬而难以应付的是光绪帝在六月二十三日和七月二十九日上谕中对陈宝箴进行表彰鼓励，尤其六月二十三日上谕指示对“有意阻挠、不顾大局”之缙绅“必当予以严惩”。在此情形下，旧派能做出何种持续的反应实难预料。据南学会佐办黄膺七月二十四日给皮锡瑞的信，上谕使湖南“新党之气大伸，旧党已如爝火。闻中丞、学使有合参叶之说。新党有长沙大痞王麻、湘潭大痞叶麻行状，院试散给考生”。可知湖南新派得上谕支持后确曾有大干一场之意，然未及动手，朝局已变。皮接此信时已获悉政变消息，预感到“大局既翻覆”，则“旧党必死灰复然［燃］”。②

但新派未能及时利用上谕做出有力反击的一个原因是那时中下层新派先已因各种原因而实际瓦解，主要人物中梁启超、皮锡瑞、谭嗣同、黄遵宪等先后离湘。③ 造成新派实际瓦解的原因甚多，其中新派自身的策略调适是一个重要因素。许姬传后来回忆说：在湖南地方实力守旧派的掣肘下，推行新政遇到了阻力。湖南学政徐仁铸乃请其父徐致靖（翰林院侍读学士）保荐康、梁、黄、谭等，“改变方针向中枢

① 这些文献在黄彰健文中已详细引述，参见其《戊戌变法史研究》，371～390页。黄先生已注意到，两次反新政的奏摺（前摺未见全文）中尚未见涉及民权等敏感言论。

② 皮锡瑞：《师伏堂日记》，光绪二十四年八月十日。

③ 参阅黄彰健：《戊戌变法史研究》，398～405页。但黄氏称旧派因抓住新派“悖逆”的把柄而有恃无恐，恐怕太低估了上谕在那时的威力。具体的史实重建只能俟诸另文。

发展”。[①] 按许姬传是徐致靖的外孙，自幼随其外祖读书，且自称与许多当事人交谈过，其说当有所本。

当初谭嗣同曾说“海内能兴民权者”唯陈宝箴，故新派的“亡后之想”计划中一直希望能在湖南建立一个基地，以作为复兴中国之本。[②] 如果新派转往京师发展是实，则意味着湖南新派在思想上有一个大转折，即不再留湖南一隅为国家民族的复兴之地，而转认为可以自上而下地救中国于不亡。是因为列强瓜分的威胁有一度的松懈，还是因为其他人也像康有为一样突然发现光绪帝贤明，或者是康的观念影响了其他人？这个问题还值得细考。但这一策略调适对湖南新旧力量的对比发生了相当影响大致是不错的。新派的星散大约也给旧派以鼓励，使其并未完全放弃争斗的努力。结果，旧派虽或不过再坚持一下而已，却适逢北京政变，终在新旧之争中偶然取胜。

四、余波

或可以说，戊戌前后湖南新旧人物的社会分野与其思想观念并不完全成比例：社会分类上的旧派中人有颇具新意识者，而新派中人也有不少旧观念；两派以及各派之中不同人物的思想、心态与社会行为均可见明显的相互参伍及错位。且这一现象的纵横范围尚不仅限于戊戌时期的湖南，大致为此后中国一个相当普遍的共相。从 19 世纪后期开始，新旧之争成为近代中国一个持续的现象，但新与旧的区分标准以及不同时期的新旧社会分野却随时而变。

民国代清后，随着时代的变迁，戊戌时湖南的新旧分野即渐失意义。民国的新旧已另有区分的标准，而前此新旧角色又有所转换。当年变法时鼓吹开议会的梁启超，到民初乃助当局解散国会。对梁这一反复作为，戊戌时湘抚陈宝箴的后人陈寅恪颇不满，特别指出梁本在

---

① 许姬传：《许姬传七十年见闻录》，18～19 页，北京，中华书局，1985。

② 谭嗣同：《上陈右铭抚部书》，见《谭嗣同全集》，上册，279 页。黄彰健已多次述及湖南在新派“亡后之想”计划中的重要地位。参见其《戊戌变法史研究》之前三篇长文。

戊戌时主张开议会，“自戊戌政变后十余年，而中国始开国会，其纷乱妄谬，为天下指笑。新会所尝目睹，亦助当政者发令而解散之矣”。①

而中国的实际政治也在变化。1913年湖南都督汤芗铭与叶德辉起争执而逮捕叶，时任总理的熊希龄明电申救，而梁启超也为叶“致书芗铭兄化龙（时任众议院议长），恳切责问”。② 据说这一事件最后导致在各省设置文职的巡按使，部分实施军民分治。则在实际政治中，文武之争渐有取代原来的新旧竞争之势。在此新兴的文武之争中，戊戌时与叶德辉对立特甚的熊、梁两人，却已与叶站在同一条阵线之上。前后十五年间，时代的变化不可谓不巨大。

大约又十五年后，新旧更有新的区分。熊、梁、叶又发现他们都已不同程度地落伍，大致偏向于前此对立的北洋军阀，而共同站在新兴的北伐军的对立面一边。叶德辉在戊戌当年谈到湖南特别受粤人康有为的“流毒”时说：“湘人尚志节，粤人尚忠义；地本接壤，风气多同；唇齿之依，当在异日，而断非一二浮薄少年所能联属，此可据理以断者。”③ 到北伐时，叶的预言部分实现，广东和湖南共为北伐军重镇。然湘粤之联属，恰为叶氏更不齿的“一二浮薄少年”所为；叶本人也终不为其所容，死于北伐少年枪下。彼时反思，或者时务学堂之人尚属可以接受的了。

到1931年6月，胡适应叶德辉的学生杨树达之请，为叶的遗墨题了一首追悼诗说：

> 郎园老人不怕死，枪口指胸算什么！生平谈命三十年，总算今天轮到我。
>
> 杀我者谁？共产党。我若当权还一样。当年誓要杀康梁，看来同是糊涂账。
>
> 你们杀我我大笑。我认你们作同调。三十年中是与非，一样

---

① 参见陈寅恪：《读吴其昌撰〈梁启超传〉书后》，见《寒柳堂集》，149～150页。按陈语含蓄，看似指斥民初国会的“纷乱妄谬”，其实是说梁的行为反复“为天下指笑”。

② 《郎园学行记》，141页。

③ 叶德辉：《郎园书札·与戴宣翘书》，页20B～21A。

杀人来“翼教”。

胡适对当年的“是非”是有明确立场的，他指出：“戊戌变法时代，叶德辉与王先谦代表湖南的反动思想，攻击康梁的革新运动。”① 三十年后，新旧的载体固已大变，而“是非”却仿佛仍依其旧。在当时已开始“落伍”的新派胡适看来，康、梁、王、叶都是过眼烟云，无疑都已甚旧。然而他眼中“反动”的叶德辉与“革命”的北伐少年之异曲“同调”，虽然提示着他对国民党“清党”时因思想而杀人甚为不满这一今典，似乎还隐约透露出一层更深的忧虑：

假如三十年来中国政治真是并无大的进步，以前固可归咎于各时期的“反动思想”或各种不彻底的“革新思想”，然胡适这批新文化人“讲学复议政”也已十余年，他们个人多已得大名，其政治的参与却不曾给中国政治带来什么大的改进。特别是北伐时“新派”的社会行为竟然落入三十年前旧派思路的窠臼，则新文化运动在国民性的改变方面不仅没有多大的成绩，反而显出有所退步。作为新文化运动的主要提倡者，胡适必然是别有一番滋味在心头。

“退化”的观念是那时相当一部分读书人持续的共识。杨荫杭在1920年底曾说：“今日中国新文化，有‘逆水行舟，不进则退’之势。他国学生出全力以求学问，尚恐不及。中国学生则纷心于政治，几无一事不劳学生问津，而学殖安得不荒？则知今日中国新学风，有江河日下之势。”② 又二十多年后的1945年，陈寅恪在思及戊戌变法时也感到：“验以人心之厚薄、民生之荣悴，则知五十年来，如车轮之逆转，似有合于所谓退化论之说者。”在此心态下的陈氏自己“论学论治，迥异时流”。而外在时势却仍然在趋新的道路上“进化”，并形成

① 胡适：《胡适的日记（手稿本）》，1931年6月18日（原书无页），台北，远流出版公司，1989—1990。按叶德辉被杀时湖南国共并未分家，实不能肯定其为共产党所杀；不过那时胡适刚与新当政的国民党结束其不小的纠纷（参见罗志田：《前恭后倨：胡适与北伐期间国民党的“党化政治”》，载《近代史研究》，1997年4期），所以姑以那时人人可攻击的共产党为标的。

② 《申报》，1920年12月20日，见杨荫杭：《老圃遗文辑》，163页，武汉，长江文艺出版社，1993。

所谓“话语权势”的控制力量，使“落后”者不得不自我禁抑。故陈氏“论治”的观念，一直“迫于事势，噤不得发”。①

一般而言，中国近代明确的新旧之分，即在戊戌变法之时。从长远看，在整个近代中国的新旧区分上，杨、陈、胡等人大体都曾属于偏新的一边，而又不免相继“落伍”。尤其是不少曾经趋新的人物在不断更新的时势下虽然心存“落后”观念，却“迫于事势，噤不得发”这一现象，提示我们对近代中国尊新的程度，及新旧之分和新旧之争的曲折微妙，还可做更多面相和更深层次的探索。过去对不同时期新旧人物社会角色的更替之所以认识不足，或者正基于我们对戊戌前后新旧之分初起时各类人物在思想观念和社会角色等方面的错位与互动，仍缺乏深入的理解。不仅湖南，整个戊戌变法时期的新旧之争，应该还可以在史实重建的基础上做进一步的探索、解读和诠释。

原刊《历史研究》1998年5期

---

① 陈寅恪：《读吴其昌撰〈梁启超传〉书后》，见《寒柳堂集》，149～150页。

他永远是他自己

——陈独秀的人生和心路[1]

在 20 世纪的中国历史上，有一位亲身参与了从辛亥革命到抗战几乎所有重大事件的大人物，他就是生于安徽怀宁（今安庆市）的陈独秀（1879—1942）。陈氏的一生，可谓命途多舛（一次被绑，四度入狱），又充满传奇色彩——他是晚清秀才，文字却偏向《文选》一脉。他又是留学生，然不以留学闻，甚至究竟到过几国留学，后人都不能肯定。他在清末就参与了著名的《国民日报》的编撰，可是迄今也不确定其中哪些文章是他所撰写。他是清季《安徽俗话报》的创办者，那时便关注“国家”和读书不多的人；入民国后，又创办了《新青年》[2]，提倡文学革命和伦理革命，可以说只手掀动了新文化运动的大潮。

陈独秀性格鲜明，被好友称为“终身反对派”；然而他对自己所提倡的事业，却“不容他人反对”。他数次留学日本，尊崇法国文化，却在“五四”后明确提出“拿英美作榜样”的主张，又身与“以俄为师”的实践，一身而映射出现代中国学习榜样的转向、思想权势的转移。他是中共的创建人和早期领袖，却被中共开除；不久又以中共首领身份被当局拘捕，身陷囹圄。他的北大朋友认为他曾是自由主义者，他的中共同事发现他不懂马列主义。他以一个“没有父亲的孩子”开启

---

① 本文初稿承北京大学周月峰、王波、鲁萍、梁心、薛刚、高波等同学纠谬，谨此致谢！

② 按该刊初名《青年杂志》，次年因办有《上海青年》的基督教青年会提出商议，改名《新青年》（参见汪原放：《回忆亚东图书馆》，32 页，上海，学林出版社，1983）。以下除个别行文和正式注释外，一般称《新青年》。

自己对童年的回忆，带着“世无朋友实凄凉”的感觉离开了人世。[①]

这样充满对立、紧张和颠覆的传奇人生，起伏跌宕，有时就在转瞬之间，对当事人恐怕不轻松，对研究者则可能是财富，需要进一步体味。且陈独秀自号“独秀山民”，也被他人视为“不羁之才”[②]，实非随波逐流之辈。然而他的一些人生重大转换，又常在须臾之间，表现出“与时俱进”的一面。虽可说是往往走在时代前面，或如他自己所说是“事实迫我不得不如此”，但这样变动不居，又如何坚持他固有的本色和思想的独立？这些显然都还有可以探讨和陈述的余地。

一、发出时代的声音

从少年时候起，陈独秀就不算默默无闻，只不过闻名的范围不同。他十七岁以第一名进学成为秀才，在当地就是名人。后来留学日本剪监督之辫，回乡组织安徽爱国会，到参与辛亥革命和二次革命，在东京和安徽，均非碌碌无名之辈。[③] 但真正使他名满天下的，还是他的文章和他所办的刊物，特别是《新青年》。还在 1914 年，陈独秀已因发出了时代的声音，在遭到短暂的“举世怪骂”之后，很快成为具有预见的先知；他自己也因此改变了对世人和出版的悲观，以创办《新青年》开始了人生的新路。

先是袁世凯在 1913 年秋间被国会选为正式大总统，不久即解散国会，使很多读书人对共和的期望变成了失望。因参加二次革命而逃亡

---

① 陈独秀：《实庵自传》（1937 年 11 月），见《陈独秀著作选编》，任建树主编，第 5 卷，201～205 页，上海，上海人民出版社，2009；汪原放：《回忆亚东图书馆》，200 页。

② 这是汤尔和的看法。汤氏曾向蔡元培推荐陈独秀任北大文科学长，后来又向蔡氏献计使陈解职，部分正可能是发现了陈独秀是一个“不羁之才”。参见汤尔和致胡适，1935 年 12 月 29 日，见《胡适来往书信选》，中册，291～292 页，北京，中华书局，1979。

③ 这方面的内容，可参见郑学稼：《陈独秀传》（上），27～128 页，台北，时报出版公司，1989；任建树：《陈独秀大传》，29～96 页，上海，上海人民出版社，1999。

在外的陈独秀于次年致函编辑《甲寅》杂志的章士钊说，“国政巨变，视去年今日，不啻相隔五六世纪”。一年间的改变，竟不啻五六百年，强有力地表述出“国政巨变”对读书人的冲击。陈氏把那时的中国人分为两部分，一是“官吏兵匪侦探”，一是其余所有处于“生机断绝”状态的人。在这样的局势下，“外人之分割”反成为“国人唯一之希望”，他自己也准备赶快学习世界语。①

最后一语大概是故意言之，以彰显中国可能被外人分割的判断。不久陈独秀为《甲寅》撰《爱国心与自觉心》一文，再申中国“瓜分之局”已不可逃，更提出“国不足爱，国亡不足惧”的痛言。② 该文引起大哗，《甲寅》“获诘问叱责之书，累十余通”。但约半年后，当初不得不因陈文而“逊谢”读者的章士钊却说，“爱国心之为物，不幸卒如独秀君所言，渐次为自觉心所排而去”。甚至梁启超新近发出之“惊人之鸣，竟至与举世怪骂之独秀君合辙，而详尽又乃过之”。故陈文实“写尽今日社会状态”，不啻“汝南晨鸡，先登坛唤耳”。③

《爱国心与自觉心》一文发表于1914年11月，次年初即有日本“二十一条”的提出，虽印证了“亡国”的现实紧迫性，然而在危难之际，举国兴起一股“爱国”的高潮，与陈文主旨适相对立。在这样的情景下，何以陈独秀反能以先见之明警醒世人呢？一是因为他的意见反映了当时读书人的一个倾向，即眼光向外，探寻中国问题的外在解决④；二是因为袁世凯政府未能审时度势，很快开始大举“筹备帝制”，引起很多人的反感。

---

① CC生（陈独秀）：《生机——致〈甲寅〉记者》，载《甲寅》，1卷2号（1914年6月），15页（栏页）。

② 独秀：《爱国心与自觉心》（1914年11月发表），见《陈独秀著作选编》，第1卷，146～150页。

③ 秋桐：《国家与我》，载《甲寅》，1卷8号（1915年8月），1～2页（文页）。按梁启超的“惊人之鸣”指其稍后发表的《痛定罪言》一文（详后）。此事并可参见沈寂：《再论陈独秀与新文化运动》，载《中共党史研究》，1999年3期。

④ 稍后的一个显例是，在1918年第一次世界大战结束后的几个月间，中国人对巴黎和会充满向往，甚至一度出现把中国问题的解决寄托于外在变化的乐观期望。参见罗志田：《六个月乐观的幻灭：“五四”前夕的士人心态与政治》，载《历史研究》，2006年4期。

以共和制取代帝制，本是中国数千年未有的大变局。尝试一种前所未有且所知不多的全新政治体制，对任何个人和群体，皆非易事。入民国后，用当时人的话说，国体改变已是定局，对新政治模式的探索，主要落实在政体层面。观各类非“革命派”人士的言论，不论其内心是否赞同民国，大体都在接受国体改变的现实之下，探讨未来政治运作的各种可能性（康有为等更将政治提升到政教的高度）。① 而“筹备帝制”的举动，一方面把国人对共和的思考从政体引回到国体层面，同时也使国人本已外向的眼光又被引回国内。

从晚清开始，由于时人强调从“大一统”向“列国并立”的转换，“国家”很大程度上从纵向的上下关系转为横向的中外关系（例如，“国乐”以前是指最上层的国家级乐典，而后来则专指与异域音乐区分的中国音乐。两者大致是“国家”的代表，但一是内在的，侧重上下；一是外在的，指谓各国之一的中国）。因此，当眼光向外时，更容易体现国与民的一致；而眼光一旦内转，便可能看到国与民的对立。

就袁世凯一方而言，走向帝制或许是解散国会之后的自然发展。但其间的“二十一条”风潮大大改变了民风士气，在中国兴起一股强劲的民族主义风潮；如何凭借此东风以整合内部，既是当政者的机遇，也是其所面临的问题。从技术层面言，当年北京政府在外交上不无成功之处；然其最终对日屈服，仍成为国耻的象征。② 此时不展现“卧薪尝胆”的雪耻意愿，反欲改变国体，适从政府角度予人以“国不足爱”的观感。

国人眼光由外向内转换，便有人想起了被解散的国会。包公毅即慨叹，自从“国民意思之机关”被取消后，国民虽有热心，却无“正

---

① 如以殉清而自杀的梁济，便曾给民国以机会，表示若民国真做得好，他就可以接受共和而不必殉清。参见罗志田：《对共和体制的失望：梁济之死》，载《近代史研究》，2006 年 5 期。

② 关于“二十一条”，参见 Zhitian Luo，“National Humiliation and National Assertion：The Chinese Response to the Twenty-one Demands，” *Modern Asian Studies*，vol. 27，no. 2（May 1993），pp. 297-319.

常之机关以代表民意”。①《申报》一位重要撰稿人分析说：正因国与民之间没有联络机关，则“国自为国，民自为民。故民虽欲爱国，而无法可爱；民虽欲救国，而无法可救”。② 这里民意的“代表”，即代为表述（representation）民意之本义，故他们虽从通上下的传统思路在思考“国”与“民”的“联络”，却也直达代议制的本源。

用章士钊的话说，当时中国的问题在于“国与人民全然打成两橛”。③ 如果这是一个新现象，当然也就是共和制度下出现的新问题。换言之，在帝制改共和这一根本转变之下，“国”与“民”的关系显然需要厘清和重构。陈独秀敏锐地感觉到，在对共和失望的普遍焦虑中，形成了国与人民两分的语境。他的文章虽有些言过其实的故意表述④，其核心恰在探讨民国新政治模式里“国”与“民”的关系，呼应了许多读书人之所思，并言及其所欲言。⑤

民初的几年间，并非“世无英雄，遂使竖子成名”的时代。比陈独秀大不了多少而早享大名的严复、章太炎、康有为、梁启超等皆健在（影响最大的梁启超比陈仅大几岁），并未停止其努力。陈独秀能一举引起瞩目，即因其只眼独具，提出了很多人积蓄于心中的关键问题，发出了时代的声音。当年多数读书人并不熟悉共和新制背后所蕴含的

---

① 笑（包公毅）：《亦有国民意思之机关乎?》，载《时报》，1915 年 2 月 22 日，6 版。

② 讷：《我国人亦思及此乎?》，载《申报》，1915 年 5 月 11 日，11 版。

③ 秋桐：《爱国储金》载《甲寅》，1 卷 8 号，6 页（文页）。

④ 清末民初不少士人以为，由于社会的惰性，只有说革命才能实现改革；结果，以“故意激进”的言论刺激听众，成为一种持续的言说模式。参见罗志田：《权势转移：近代中国的思想、社会与学术》，60～61、282～284 页，武汉，湖北人民出版社，1999。

⑤ 章士钊和李大钊都看到了这一点，并参见李大钊：《厌世心与自觉心——致〈甲寅〉记者》，载《甲寅》，1 卷 8 号，7～14 页（栏页）。

学理基础，难以区分“国家”和政府；① 政府既然以其行为证实“国不足爱”，遂使陈独秀引起“举世怪骂”的言论，反成为带有先知先觉意味的预言。

章士钊看到了陈独秀文章的示范作用。不过短短几个月，思其所思、言其所言者颇众，其中不乏重要人士。如名记者陈景韩公开宣称：“今后之所望者，非他国之援助也，非政府之作为也，我国民而已。”② 他不仅呼应了陈氏弃政府而寄望于国民的观念，其所谓“他国之援助”，也因应着陈独秀所说的“瓜分”。而梁启超在1915年6月发表的《痛定罪言》，更以主要篇幅讨论外国因素的影响和中国士人的自觉。③

传统中国社会虽然主张以民为本，负“澄清天下”之责的，却是四民之首的士。伴随着四民社会的解体，晚清逐渐兴起把国家希望寄托在一般人民之上的“民”意识。④ 但这一新兴的“民”并未表现为一个思虑相近的整体，恐怕也不一定有承担天下重任的自觉意识。陈独秀强调自觉心重于爱国心，已隐约提出解决中国问题要从“国”转向“民”。而“自觉”的提出，尤意味着每一个体之“民”都需要有所提高，以认识到自身的责任。

不过，当“民”之规模乃数以亿计之时，他们就是有参与政治的意愿，也缺乏参与的实际可行性，何况多数老百姓并无参与的愿望。而当时正在兴起的青年学生，社会地位虽尚处边缘，却既有参与的意愿，其数量也大到足以左右其身与之事业。陈独秀在致《甲寅》的通

---

① 那时认识到区分政府与国家重要性的是章士钊，他强调：“今兹之所招厌于国民而吐弃之者，政府耳。于国家无与也。”故应“严为国家与政府之分”，人民“爱国可耳。决不能使此倚国家为祟之恶政府并享吾爱也”。秋桐：《爱国储金》，载《甲寅》，1卷8号，2～6页（文页）。其隐含的逻辑思路仍在声援陈独秀，即由于一般人未能区分政府与国家，为了不让政府分享其爱，人民其实可以不那么爱国。

② 冷（陈景韩）：《沉毅果决之国民》，载《申报》，1915年5月13日，2版。

③ 梁启超：《痛定罪言》，原载《大中华》，1卷6期（1915年6月），收入《饮冰室合集·文集之三十三》，1～9页，北京，中华书局，1989。

④ 参见柯继铭：《理想与现实：清季十年中国思想中的“民”意识反思》，载《中国社会科学》，2007年1期。

信中曾对举国之人多“无读书兴趣”深感失望，也不看好办杂志。①但其文章引起的热烈反响，可能改变了他的认识。章士钊在讨论陈文的社会反应时特别指出：那时“国中政事，足以使青年之士意志沮丧，莫知所届者，日进而未有已”②。这一观察，或许对陈独秀有所提示。他随即决定创办《青年杂志》，专注于读书人中的青年一辈。③

或因其自身地位不那么显赫，或因其对菁英读书人的失望，陈独秀似比当时多数人更早体察到中国社会变动产生的新力量（梁启超也曾看重少年，但其主要关注仍在已确立社会地位的菁英身上）。《青年杂志》创刊后不久，复由于偶然因素而更名《新青年》，无意中把范围缩小到青年中的趋新者之上，反增强了影响力。这些直觉和远虑交织的选择，固半带偶然，却适应了中国社会变动的新趋势。在听众决定立说者命运的时代，陈独秀和《新青年》一呼百应的契机，已然具备。

二、从国家到个人的觉悟

1915年9月，《青年杂志》刊行，陈独秀在《社告》中明言：“国势凌夷，道衰学弊。后来责任，端在青年。本志之作，盖欲与青年诸君商榷将来所以修身治国之道。”他进而提出：“今后时会，一举一措，皆有世界关系。我国青年，虽处蛰伏研求之时，然不可不放眼以观世界。”④ 这就确立了刊物的两个主要倾向，一是面向青年，一是面向世界。同时也明确了该刊的宗旨，就是要从“道”和“学”这样的基本层面着手。该刊第一期除了国内外“大事记”栏，基本不及政治。陈独秀并在“通信”中申明：“改造青年之思想，辅导青年之修养，为本

---

① CC生（陈独秀）：《生机——致〈甲寅〉记者》，载《甲寅》，1卷2号，15页（栏页）。

② 秋桐：《国家与我》，载《甲寅》，1卷8号，1页（文页）。

③ 按陈独秀本参与《甲寅》编务，他创办《青年杂志》，也与《甲寅》被迫停刊相关。参见杨琥：《〈新青年〉与〈甲寅〉月刊之历史渊源》，载《北京大学学报》，2002年第6期。

④ 陈独秀：《社告》，载《青年杂志》，1卷1号（1915年9月），1页。

志之天职；批评时政，非其旨也。”①

那时的中国并非风平浪静，正发生着辛亥鼎革以来的政治大变。1915年12月，袁世凯称帝。1916年春，袁世凯放弃帝制，不久去世。与帝制的短暂重现同时，还出现了所谓“再造共和”的武装局面。这些名副其实的“国家大事”，此后一两年间的《新青年》均未曾正式议论（仍仅在“国内大事”栏述及），确实体现了无意“批评时政”的办刊意向。对中国面临的问题，陈独秀正探索着某种更为深远的最后解决。

在该刊第一篇文章中，陈独秀即希望“新鲜活泼之青年”能“自觉而奋斗”。所谓自觉，是“自觉其新鲜活泼之价值与责任，而自视不可卑”；不应像很多人那样，年龄是青年，而身体和脑神经已进入老年。至于奋斗，则是“奋其智能，力排陈腐朽败者以去，视之若仇敌，若洪水猛兽，而不可与为邻，而不为其菌毒所传染”。② 一年后刊物更名《新青年》时，他更借机辨析说，“新青年”不仅要从生理上和心理上区别于“老者壮者”，也要有别于那些身心接近老者壮者的“旧青年”。③

基本上，新刊物仍在贯彻陈独秀此前关于“爱国心”与“自觉心”的论旨。陈独秀强调，只有“敏于自觉勇于奋斗”的少数青年以“自度度人”自任，然后中国“社会庶几有清宁之日”。在士人以天下为己任的时代，“澄清天下”本是他们的责任，如今陈独秀基本把这一责任转移到少数“新青年”身上了。为此他提出六个努力的方向，即自主的而非奴隶的、进步的而非保守的、进取的而非退隐的、世界的而非锁国的、实利的而非虚文的、科学的而非想象的。④ 同期杂志还刊发

---

① 记者（陈独秀）：《答王庸工》，载《青年杂志》，1卷1号，2页（栏页）。

② 陈独秀：《敬告青年》（1915年9月），见《陈独秀著作选编》，第1卷，158页。

③ 陈独秀：《新青年》（1916年9月），见《陈独秀著作选编》，第1卷，208-210页。

④ 陈独秀：《敬告青年》，见《陈独秀著作选编》，第1卷，159～163页。

了高一涵的《共和国家与青年之自觉》,① 进一步把“国”与“民”的关系落实到新的“共和国”与“青年”之上，并强调后者的“自觉”。

陈独秀随即撰写《今日之教育方针》一文，提出教育的责任在民间不在政府，而教育方针，应侧重了解人生之真相、个人与社会经济之关系、未来责任之艰巨等。其中最重要的，仍是要明确国家的意义，以厘清国与民的关系。他认为，欧洲近世文明已达国家主义阶段，惟国家过盛，不免侵害人民权利，于是兴起“惟民主义”，强调主权在民，实行共和政治。中国的国情，国民犹如散沙，国家主义实为自救之良方。但应了解“近世国家主义，乃民主的国家，非民奴的国家”。人民应自觉自重，不必事事责难于政府，也无需争什么“共和国体”。只有“惟民主义之国家”，才是“吾人财产身家之所托”。②

此时陈独秀所说的“民主”，仍对应于君主；而“惟民主义”，或即后来流行的德莫克拉西，却意近共和。三年后他还在说，“现在世界上有两条道路：一条是向共和的科学的无神的光明道路；一条是向专制的迷信的神权的黑暗道路”，而新派人物“总算是倾向共和、科学方面”。③ 这里共和与科学的并列，大约就是稍后脍炙人口的德先生和赛先生之滥觞。而对应于德莫克拉西的，正是共和。所以，陈独秀所鼓吹的“惟民主义之国家”，侧重于共和政治的政体层面，而非其国体层面（即对应于君主的民主）。

在 1916 年发表的第一篇文章中，陈独秀除预测中外局势均会大变外，进一步强调“除旧布新”的彻底性，主张对 1915 年以前“皆以古代史目之”，一切都从 1916 年重新开始，“一新其心血，以新人格，以新国家，以新社会，以新家庭，以新民族”。只有“民族更新”之后，中国人才有“与晰族周旋之价值”和“食息此大地一隅之资格”。必怀

---

① 高一涵：《共和国家与青年之自觉》，载《青年杂志》，1 卷 1 号，1～8 页（文页）。

② 陈独秀：《今日之教育方针》（1915 年 10 月），见《陈独秀著作选编》，第 1 卷，170～175 页。

③ 陈独秀：《克林德碑》（1918 年 11 月），见《陈独秀著作选编》，第 1 卷，446～447 页。

此希望者，才可称为青年。而青年具体的努力，则在于自居征服地位而不能被征服，“尊重个人独立自主之人格”而不为“他人之附属品”，通过“各自勉为强有力之国民”，使中国的“党派运动进而为国民运动”。①

一个月后，陈独秀“盱衡内外之大势，吾国吾民，果居何等地位，应取何等动作”，写出了著名的《吾人最后之觉悟》。他提出，首先要从政治上觉悟到“国家为人民公产”，中国“欲图世界的生存，必弃数千年相传之官僚的专制的个人政治，而易以自由的自治的国民政治”。由于最终影响政治的是伦理思想，中国“多数国民之思想人格”必须变更，要在政治上自觉其居于主人的主动地位。若“伦理问题不解决，则政治学术皆枝叶问题”。故“伦理的觉悟，为吾人最后觉悟之最后觉悟”。②

厘清“国”与“民”的关系以建设一个现代的国家，是陈独秀一生言论的核心。这一系列文章表明，陈独秀关于“国”与“民”关系的思考已大致定型。此时他最为关注的，是改善中国和中国人在世界的地位，即以“民族更新”为基础，与白种的欧洲竞争，为中国争取“世界的生存”。所有这些，都取决于中国人的自觉，使“国民”而非“国家”居于政治的主动地位，以实现他所期望的“惟民主义之国家”。

在此从“国家”到“国民”的倾斜之中，对“自觉”的强调，意味着群体性“国民”的努力，必须落实在每个“国民一分子”身上。陈独秀实已指向“个人”的自觉，并更多寄希望于青年。在此后的几年中，有“我”日益成为趋新言说中的一种“必须”；从生活到学术的讨论，处处可见“我”的存在。

而不论“国民”是群体的还是个体的，思想、伦理等方面的改造都成为首要的努力目标。陈独秀提出从“政治”到“伦理”的觉悟层次，就是要将侧重点从“政治”上的努力转向“文化”，具体主要表现

① 陈独秀：《一九一六年》（1916 年 1 月），见《陈独秀著作选编》，第 1 卷，197～200 页。

② 陈独秀：《吾人最后之觉悟》（1916 年 2 月），见《陈独秀著作选编》，第 1 卷，201～204 页。

在两个方面，一是与思想之表述相关的文学革命，一是与思想本身相关的伦理革命。

三、从文学到伦理的文化革命

当年所谓文学革命，主要是表述方式（文体）的革命。在中国传统里，文体与个性本密切相关。顾炎武在讨论历代文体转变时曾说，“诗文之所以代变”，是因为“用一代之体，则必似一代之文，而后为合格”。但“一代之文沿袭已久，不容人皆道此语”；且后人总是摹仿前人之陈言，也不利于表述自我。结果，“不似则失其所以为诗，似则失其所以为我”。这一文体与自我之间的紧张，即是文体不能不变之“势”。① 有这样的传统，在民初自我彰显之时，表述方式首先成为关注的焦点，也是自然的发展（方式转变确立后，表述者本身及表述的内容一类问题才应运而提上议事日程）。

先是胡适在1916年初致函陈独秀，提出“文学革命”之八项主张。后在陈独秀鼓励下正式成文，则易言为“文学改良”，将其在《新青年》通信中已引起争议的八项主张正式提出，即须言之有物，不摹仿古人，须讲求文法，不作无病之呻吟，务去滥调套语，不用典，不讲对仗，及不避俗字俗语。陈独秀更进而撰写《文学革命论》以响应，他一面指出胡适是首举文学革命义旗的急先锋，他自己不过是在“声援”；同时仍提出了有些不同的“三大主义”，即推倒雕琢的阿谀的贵族文学，建设平易的抒情的国民文学；推倒陈腐的铺张古典文学，建设新鲜的立诚的写实文学；推倒迂晦的艰涩的山林文学，建设明了的通俗的社会文学。②

---

① 顾炎武：《日知录·诗体代降》，我所用的是黄汝成《日知录集释》本，747～748页，长沙，岳麓书社，1994。

② 胡适致陈独秀、陈独秀复胡适，载《新青年》，2卷2号（1916年10月），1～4页（栏页）；胡适：《文学改良刍议》，载《新青年》，2卷5号（1917年1月），1～11页（文页）；陈独秀：《文学革命论》，载《新青年》，2卷6号（1917年2月），1～4页（文页）。

然而两人所提的具体方案，仅在《新青年》作者读者中有进一步的讨论；更多的人显然并未侧重“文学”本身的改与革，却逐渐拥戴着提倡者走上以白话写作之路。不论在时人的关注里还是后人的记忆中，“文学革命”都逐渐演化为一场“白话文运动”。后者是一次名副其实的革命，成为整个新文化运动最持久的遗产，并真正改变了历史——今日白话已彻底取代文言，成为几乎唯一的书面表述形式；即使在所谓“象牙塔”的菁英学术圈里，也很少有人能以文言写作了。

如果说文学革命侧重于思想的表述，陈独秀同时也关注着思想本身的革命。那时的《新青年》，仍在贯彻不“批评时政”的宗旨。但陈独秀所谓伦理的觉悟，本基于伦理思想决定政治运作的思路，故虽口不谈政治，而意仍在政治。同理，文学革命也绝非仅仅停留在表述层面，而自有一条从文学到思想、社会再到政治的内在理路。①

在陈独秀看来，欧洲革命是全面的，包括政治、宗教、伦理道德和文学艺术；而中国革命则仅限于政治，且都虎头蛇尾，不够充分。由于革命锋芒未曾触及“盘踞吾人精神界根深蒂固之伦理道德文学艺术诸端”，故单独的政治革命对中国社会“不生若何变化，不收若何效果”。有了这样全面“革故更新”的视野，他就从“孔教问题喧呶于国中”看出了“伦理道德革命之先声”，把当时讨论广泛的“孔教问题”与文学革命、思想革命都作为更大“气运”的一部分，结合起来进行考虑。②

陈氏的思路很明确，即“新旧之间绝无调和两存之余地”。孔教“根本的伦理道德适与欧化背道而驰，势难并行不悖。吾人倘以新输入之欧化为是，则不得不以旧有之孔教为非”。③ 换言之，孔教之不能不“非”，实产生于欧化之“是”。正因新旧中西之间的对立，这些反传统

① 参见罗志田：《走向“政治解决”的“中国文艺复兴”：“五四”前后思想运动与政治运动的关系》，载《近代史研究》，1996年4期。

② 陈独秀：《文学革命论》（1917年），见《陈独秀著作选编》，第1卷，289页。

③ 陈独秀：《答佩剑青年》，载《新青年》，3卷1号（1917年3月），11页（通信栏页）。

者又最能“看见”传统的整体力量。用陈独秀的话说：“旧文学、旧政治、旧伦理本是一家眷属，固不得去此而取彼。”①

第一次世界大战那几年，中国读书人对西方的了解进一步深化，在反对国际强权的同时又要推行欧化，于是出现了“西方的分裂”；与此同时，趋新者确实感知到来自“传统”或“历史”的整体压力，于是出现了“中国传统的负面整体化”。② 在这样的语境下，陈独秀稍后明确指出：“要拥护那德先生，便不得不反对孔教、礼法、贞节、旧伦理、旧政治。要拥护那赛先生，便不得不反对旧艺术、旧宗教。要拥护德先生，又要拥护赛先生，便不得不反对国粹和旧文学。”③

他们对西方不再全面崇拜，而是选择了民主与科学；却因感觉中国传统是个整体，而必须全面反对。在此进程中，如傅斯年所说，陈独秀“在思想上是胆子最大，分解力最透辟的人”。④ 他特别擅长把学理的表述改为大众化的口号，充分体现了他对群体心理的敏锐感觉和对读者的理解。大体上，陈氏以伦理觉悟的主张把国人的注意力从政治转出，走入文学和思想伦理的革命；又使这些后来被称为“新文化运动”的努力，从文学、思想等走向全面反传统的文化革命。

这些革命之所以能迅速影响到全国，也因为陈独秀半偶然地成为北京大学的文科学长。这样，《新青年》这一刊物及其作者群体（大部分为北大文科教授）的言说，就成了引起广泛注意的全国性大事。⑤ 先是陈独秀在1916年冬到北京募集股本以组织新的出版机构，适逢蔡元培将到北京大学任校长，遂聘陈独秀为文科学长，1917年到任。陈

① 陈独秀：《复易宗夔》（按此函发表时原与胡适共同署名），载《新青年》，5卷4号（1918年10月），433页。

② 参见罗志田：《西方的分裂：国际风云与“五四”前后中国思想的演变》，载《中国社会科学》，1999年3期；《中国传统的负面整体化：清季民初反传统倾向的演化》，载《中华文史论丛》，第72辑（2003年6月）。

③ 陈独秀：《〈新青年〉罪案之答辩书》（1919年1月），见《陈独秀著作选编》，第2卷，10页。

④ 傅斯年：《陈独秀案》，载《独立评论》，第24号（1932年10月30日），7页。

⑤ 《陈独秀与文学革命——胡适在北大之讲演（续完）》，载《世界日报》，1932年11月1日，7版。

氏本有教育经验，也一向关注教育。在其担任学长期间，北大文科的影响，可见明显的扩充。当年北大的简称即是“大学”，从那种独一无二的称谓中，就不难理解该校文科学长的全国性影响了。

陈独秀如何办学，历来称述不多。他自己和胡适，也都曾在1920年慨叹北大学术氛围的淡薄。① 但陈独秀同年也特别指出，此时北大已确立了一种宝贵的“精神”，即“学术独立与思想自由”。前者多对外，体现在“无论何种政治问题，北大皆不盲从”；后者偏于内，即“各种学说随己所愿研究”，而“毁誉不足计”。② 这虽是陈氏赞扬校长蔡元培的话，应能代表他自己的努力目标。③ 多年后，经历了国民党“党化教育”的学人，才进一步认识到这一精神的可贵，坚信其必“与天壤而同久，共三光而永光”。④

四、从康、梁到胡、陈的时代转折

如前所述，民初并非世无英雄的时代。此前影响最大的康有为、梁启超等虽仍努力于思想界，却如余英时师所指出的，“以思想影响而言，他们显然都已进入‘功成身退’的阶段”。一个日新月异的时代，通常也是推陈出新的时代。从立言者角度看，胡适那时即因填补了中国思想界一段空白而“暴得大名”。⑤ 从追随者角度看，康、梁的许多追随者或也随时代之日新而“功成身退”，另一些或未能跟上时代而被

---

① 《胡适之先生演说词》（1920年9月17日），陈政记，载《北京大学日刊》，1920年9月18日，3版；陈独秀：《随感录·提高与普及》，载《新青年》，8卷4号（1920年12月），5～6页（栏页）。

② 陈独秀在北大旅沪同学会欢送蔡元培赴法宴会上致词，引在《北大同学欢宴蔡孑民》，载《时报》，1920年11月24日，3张5版。

③ 在《新青年》第1期上，高一涵就特别强调了青年自觉的要素是自由和独立，应能反映刊物当时之所重视。参见高一涵：《共和国家与青年之自觉》，载《青年杂志》，1卷1号，5～8页（文页）。

④ 陈寅恪：《清华大学王观堂先生纪念碑铭》（1929年），见《金明馆丛稿二编》，246页，北京，生活·读书·新知三联书店，2001。

⑤ 余英时：《中国近代思想史上的胡适》，见胡颂平编：《胡适之先生年谱长编初稿》，第1册，7～8页，台北，联经出版事业公司，1990，校订版。

推出了第一线。由于听众的缩减，立言者即使努力，也只能在有限的范围里继续其典范地位。

陈独秀在反驳康有为时曾指出，在中国这样宗教信仰相对薄弱的社会，需有“高尚纯洁之人物为之模范”，以构成“社会之中枢”。康氏曾是“吾国之耆宿、社会之中枢”，在民初却面临着是否能继续“为小子后生之模范”的危机。① 这几乎就是昔年追随者的挑战宣言，康有为之所以未能跟上日新月异的时代，很大程度上正因“小子后生”的不再拥戴，终被昔日的康党陈独秀所取代。②

胡适在1918年即注意到这一重要转折，他曾说，那时的上海大舞台就像中国的“缩本模型”，在台上支撑场面的，“没有一个不是二十年前的旧古董”。但他也看到了时代的变化：二十年前，是叶德辉等人在“骂康有为太新”；二十年后，是陈独秀等在“骂康有为太旧”。这就是中国二十年来的“大进步”。③

简言之，陈独秀既因发出了时代的声音而引起瞩目，在立言方面占得了先机；又因关注到社会变迁的新兴群体而赢得了大量追随者（“五四”运动后学生的兴起进一步确立了《新青年》的地位）；更因倡导从国家向国民、从政治到文化的转向，而起到开风气的作用。故闻其名的范围迅速扩大，终形成全国性的影响。他与胡适一起，很快取代康、梁，成为代表时代的标志性人物。

那时曾在湖南第一师范学校念书的毛泽东后来回忆说：他和周围的同龄人，都受到《新青年》杂志很大的影响，他自己更“非常钦佩胡适和陈独秀的文章。他们［胡和陈］代替了已经被我抛弃的梁启超和康有为，一时成了我的楷模”。④ 这是趋新青年的记忆，而在守旧长者的印象里，陈独秀也是一方的代表。1918年以弃世警醒国人的梁

---

① 陈独秀：《驳康有为致总统总理书》（1916年10月），见《陈独秀著作选编》，第1卷，239～240页。

② 陈独秀在自传中曾说他一生先后作过康党、乱党和共产党。陈独秀：《实庵自传》（1937年11月），见《陈独秀著作选编》，第5卷，207页。

③ 胡适：《归国杂感》，载《新青年》，4卷1号（1918年1月），20～26页。

④ 斯诺：《西行漫记》，董乐山译，125页，北京，生活·读书·新知三联书店，1979。

济，曾预测了世人各种可能的反应，对新的方面，他所猜测的即是“极端立新”的陈独秀会大骂他“头脑太旧”。① 作为“小子后生之模范”，康有为和梁启超两位广东人被胡适和陈独秀两位安徽人所取代，是那时很多人的共识。

胡、陈两人都在清季就开始用白话写作，他们推动白话文运动，自然得心应手。且如余英时师所说，胡适更能看到“对中西学术思想的大关键处”，而陈独秀则很快“把捉到了中国现代化的重点所在”，故能提出“民主”与“科学”的口号。② 两人的个性一张扬而一稳重，也颇能互补。

但正是陈独秀的个性及其表述思想的方式和态度，造成很早就开始的“抑陈扬胡”现象。鲁迅曾说：“假如将韬略比作一间仓库罢，独秀先生的外面竖起一面大旗，大书道：‘内皆武器，来者小心！’但那门却开着的，里面有几支枪、几把刀，一目了然，用不着提防。适之先生的是紧紧地关着门，门上贴一条小纸条道：‘内无武器，请勿疑虑。’这自然可以是真的，但有些人——至少我是这样的人——有时总不免要侧着头想一想。”③ 这话有其倾向性，但仍颇传神，两人一张扬而近于虚张声势，一防卫心重而谨言慎行，大体不差。这段有些“抑胡扬陈”的描述，也最能说明“抑陈扬胡”现象何以形成。

也许是巧合，陈、胡二人皆早年遭遇父丧，教养多自母亲。陈独秀对少年的回忆，即他“自幼便是一个没有父亲的孩子”。后来虽有继父，但关系似不甚融洽。用胡适的话说，陈独秀曾“实行家庭革命”。广东方面，甚至传闻他曾组织什么“讨父团”。④ 而胡适虽提倡他人实行“家庭革命”，自己却无表率的行为。再加上胡适对人一向温和周到，陈独秀则不注意细行。在特别注重人际关系的中国社会里，这一

---

① 梁济：《戊午敬告世人书》，见梁焕鼐、梁焕鼎编《桂林梁先生遗书》，95～96页，台北，文海出版社1969，影印。

② 余英时：《中国近代思想史上的胡适》，13～14页。

③ 鲁迅：《忆刘半农君》，见《鲁迅全集》，第六卷，72页。

④ 陈独秀：《实庵自传》（1937年11月），见《陈独秀著作选编》，第5卷，201～205页；《陈独秀与文学革命——胡适在北大之讲演（续完）》，载《世界日报》，1932年11月1日，7版。

差异非同小可。胡适 1921 年的日记曾说：外间传说陈独秀力劝他离婚而他不肯，“此真厚诬陈独秀而过誉胡适之了！大概人情爱抑彼扬此，他们欲骂独秀，故不知不觉的造此大诳”。① 这里所说“人情”的“不知不觉”非常重要，提示着抑陈扬胡那时便已成时代认知（perception）。

在文学革命那次表述方式的革命中，表述方式本身也决定了社会认知和历史记忆的形成。在一般认知和记忆中，其提议从“革命”退向“改良”的胡适都比陈独秀更为“温和”。其实若回向原典，看看具体的主张，这一形象大可再作分析。胡适提出的“八条”，就有六条是否定；而陈提出的“三大主义”，还一一都有推倒和建设的两面。所以陈虽有“必以吾辈所主张者为绝对之是，而不容他人之匡正”的气概②，其实际主张，却是破坏与建设并列的。

在胡适自己的记忆里，他一开始提出的就是完全否定的“八不主义”。他稍后自供说，过去那些主张都“是单从消极的、破坏的一面着想的”。到回国后“在各处演说文学革命，便把这‘八不主义’都改作了肯定的口气”，化为四条“一半消极、一半积极”的新主张，成为一种“建设的文学革命”。③ 而“一半消极、一半积极”正是陈独秀所提三大主义的特点，故胡适后来在口号上和具体主张上恐怕都受了陈独秀的影响，不过在表述上仍维持原来出以温和的态度，遂使许多后之研究者也和时人一样，仅从“革命”与“改良”的标识，就得出陈独秀比胡适更激烈的印象。

可以说，“抑陈扬胡”的现象形成既早，也受到多种因素的影响。但在当事人心目中，陈、胡的领导作用是共同的。陈独秀自己在 1940 年 3 月蔡元培逝世时说：“‘五四’运动，是中国现代社会发展之必然

---

① 《胡适日记全编》（曹伯言整理，合肥，安徽教育出版社，2001），1921 年 8 月 30 日（9 月 1 日眉批），第 3 册，453 页。

② 陈独秀：《文学革命（答胡适之）》，载《新青年》，3 卷 3 号（1917 年 5 月），6 页（通信栏页）。

③ 胡适：《建设的文学革命论——国语的文学，文学的国语》，载《新青年》，4 卷 4 号（1918 年 4 月），289～290 页（卷页）。

的产物，无论是功是罪，都不应该专归到哪几个人；可是蔡先生、适之和我，乃是当时在思想言论上负主要责任的人。”① 胡适稍早也说，“五四”学生运动，就是陈独秀和蔡元培这些“威尔逊主义麻醉之下的乐观者”带动“一般天真烂漫的青年学生”所酿成的。②

实际上，蔡元培作为北大校长，当年扮演的更多是后援性的荫庇角色。但两人都提到蔡，凸显出北大在新文化运动中的凝聚作用。如前所述，文学革命和伦理革命都因倡导者所具有的北大文科学长身份而增强了全国性的影响，然而陈独秀个人的道德问题也因此成为舆论的关注对象，并终成其离开北大的导因。陈、胡二人也从此逐渐分道扬镳，更演化出不同的历史记忆。

当时北京新旧之争相当激烈，旧的一方曾以陈独秀私德不检为攻击目标。北大校长蔡元培在汤尔和等浙江籍教授的策划和支持下，于1919年春决定取消文、理科学长，而改设一教务长统辖文理教务。结果，启用他为文科学长的人为撤换他而废除了这一职位，陈独秀也因此改制而“自然”成为普通教授。“五四”学生运动后不久，陈氏因发传单而被捕，释放后南下上海避难，参与组织中国共产党，走上一条相当不同的道路。③

这样看来，陈独秀和胡适共为年轻读书人“模范”的时间，其实不长；所谓胡、陈时代，与康、梁时代同样短暂。但两者对时人和后人的影响，都不止于典范被共同接受的时段。在瞬息万变的近代中国思想史上，各类人物大都难逃章太炎所说“暴起一时，小成即堕”的现象。④ 但多数“小成”者在时过境迁之后，便真成过眼烟云，不复为人所记忆；而这两个“时代”，却都印证了历史的转折，成为一个思想时段的象征，在历史上留下了不可磨灭的痕迹。

---

① 陈独秀：《蔡孑民先生逝世后感言》（1940年3月），见《陈独秀著作选编》，第5卷，349页。

② 胡适：《纪念“五四”》（1935年），见《胡适文集》，第11册，579页，北京，北京大学出版社，1998。

③ 说详罗志田：《陈独秀与“五四”后〈新青年〉的转向》，已收入本书。

④ 章太炎：《对重庆学界演说》（1918年），重印载《历史知识》，1984年1期，44页。

胡适后来认为，那次解除陈独秀文科学长的决定，导致了陈离开北大，“以后中国共产党的创立及后来国中思想的左倾，《新青年》的分化，北大自由主义者的变弱”，皆起于此。故这一决定不但影响了“北大的命运，实开后来十余年的政治与思想的分野”。① 不过，陈氏走向实际政治的行动，也有其半内在半外在的逻辑理路：从外在视角看，他在1919年5月已注意到当权的“少数阔人”在面临提倡新潮者的挑战时，“渐渐从言论到了实行时代”，似已有运用国家机器处置的思想准备，则新思潮一方，或也须有相应的行动；② 从内在理路看，既然伦理的觉悟是最后的最后觉悟，则觉悟到了头，下一步也只能是行动了。

五、走向行动的政治革命

早在《青年杂志》创刊的第一期上，陈独秀就提出了他心目中的近世三大文明，即人权说、生物进化论和社会主义。③ 在民初的中国，或许因为“国体”问题带来的困扰，任何与“国家”对应的范畴都容易引人瞩目，而“社会”以及相关的“主义”尤其受到思想界的普遍关注（当年很多中国人常顾名思义，视社会主义为与社会相关的主义）。那时不仅趋新者和激进者有此思虑，就是接近政府的“安福系”和偏于守旧的孔教论者，也都在思考和探讨各种类别的社会主义。如果说社会“主义”还偏于思想一面，不少人进而向更实在的社会“改造”发展。④

陈独秀在1919年提出，“最进步的政治，必是把社会问题放在重

① 胡适致汤尔和（稿），1935年12月23日，见《胡适来往书信选》，中册，281～282页，北京，中华书局，1979。

② 陈独秀致胡适（1919年5月7日），见《胡适来往书信选》，上册，42页。

③ 陈独秀：《法兰西人与近世文明》（1915年9月），见《陈独秀著作选编》，第1卷，164～166页。

④ 参见罗志田：《激变时代的文化与政治——从新文化运动到北伐》，77～81页，北京，北京大学出版社，2006。

要地位，别的都是闲文”。若“社会经济的问题不解决，政治上的大问题没有一件能解决的。社会经济简直是政治的基础”。① 若比较他三年前所说的“伦理问题不解决，则政治学术皆枝叶问题”，即可见其观念的明显转变。从思想伦理到社会，虽然仍延续着轻“国家”而重“国民”的取向，但已渐从个体的“自觉”向群体的“自治”倾斜。以前他的思路是伦理思想决定政治，现在他提出社会经济是政治的基础，讨论的虽皆是非政治的面相，却都意在政治，且呈现出逐渐向实际政治靠拢的趋势。

当初无意“批评时政”时，陈独秀曾说，“国人思想，倘未有根本之觉悟，直无非难执政之理由”。② 其隐含的意思，国人若有了根本觉悟，便可以批评政府了。还在1917年，有读者指出《新青年》表现出了从重学说向重时事转移的趋势，陈独秀一面重申不批评时政的“主旨”，却又表示，遇到“有关国命存亡之大政，安忍默不一言”。③ 到1918年夏天，他虽仍坚持“国家现象，往往随学说为转移”；但终于正式谈起政治来。陈氏以为，行政问题可以不谈，至于那些关系到“国家民族根本的存亡”的政治根本问题，则人人应谈，不能“装聋推哑”。这时他转而强调，国人“彻底的觉悟”，必须落实到对政治根本问题“急谋改革”，才能避免国亡种灭的局面。④

大概因为《新青年》同人和读者中很多仍不主张谈政治，陈独秀在1918年底创办《每周评论》，以谈政治为主。次年“五四”学生运动发生后，颇有学生被捕。陈氏于6月初在《每周评论》上撰文，主张青年要有“出了研究室就入监狱，出了监狱就入研究室”的志向。⑤

① 陈独秀：《实行民治的基础》（1919年11月），见《陈独秀著作选编》，第2卷，119页。

② 记者（陈独秀）：《答王庸工》，载《青年杂志》，1卷1号，2页（栏页）。

③ 顾克刚致陈独秀、陈独秀复顾克刚，载《新青年》，3卷5号（1917年7月），5～6页（栏页）。

④ 陈独秀：《今日中国之政治问题》（1918年），见《陈独秀著作选编》，第1卷，417～419页。

⑤ 陈独秀：《随感录·研究室与监狱》（1919年6月），见《陈独秀著作选编》，第2卷，112页。

几天后，他自己就因散发传单而被捕，关押近百日。从这时起，在各种内外因素推动下，陈独秀彻底告别不谈政治的主张，从思想改造走向直接诉诸政治行动了。

不过，陈独秀那时提倡的“民治主义”，是偏向自由主义的。他所说的中国若实行民治，要“拿英美作榜样”，已成广为引用的名言。① 到 1920 年 5 月，陈独秀已和共产国际的维经斯基有所接触，② 而其对自由主义的基本原则，也确实深有体会。③

胡适和傅斯年都说过，陈独秀曾经是个自由主义者。胡适以为他成为共产党半出偶然，而傅斯年却认为有其“自然的趋势”。④ 两人所说都有道理，如果陈独秀在北京有忙不完的事要做，如果他不是偶然和维经斯基同时出现在上海，他或许真不会成为共产党。另一方面，社会主义不仅素为陈独秀所关注，更对那时各类中国读书人都深具吸引力。必充分认识及此，才可以理解为什么张东荪、戴季陶都差一点成了中共的创始人。把这些人聚合在一起的是社会主义，使他们终于分开的，也是对社会主义的不同理解。⑤

从学理言，现代自由主义本与社会主义相通。而自由主义在中国的“黄金时段”，正是从“二十一条”到巴黎和会那几年。当时美国在华影响也一度高涨，外有威尔逊总统提倡各民族自主的“十四点计划”，内有学者型的驻华公使芮恩施和恰来中国讲学的杜威，三者都甚得中国读书人之心，合起来产生了很大影响。但威尔逊在巴黎和会的“背叛”，同时断送了美国在中国的政治影响和中国自由主义者的政治

---

① 陈独秀：《实行民治的基础》，见《陈独秀著作选编》，第 2 卷，119 页。

② 石川祯浩：《中国共产党成立史》，袁广泉译，93～107 页，北京，中国社会科学出版社，2006。

③ 参见罗志田：《“五四”与西学：与“自由主义”相关的一个例子》，见《西学在中国——“五四”运动 90 周年的思考》，86～93 页，北京，生活·读书·新知三联书店，2010。

④ 胡适致汤尔和（稿），1935 年 12 月 23 日，见《胡适来往书信选》，中册，282 页；傅斯年：《陈独秀案》，载《独立评论》，第 24 号，3～4 页。

⑤ 中国共产党创立期间，曾有好些打算使用的名称，多与社会主义相关。参见石川祯浩：《中国共产党成立史》，160～175 页。

前途。中国人在摈弃了以日本为学习榜样后，经历了短暂的“拿英美作榜样”，终转向更长久的“以俄为师”。①

陈独秀自己身上也体现了这一转折，他在1918年底尚称威尔逊为“世界上第一个好人”；到次年初即已感觉威尔逊提出的是“不可实行的理想”，故称其为“威大炮”。再到1920年秋，他进而主张输入学说应该“以需要为标准”，即“一种学说有没有输入我们社会底价值，应该看我们的社会有没有用他来救济弊害的需要”。此前中国或需要输入达尔文的社会进化论，到那时则中国的“士大夫阶级断然是没有革新希望的，生产劳动者又受了世界上无比的压迫，所以有输入马格斯社会主义底需要”。②

前引陈独秀的自由主义表述，大致在其参与创建中国共产党的前夕，这意味着他从自由主义向马克思主义的立场转移，几乎在瞬间完成。但马克思主义绝非一两天可以速成，中共创立时也在上海的李达回忆说，陈独秀即使在担任中共领导之后，也“并不阅读马列主义著作”；对关于中国革命的马克思主义理论，他是既“不懂，也不研究”。甚至“《向导》上署他的名字的文章，大都是同志们代写的”。③ 此说实有依据，且不仅限于《向导》；《新青年》8卷3号上署名陈独秀的《国庆纪念的价值》一文，从文风到遣词用字，都与他此前（以及此后很多）文章不同，基本可以确定为代作；不论是否经其润色，最后定稿显然不出他手。④

---

① 参见罗志田：《再造文明的尝试：胡适传》，238～256页。关于芮恩施的影响，参见 Noel H. Pugach, *Paul S. Reinsch: Open Door Diplomat in Action*, New York: KTO Press, 1979, pp. 123-139.

② 陈独秀：《〈每周评论〉发刊词》（1918年12月），见《陈独秀著作选编》，第1卷，453页；《随感录·威大炮》（1919年2月）、《随感录·学说与装饰品》（1920年10月），见《陈独秀著作选编》，第2卷，37、274页。

③ 李达：《中国共产党的发起和第一次、第二次代表大会经过的回忆》，见中国社会科学院现代史研究室、中国革命博物馆党史研究室编：《“一大”前后：中国共产党第一次代表大会前后资料选编》（二），16页，北京，人民出版社，1980。

④ 参见陈独秀：《国庆纪念的价值》（1920年10月），见《陈独秀著作选编》，第2卷，277～280页。

或可以说，陈独秀不过是在立场上转向了马列主义，并未系统掌握其理论。唯以其对学理一贯敏锐的感觉，他对马列主义也有大体的把握，并很快与自己的固有主张结合起来。他曾先后以为伦理思想和社会经济对政治起着决定性的影响，马克思主义关于经济基础决定上层建筑的理论显然与此相通，成为他后来经常运用的解释工具（在反传统或“反封建”方面，“五四”前后中国的自由主义者与中共党人的态度本甚接近）。同一理论也为他关于旧事物皆一家眷属的见解提供了新的出路，现在他可以采取革命的手段，倒过来从国家机器（即旧政治）入手，去全面推翻旧文学和旧伦理。

陈独秀于 1920 年在上海参与创建中国共产党，次年当选为中共首任总书记，直到 1927 年被撤职。1929 年，他因公开反对中共在中东路事件后提出的“武装保卫苏联”口号而被开除出党。1932 年 10 月，却以中共首领身份被国民政府逮捕。1937 年出狱，一面从事抗战宣传，同时也开始对共产主义理论进行反思。在贫病交加中辗转流徙数年后，于 1942 年 5 月病逝于四川江津。

大体可以说，陈独秀从提倡思想领域的革命到直接投身政治革命，既有偶然的巧合，也有其不得不如是的逻辑进路，更与外在时势的演变相契合。章太炎在清末曾提出：“目下言论渐已成熟，以后是实行的时代。”① 类似的倾向在“五四”后的中国思想界相当流行。然而一旦“行动”成为主导的倾向，“思想”本身就可能退居二线。这可能意味着读书人在整个社会中地位的下降，想要追赶时代者，或许不得不进行一定的自我约束，甚至自我否定。② 陈独秀却不是那种愿意屈服于时势的读书人，在真正走入行动的时代后，他仍在继续努力，但实际政治显然不是他的强项。

很多年之后，中国的革命终指向了文化本身。这未必是陈独秀那一代人思想和言行的逻辑发展，唯苍穹之上，似隐约可闻“最后觉悟

① 章炳麟：《〈民报〉一周年纪念会演说辞》（1906 年 12 月），见汤志钧编：《章太炎政论选集》，上册，328 页，北京，中华书局，1977。

② 参见罗志田：《激变时代的文化与政治——从新文化运动到北伐》，135～143 页。

之最后觉悟”那缥缈的余音——文化既是中国人长期的自负，也是其可以自负之所在；那曾经是形形色色中国读书人憧憬对象的革命，则是 20 世纪中国名副其实的一条主流。① 当两者结合在一起，即最具吸引力的“革命”也要在最高层次进行时，出现史无前例的“文化大革命”，似乎也可见其来有自的轨迹。

六、一生定位

陈独秀在南京狱中时，曾为乡后辈汪原放写过一张条屏，上面说：“天才贡献于社会者甚大，而社会每迫害天才。成功愈缓愈少者，天才愈大；此人类进步之所以为蚁行而非龙飞。”② 不论这是抄自他人还是自作，都是自抒胸臆。陈氏对中国社会，一向责任心重而畅所欲言，贡献不可谓不大；但社会对他的回报，则声誉虽隆而“成功”实少。他在狱中书此，恐怕对所谓“社会迫害”，深有隐痛。

陈氏本人的自定位，其实也是充满犹疑的。1922 年他为科学图书社题词，回忆从二十多岁的少年时代起，就“为革新感情所趋使”而办《安徽俗话报》；奋斗了二十年，除“做了几本《新青年》，此外都无所成就”。③ 那时他已投身实际政治，而自己可视为“成就”的，仍是文字的贡献。但后来在狱中写自传时，却说自己“一生差不多是消耗在政治生涯中”，并自认其大部分政治生涯是“失败”的。④ 这“失败”的感觉，应与牢狱生涯无关。出狱后他仍说：“我奔走社会运动、奔走革命运动三十余年，竟未能给贪官污吏的政治以致命的打击，说起来实在惭愧而又忿怒。”⑤

---

① 参见罗志田：《士变：二十世纪上半叶中国读书人的革命情怀》，载《新史学》，18 卷 4 期（2007 年 12 月）。

② 汪原放：《回忆亚东图书馆》，189 页。

③ 陈独秀：《科学图书社二十周年纪念会题词》（1922 年 4 月），见汪原放：《回忆亚东图书馆》，200 页。

④ 陈独秀：《实庵自传》，见《陈独秀著作选编》，第 5 卷，201 页。

⑤ 陈独秀：《敬告侨胞——为暹逻〈华侨日报〉作》（1938 年 8 月），见《陈独秀著作选编》，第 5 卷，263 页。

或许是“英雄不夸当年勇”，晚年陈独秀已几乎不提《新青年》时代的光辉。当记者向他求证，是否如传闻所说“今后要专做文化运动，不做政治运动了”时，他连忙否认。他承认自己的“个性不大适宜于做官，但是政治运动则每个人都应该参加”；尤其“现在的抗日运动，就是政治运动”，那是不能不参加的。① 这大致仍如他 1918 年恢复谈政治时所说，关系到“国家民族根本存亡”之时，人人都不能“装聋推哑”。但这样一种非实际的政治，也隐约揭示出参与者自定位的尴尬。

在抗战的艰苦时期，陈独秀以自己不够成功的经历鼓舞国人说：“我半生所做的事业，似乎大半失败了。然而我并不承认失败，只有自己承认失败而屈服，这才是真正的最后失败。”② 永不向失败屈服，的确是典型的陈独秀精神。他那时特别强调，“即使全世界都陷入了黑暗，只要我们几个人不向黑暗附和，屈服，投降，便能够自信有拨云雾而见青天的力量”。重要的是“不把光明当做黑暗，不把黑暗对付黑暗”；在那“黑暗营垒中，迟早都会放出一线曙光，终于照耀大地”。③

所谓不把光明当作黑暗，不以黑暗对付黑暗，针对的不仅是侵略者，而是整个人类的前途。这已部分回归到自由主义的立场，是他晚年的深刻解悟，更表现出对人性的信心。他注意到，由于“强弱”成为“判荣辱”的标准，于是“古人言性恶，今人言竞争”；这不仅是表述的转换，更是善恶的混淆。在“举世附和”作“人头畜鸣”的现状下，必须有哲人出来辨别黑暗与光明。他知道这样做的代价，然而“忤众非所忌”，哪怕“坷坎终其生”。陈独秀仍寄望于少年的个人自觉，希望他们“毋轻涓涓水，积之江河盈；亦有星星火，燎原势竟成”。④

---

① 陈独秀：《答〈抗战〉周刊记者问》（1937 年 10 月），见《陈独秀著作选编》，第 5 卷，192 页。

② 陈独秀：《准备战败后的对日抗战》（1938 年 1 月），见《陈独秀著作选编》，第 5 卷，223 页。

③ 陈独秀：《我们断然有救》（1938 年 6 月），见《陈独秀著作选编》，第 5 卷，249～250 页。

④ 陈独秀：《告少年》（1939 年 12 月），见《陈独秀著作选编》，第 5 卷，334～335 页。

那句“忤众非所忌，坷坎终其生”，既是言志，也是实述。鲁迅曾说，真的知识阶级，“对于社会永不会满意的，所感受的永远是痛苦，所看到的永远是缺点”，并“预备着将来的牺牲”。① 陈独秀一生的不够“成功”，很大程度上正因为他坚持扮演战斗不息的哲人角色，时时都在“忤众”。所以胡适说他是“终身的反对派”，他也乐于接受，仅指出这是“事实迫我不得不如此”。的确，为了坚持“探讨真理之总态度”，他“见得孔教道理有不对处，便反对孔教；见得第三国际道理不对处，便反对它”。一切“迷信与成见”，均不放过。② 他的目的，是“要为中国大多数人说话，不愿意为任何党派所拘束”。③

晚年的陈独秀，已被共产党开除，又不可能认同逮捕他的国民党，还不得不配合政府和两党抗日，处境的确艰难。但他坚持表态说：“我决计不顾忌偏左偏右，绝对力求偏颇，绝对厌弃中庸之道，绝对不说人云亦云豆腐白菜不痛不痒的话。我愿意说极正确的话，也愿意说极错误的话，绝对不愿说不错又不对的话。”一言以蔽之，“我只注重我自己独立的思想，不迁就任何人的意见”。他更顽强地说：“我已不隶属任何党派，不受任何人的命令指使，自作主张，自负责任。将来谁是朋友，现在完全不知道。我绝对不怕孤立。”④

实际上，很少有人真能“不怕孤立”。英雄也有落寞寂寥之感。在他弃世的前一年，听说一些后辈友人在屈原祭日饮酒大醉，陈独秀赋

---

① 鲁迅：《关于知识阶级》（1927 年 10 月），见《鲁迅全集》，第八卷，191 页。

② 陈独秀：《致 S 和 H 的信》（1941 年 1 月 19 日），见《陈独秀著作选编》，第 5 卷，367 页。

③ 陈独秀：《致〈新华日报〉》（1938 年 3 月 17 日），见《陈独秀著作选编》，第 5 卷，241 页。

④ 陈独秀：《给陈其昌等人的信》（1937 年 11 月 21 日），见《陈独秀著作选编》，第 5 卷，216～217 页。按陈独秀的厌弃“中庸之道”是一贯的，他在 1915 年的《敬告青年》一文中，即曾劝告青年，要“利刃断铁，快刀理麻，决不作迁就依违之想”（《陈独秀著作选编》，第 1 卷，159 页）。

诗赠友，起首便言“除却文章无嗜好，世无朋友更凄凉”。① 那是中国很不如意的时候，大家心情都未必轻松。而别人还能相聚饮酒，他却僻处乡间陋室，孤身面对老病。已过耳顺之年的陈独秀，或渐趋于从心所欲，终于撇下了“超我”的面具，不再像鲁迅看到的那样虚张声势，而是回向“本我”，在后辈面前实话实说。

他仍然不曾“屈服”，却也不复倔傲，坦承无友的凄凉。然而，能说凄凉者，就未必多凄凉。面具既除，轻松旋至。寂寞之中，透出几分淡定，减去多少挂怀。更关键的是，陈独秀不再以奔走政治自期，而是回归了文章士的行列。这一回归的重要在于，他一生事业的所谓失败，也都随“政治”而去。在“文章”这一领域里，他永远是成功者，也始终不乏追随者。

这是否即陈独秀最后的自定位，我不敢说。与他有过接触的人中，大都不甚承认他事功方面的作为，却推崇他在思想方面的贡献。最典型的，是昔日政敌吴稚晖在挽联中说他“思想极高明”而“政治大失败”。② 傅斯年或许是陈氏真正的解人，他不仅确认陈独秀为“中国革命史上光焰万丈的大彗星”，更看到了其不迁就任何人而“只注重我自己独立的思想”的特质——陈独秀未必如胡适所说是“终身的反对派”，其实“他永远是他自己”!③

原刊《四川大学学报》2010 年 5 期

---

① 陈独秀：《闻屈原祭日友人聚饮大醉寄建功》（1941 年 7 月），见《陈独秀著作选编》，第 5 卷，370 页。汪原放所录存的后句为“世无朋友实凄凉”，有一字不同，见其《回忆亚东图书馆》，200 页。台静农所藏陈独秀手书的《闻光午之瑜静农建功诸君于屈原祭日聚饮大醉作此寄之》，后句也作“世无朋友更凄凉”。见《台静农先生珍藏书札（一）》，312 页，台北，“中研院”文哲所，1996。

② 吴敬恒：《挽陈仲甫先生》，载《新民报晚刊》（重庆），1942 年 6 月 8 日，2 版。

③ 按傅先生和陈独秀一样，认为“革命不单是一种政治改变，而是一切政治的、思想的、社会的、文艺的相互改革”。参见傅斯年：《陈独秀案》，载《独立评论》，第 24 号，2、7 页。另一方面，像陈独秀这样在“政治”与“文章”之间徘徊、离异和回归，他不能没有改变。问题是他究竟改变了多少？什么是他维持不变的本色？这些问题，或许还可以进一步探讨。

文学革命的社会功能与社会反响

关于新文化运动时期的文学革命，学界已有的研究不可谓不多，但以当事人胡适晚年的看法，文学革命“这一运动时常被人误解了”。周作人则更早就指出：对民国初年的文学革命，“世上许多褒贬都不免有点误解”。① 他们所说的误解，到今天仍不同程度地存在。一般对文学革命的成功一面，似乎都有偏高的评估。②

胡适早年曾说：文学革命“之所以当得起‘革命’二字，正因为这是一种有意的主张，是一种人力的促进。《新青年》的贡献，只在他在那缓步徐行的文学演进的历程上，猛力加上了一鞭。这一鞭就把人们的眼珠子打出火来了。从前他们可以不睬《水浒传》，可以不睬《红楼梦》，现在他们可不能不睬《新青年》了。”③ 这更多是从立说者一面看问题。在接收者的一面，立说者的鞭子打得再猛，他们也不见得就要理睬。为什么胡适、陈独秀一提倡，举国就能和之？

陈独秀在当时的解释是：“中国近来产业发达、人口集中，白话文完全是应这个需要而发生而存在的。适之等若在三十年前提倡白话文，只需章行严一篇文章便驳得烟消灰灭。”④ 这一说法是否正确且不论，但至少提示了一个从接收者一面考察以认识文学革命的重要路径。

---

① 唐德刚译注：《胡适口述自传》，137 页；周作人：《看云集·论八股文》，82 页，长沙，岳麓书社，1988。

② 参见罗志田：《林纾的认同危机与民初的新旧之争》，载《历史研究》，1995 年 5 期。

③ 胡适：《白话文学史》，上卷，7 页，上海，新月书店，1928。

④ 陈独秀：《答适之》（1923 年 12 月），见《陈独秀著作选编》，第 3 卷。

《新青年》已使人“不能不睬”这个历史事实，提示着世风的明显转移。而世风的转移，又与清季废除科举以后的社会变化，特别是读书人上升性社会变动的大调整有关。这一社会变动与思想发展的互动关系，是理解文学革命和新文化运动的一个重要途径。反之，对文学革命这一层面的了解，也能增进我们对近代中国社会变动与思想发展互动关系的认识。全面考察文学革命的社会功能与社会反响，非一篇短文所能为，在此仅试从思想史的社会视角入手，对当时的立说者和接收者进行简单考察分析，希望能对这一运动有深入一步的理解。

一、引言：《新青年》的沟通作用

文学革命在立说者这一面，正如胡适后来总结的，就是要把“大众所酷好的小说，升高到它们在中国活文学史上应有的地位”。① 用余师英时的话说，就是要“把通俗文化提升到和上层文化同等的地位上来”。② 而在接收者一面，小说的地位升高，看小说的“大众”（大众中的多数人，那时恐怕不看小说）的地位当然也跟着升高。文学革命无疑给看新小说的边缘读书人提供了方向和出路。当他们从茫然走向自觉时，也必定要想发挥更大更主动的作用。而立说接受双方的共同点，是表达或适应了近代以来边缘向中心挑战的大趋势。

余英时师已注意到，文学革命以至新文化运动的迅速成功，与胡适和陈独秀这两个安徽老白话作家的配合是分不开的。盖“胡适对中西学术思想的大关键处，所见较陈独秀为亲切”；而陈则“观察力敏锐，很快地便把捉到了中国现代化的重点所在”，故能提出“民主”与“科学”的口号。两人在态度的激进与稳重上，也颇能互补。胡适原本预想白话文运动“总得有二十五至三十年的长期斗争”才能成功，所以态度平和，在发表其主张时，不说文学革命而说是什么“文学改良刍议”；而陈独秀则有“必不容反对者有讨论之余地”的气概。胡适自

---

① 唐德刚译注：《胡适口述自传》，229 页。

② 参见余英时：《中国近代思想史上的胡适》，见胡颂平编：《胡适之先生年谱长编初稿》第 1 册，24 页，台北，联经出版事业公司，1990，修订版。

己也说：若没有陈氏这种精神，“文学革命的运动决不能引起那样大的注意”。① 两人的协作，真是文学革命的天作之合。

从思想史的社会视角去考察立说者与接收者的关系，胡陈合作的意义尚不止此，更意味着留美学生与国内思想言说（discourse）的衔接。民初的中国，不仅存在知识菁英与一般平民疏离的现象，还有自晚清以来西洋留学生与国内思想言说的疏离。梁启超在《清代学术概论》中说：“晚清西洋思想之运动，最大不幸者一事焉，盖西洋留学生殆全体未尝参加于此运动；运动之原动力及其中坚，乃在不通西洋语言文字之人。”由此生出种种弊端，“故运动垂二十年，卒不能得一坚实之基础，旋起旋落，为社会所轻”。从这一点看，过去的西洋留学生，“深有负于国家也”。②

胡适其实早就认识到梁所指出的弊病。他知道，要“输入新知识，为祖国造一新文明，非多著书多译书多出报不可”。但留美学生中许多人“国学无根底，不能著译书”。在胡适看来，这就是中国“晚近思想革命、政治革命，其主动力多出于东洋留学生”的根本原因。东洋留学生的学问并不见得高于西洋留学生，就西学言肯定还要差许多，但东洋留学生都能“著书立说”，所以有影响；而不能“著书立说”的西洋留学生，在中国这些思想政治运动中，就只能“寂然无闻”了。③

梁启超所说，当然更多是晚清的现象。入民国后，西洋留学生对推广西学的参与，显然比前增多。问题在于，像胡适这样有意想要参与的西洋留学生，也常觉参与无由。他曾深有感慨地指出：“美留学界之大病，在于无有国文杂志，不能出所学以饷国人。”④ 其实杂志不是完全没有，但印数少而流传不广。胡适与朋友们的讨论，即使发表在

---

① 余英时：《中国近代思想史上的胡适》，13～14页；《胡适口述自传》，149、164页。

② 梁启超：《清代学术概论》，朱维铮校订，98页，上海，上海古籍出版社，1998。

③ 胡适：《非留学篇》（1914年），见周质平主编：《胡适早年文存》，356～363页，台北，远流出版公司，1995。

④ 《胡适日记全编》（以下简作《胡适日记》），1914年6月29日，第1册，307页。

《留美学生月报》(*Chinese Students' Monthly*)上，也只有留学生自己看。

这样，就算有参与的愿望和行动，也多是自说自话，不仅不能像黄远庸所说的“与一般之人生出交涉”①，就是与国内的知识菁英，也没有多少沟通。从这个角度言，陈独秀办的《新青年》，无意中起到了使胡适和其他学生“能出所学以饷国人”的作用，从而改变了留美学生自说自话的状态，从此留美学生就成了中国思想言说中的一支生力军。新文化运动时胡陈合作的一个重要社会意义，正在于此。

胡适的《文学改良刍议》就是在《新青年》上发表后颇得“轰动效应”，于是一举成名。对国内的人来说，文学革命的口号应是陈独秀提出的，但陈既然将胡适许为文学革命“首举义旗之急先锋”，许多人也认同这一观念。在胡适归国前，南社的柳亚子在给杨杏佛的信中，已说胡适“创文学革命”。② 这个认知出自不太喜欢胡适的人，可知他在国内已是声名远播了。但胡适同时一稿两投，也将文章刊登在《留美学生季报》上，却几乎无人理睬。这最能说明接收一面对文学革命兴衰的重要。

当然，西洋留学生与国内思想言说的疏离并未完全弥合。到1926年，留美学者汤茂如仍在说：“中国的学者有一种共同的遗憾，就是没有机会发表他们的所有。不识字的人，自然没有资格听他们的言论；即一般所谓智识阶级，亦不能完全明白领会。”其原因，就在“民众的知识程度太低”。结果，“学者自为学者，很难与社会交换意见”。③

这里区别于“一般智识阶级”的“中国学者”，实即留学生，那种疏离感仍清晰可见。而更重要的，仍是西化知识菁英与“没有资格”作听众的老百姓之间的疏离。这对非常认同“与一般人生出交涉”这

① 黄远庸：《释言（致甲寅杂志记者）》，载《甲寅》，1卷10号（1915年10月），2页（通讯栏页）。

② 《胡适日记》，1917年6月所附“归国记”，第2册，612页。

③ 汤茂如：《平民教育运动之使命》，载《晨报副刊》，1927年1月25日，10～11页。

一取向，并将其视为“中国文学革命的预言”① 的新文化诸贤来说，不能不说是一个诡论性的结局。其原因，恰蕴含在文学革命自身之中。

二、“我们”与“他们”的困扰

近代士人讲开通民智，以白话文来教育大众，早已不断有人在提倡，陈独秀和胡适都曾身与清末的白话文活动。但是，晚清和民初两次白话文运动，也有很大的区别。胡适说，前者的最大缺点是把社会分作两部分：“一边是应该用白话的‘他们’，一边是应该做古文古诗的‘我们’。我们不妨仍旧吃肉，但他们下等社会不配吃肉，只好抛块骨头给他们去吃罢。”②

以前的人提倡白话，是为引车卖浆者流说法，是要去“启”别人的“蒙”。启蒙者自身，既然不“蒙”，自然可不用白话。所以一般的士大夫，完全可以置之不理。③ 今胡适所倡导的白话，是为士大夫自身说法，是要“启蒙”者先启自己的“蒙”，这就与以前有根本的区别了。可以作古文的士大夫自己，包括部分留学生，当然不会赞成，后者尤其反对得非常厉害。正因为如此，胡适的白话文主张在美国留学生圈内才几乎完全得不到支持。后来文学革命以及新文化运动最有力的反对者，即是留学生唱主角的《学衡》派。

余师英时以为，胡适答案中关于“我们”和“他们”的分别，“恐怕也包括了他自己早年的心理经验”。但胡适“在美国受了七年的民主洗礼之后，至少在理智的层面上已改变了‘我们’士大夫轻视‘他们’

---

① 胡适：《五十年来之中国文学》（1922），见《胡适全集》（2），309～310页，合肥，安徽教育出版社，2003。

② 胡适：《五十年来之中国文学》，见《胡适全集》（2），329页。

③ 那被“启”的“蒙者”一边，自己是否承认被“蒙”，或其承认的“蒙”是怎样一种“蒙”（很可能只承认不识字而被“蒙”，却并非缺少新知识那种“蒙”），及其是否想要或愿意其“蒙”被“启”，恐怕都是要打个很大的问号的。但这个问题不是这里所能说清楚的。关于中国读书人在清末“启蒙”方面的努力，可参见李孝悌：《清末的下层社会启蒙运动》，台北，“中研院”近史所，1992。

老百姓的传统心理”。① 余先生这里强调的“理智的层面”是一个关键。在意识层面，胡适的确想要借“国语的文学”这一建设性的革命达到整合“他们”与“我们”而融铸中国之“全国人民”的目的；但其潜意识仍不脱“我们”的士大夫意识，他要为“国人导师”的自定位决定了他最多不过做到变轻视“他们”为重视“他们”（没有做到当然不等于不想做到）。

实际上，胡适不过是依其认知中的“一般人”的标准（实即他自定的标准）来做出判断，他那以白话文学为活文学的主张，在相当长的时间里并未得到真正老百姓的认可。最接近“引车卖浆者流”的读者，反而在相当时期内并不十分欣赏白话文学作品（详后）。

就连新文化人中的周作人，对胡适的“活文学观”也颇有保留，并从影射攻击发展到点名批评。② 胡适的《国语文学史》出版后，周作人在 1925 年说：“近年来国语文学的呼声很是热闹，就是国语文学史也曾见过两册，但国语文学到底是怎么一回事，我终于没有能够明了。”因为“国语普通又多当做白话解”，所以，“凡非白话文即非国语文学。然而一方面界限仍不能划得这样严整，照寻常说法应该算是文言文的东西里边也不少好文章，有点舍不得，于是硬把他拉过来，说他本来是白话。这样一来，国语文学的界限实在弄得有点糊涂，令我觉得莫名其妙”。这里语气不像周氏通常文章那么平和，显然是在攻击胡适。周作人自己说他洗手不谈文学已两年，写这篇文章是“不得已攘臂下车”，信非虚言。③

周氏更进而论证说：“古文作品中之缺少很有价值的东西，已是一件不可动移的事实。其理由可以有种种不同的说法，但我相信这未必是由于古文是死的，是贵族的文学。”实际上，“古文所用的字十之八

① 余英时：《中国近代思想史上的胡适》，26～27 页。

② 周作人对胡适白话文学主张的批驳，当然不完全是就文学主张而论，大约与新文化人中“英美派”与“留日派”的内斗，具体说就是周氏兄弟和陈源的争战相关。此事已为多人讨论，此不赘。

③ 本段及下两段，参见周作人：《艺术与生活·国语文学谈》，121～128 页，上海，中华书局，1936。

九是很普通，在白话中也是常用的字面。你说他死，他实在还是活着的……或者有人说所谓死的就是那形式——文体，但是同一形式的东西也不是没有好的；有些东西很为大家所爱，这样舍不得地爱，至于硬说他是古白话，收入（狭义的）国语文学史里去了。那么这种文体也似乎还有一口气。”这虽未点名，已明确是专门针对胡适而言了。

在文章最后，周作人用一句话“警告做白话文的朋友们”，要大家“紧防模拟”。并进一步点出了攻击胡适的主题。他说：“白话文的生命是在独创，并不在他是活的或平民的。一传染上模拟病，也就没了他的命了。模仿杜子美或模仿胡适之，模仿柳子厚或模仿徐志摩，都是一样的毛病。”① 的确是“攘臂下车”了。到 1932 年，周作人在其系列演讲《中国新文学的源流》中，仍就以上诸点正式提出不同意胡适的看法，语气反较平和；盖那时已事过境迁，与胡适的关系也改善了。②

但是，作为新文化运动主要人物之一，周作人也面临与胡适相同的“我们”与“他们”问题。在有意的层面，他也像胡适一样强调新文化人与清季人的区别，故指出：清季的“白话运动是主张知识阶级仍用古文，专以白话供给不懂古文的民众；现在的国语运动却主张国民全体都用国语”。在下意识中，周作人自己也仍有明显的“我们”与“他们”之分。他说：对于国语，一方面要“尽量的使他化为高深复杂，足以表现一切高上精微的感情与思想，作为艺术学问的工具；一方面再依这个标准去教育，使最大多数的国民能够理解及运用这国语”。这意思，也就是先由“我们”来提高，再普及给“他们”。③

普及与提高孰先孰后，是文学革命发展到更具建设性的国语运动后越来越受到注意的问题。主要的趋势显然是先要普及。周作人在

---

① 这里说到徐志摩，提示了周作人不满的出处，显然是在继续与所谓“东吉祥胡同”诸人战。不过胡、徐二位恰都是“英美派”中与他关系较佳者，所以也的确是有点“不得已”。

② 周作人：《中国新文学的源流》，18、55～56 页，长沙，岳麓书社，1989。

③ 本段及以下两段，参见周作人：《艺术与生活·国语改造的意见》，107～115 页。

1922年观察到：那时已有人认为民初的白话文仍“过于高深复杂”。他认为，国语运动中这种专重普及的趋势看上去似乎更大众化，其实正体现了清季白话运动由菁英面向大众这一取向的遗绪。那种“准了现在大多数的民众智识的程度去定国语的形式的内容”的态度，恰是仍在分“我们”与“他们”的心态，以为国语也不过是“供给民众以浅近的教训与知识”。用一句大陆二三十年前通行的话说，这很有些“形左实右”的味道。

周氏提出，国语更主要是作为“建设文化之用，当然非求完备不可”。而民初白话文的缺点，正“在于还未完善，还欠高深复杂”。要建设，就要改造，而改造的主要方向仍是提高。他说：“我们决不看轻民间的语言，以为粗俗，但是言词贫弱，组织简单，不能叙复杂的事情，抒微妙的情思，这是无可讳言的。”因此，“民间的俗语，正如明清小说的白话一样，是现代国语的资料，是其分子而非全体。现代国语须是合古今中外的分子融合而成的一种中国语”，除民间现代语外，还要“采纳古代的以及外国的分子”。

到1925年，周作人的心态仍徘徊于既想要不分而实则仍在分“我们”与“他们”之间。他说：“我相信古文与白话文都是汉文的一种文章语，他们的差异大部分是文体的，文字与文法只是小部分。中国现在还有好些人以为纯用老百姓的白话可以作文，我不敢附和。我想一国里当然只应有一种国语，但可以也是应当有两种语体，一是口语，一是文章语。口语是普通说话用的，为一般人民所共喻。文章语是写文章用的，须得有相当教养的人才能了解；这当然全以口语为基本，但是用字更丰富，组织更精密，使其适于表现复杂的思想感情之用。这在一般的日用口语，是不胜任的。”不过，周氏强调，文章语要“长保其生命的活力”，其“根本的结构是跟着口语的发展而定”的。①

观此可知，胡适、周作人那辈新文化人，一方面非常认同于“与一般人生出交涉”的观点（这里仍有我们与他们的区别），一方面又要保留裁定什么是“活文学”或“国语文学”这个裁判的社会角色。关

---

① 周作人：《艺术与生活·国语文学谈》，123～124页。

键是，一旦“与一般人生出交涉”成为宗旨，什么是活文学便不是胡适等所能凭一己之爱好而定，而实应由“一般人”来定。换言之，面向大众成了目标之后，听众而不是知识菁英就成了裁判。在胡适等人的内心深处，大约并未将此裁判的社会角色让出。胡适关于历代活文学即新的文学形式总是先由老百姓变，然后由士人来加以改造确认，即是保留裁判角色的典型表述。

这就造成了文学革命诸人难以自拔的困境：既要面向大众，又不想追随大众，更要指导大众。梅光迪、任鸿隽、林纾都在不同程度上意识到了这一点。梅氏以为，如用白话，“则村农伧父皆是诗人”。任鸿隽有同感，他在给胡适的信中说，“假定足下之文学革命成功，将令吾国作诗者皆京调高腔”。① 而林纾则对“凡京津之稗贩，均可用为教授”这种潜在可能性深以为戒。②

在这一点上，“旧派”比“新派”更具自我完善性。传统的士大夫的社会角色本来就是一身而兼楷模与裁判的，分配给大众的社会角色是追随；追随得是否对，仍由士大夫裁定。双方的区分简明，功能清晰。但对民初的知识人——特别是有意面向大众的知识人——来说，事情就不那么简单了。所有这些士大夫的功能，现代知识人似乎都不准备放弃；但他们同时却又以面向大众为宗旨。这里面多少有些矛盾。关键在于大众如果真的“觉醒”，自己要当裁判时，知识人怎样因应。假如稗贩不再是“可用为教授”，而竟然“思出其位”，主动就要作教授，那又怎么办？林纾已虑及此，新文化人却还没来得及思考这一问题。

整个“五四”新文化运动期间及以后相当长一段时间里，这是努力面向大众的知识菁英所面临的一个基本问题，也是新文化人中一个看上去比较统一而实则歧异甚多的问题。鲁迅似比一般新文化人要深刻，他已认识到“民众要看皇帝何在，太妃安否”，向他们讲什么现代

---

① 《胡适日记》，1916 年 7 月 22 日、30 日，第 2 册，440、450 页。

② 林纾：《致蔡元培函》，见高平叔编：《蔡元培全集》（3），274 页，北京，中华书局，1984。

常识，“岂非悖谬”?① 正如汤茂如在 1926 年所说：“梁启超是一个学者，梅兰芳不过是一个戏子。然而梁启超所到的地方，只能受极少数的知识阶级的欢迎；梅兰芳所到的地方，却能受社会上一般人的欢迎。”所以鲁迅干脆主张“从智识阶级一面先行设法，民众俟将来再说”。②

这里还有着更深层的因素——“文学”本是一个近代才引进的新概念，那时正发生着双重的改变。如朱维之所说：“从前的小说与戏剧，不过是消闲品或娱乐品；而今却于娱乐中发扬时代的精神，以艺术为发挥思想与感情的工具，且批评人生、指导人生的工具。其使命之重大，和从前相去更不可以道里计了。”进而言之，“从前的文字是贵族的，是知识阶级的专有物，平民不能顾问”。现在刚好反过来，大家“不重视贵族文学，而重视平民文学了”。③

中国传统最重读书，对读书识字的推崇，几乎已到半神话的“敬惜字纸”程度：凡有字之纸皆具象征性的神圣地位，不能随便遗弃，须送到专门的容器中焚烧，而不是作为“资源”回收。今日已不多见的“字纸篓”，在民初是个与“故纸堆”相关联的概念，常用来指谓“落伍”④；其实也是“敬惜字纸”传统的延续，即“字纸”必须与其他废弃物有所区分。这样对文字的推崇，透露出对学问（或今人爱说的知识）的特别尊重。高本汉（Bernhard Karlgren）对此深有体会，他说，中国人“对文字特别的敬爱”，是“西洋人所不能理会的”。这是因为，“西洋文字是由古代远方的异族借得来的”，而“中国文字是

① 鲁迅：《致徐炳昶》（1925 年 3 月 29 日），见《鲁迅全集》，第三卷，24～25 页。

② 汤茂如：《平民教育运动之使命》，载《晨报副刊》，1927 年 1 月 25 日，10～11 页。

③ 朱维之：《最近中国文学之变迁》，载《青年进步》，117 期（1928 年 11 月），36 页。

④ 如许德珩就曾主张“把旧时读死书的书呆子从字纸篓里拖出来，放到民族自救的熔炉里去”。许德珩：《“五四运动”的回忆与感念》，载《世界学生》，1 卷5 期（1942 年 5 月），9～10 页。

真正的一种中国精神创造力的产品”。①

在这样的文化传统里，当文学是文字之学甚至“经国之大业、不朽之盛事”（曹丕语）的时候，它既是“载道”的工具，也常常是读书人身心的寄托。到近代成为 literature 意义的“文学”时，其社会地位已大不相同了。以前广义的文学还可能是贵族的，同时也可以具有某种指导性的功能；当文学从广义变为近代西方那种狭义时，排除了贵族性，也扬弃了曾经的指导功能。

问题是，在文学从广义变为狭义的同时，它的功能却又在发生根本的质变。小说、戏曲一类狭义的文学，乃是过去上层读书人不齿，或虽参与（包括创作和欣赏）却不标榜的内容；如今其功能又从消遣上升到指导，转变不可谓不大。而这类“文学”的作者和读者，又都在发生类似的从“贵族”到“平民”的转变。且此转变不仅限于“文学”层面，也表现在思想和社会层面。

胡适曾自称他的新诗像一个缠过脚又放大的妇人②，后来也多次引用这一比喻。则其对自己的文学定位，似乎也有所自觉（虽不一定方位准确）。他在推动文学“革命”的同时，潜意识中确实暗存传统的菁英观念。朱维之就注意到，胡适在其《五十年来中国之文学》中，把严复、林纾、谭嗣同、梁启超、章太炎、章士钊等人的文章作为“近二十年来文学史上的中心”。其实“他所说的文学，不过是‘文章’而已”，并不是“近十年来一般青年的文学观念”。③

这里“文学观念”的不同，正隐含甚至明示着代际的差别。胡适比喻中的那些“天足”女子，其实已是另一代人。很多白话文的作者，从思想到社会的认同，都更接近“平民”，并有自己的“文学观念”。他们一面追随着“贵族”，一面又对其“指导”心存疑虑。其结果，就

---

① 高本汉：《中国语与中国文》，张世禄译，84 页，上海，商务印书馆，1933。

② 胡适：《尝试集·四版自序》（1922 年 3 月），见《胡适全集》（10），43～44 页。

③ 朱维之：《十年来之中国文学》，载《青年进步》，100 期（1927 年 2 月），209 页。

像梁启超当年所说的“新民”——“新民云者，非新者一人，而新之者又一人也，则在吾民之各自新而已”。① 既不很愿意接受“贵族”的“指导”，便只能自己指导自己，在游泳中学习游泳。

转变中的文学，又遇到了革命，其多重的尴尬，还不止此。所谓的新“文学观念”，正像胡适等提倡“国语”，本受到外在的影响。胡适主张“国语的文学，文学的国语”，其思想资源正是欧洲文艺复兴以国语促民族国家的建立的先例。② 但他在具体的论证中，明显是重“白话”而轻“文言”。朱经农看出了其间的紧张，以为“‘文学的国语’，对于‘文言’、‘白话’，应该并采兼收而不偏废”。其重要之点，“并非‘白话’，亦非‘文言’；须吸收文字之精华，弃却白话的糟粕，另成一种‘雅俗共赏’的‘活文学’”。③

当年意大利的方言，针对着大一统的拉丁文；而中国的“白话”和“文言”，却皆是本土的。朱经农看出胡适因新旧之争而无意中带有些“去国”的意味，故强调应把“国”置于新旧之上。当“过去是外国”时，学文言略近于学外文。这“外文”确有非我（非当下之我）的一面，也承载着某种超越特性。且其“非我”仅体现在时间上，那异己程度远非真正的外文可比。这样，以前中国人的教育，类似于从小学外文，又借助这超越的文字，克服空间和时间之方言的隔阂。如高本汉所说：在中国“这个大国里，各处地方都能彼此结合，是由于中国的文言，一种书写上的世界语，做了维系的工具”。中国历代“能保存政治上的统一，大部分也不得不归功于这种文言的统一势力”。④

在士为四民之首时，读书人本是社会的榜样，于是通过能够运用此“超越文字”的群体，形成思想和社会的重心，以凝聚整个的民族。近代民族主义学理传入，基本在读书人中讨论，因早有书面文字的一

① 梁启超：《新民说》，见《饮冰室合集·专集之四》，3页。

② 胡适：《建设的文学革命论——国语的文学，文学的国语》（1918年4月），见《胡适全集》（1），52～68页。

③ 朱经农致胡适（1918年6月），收入《答朱经农》，见《胡适全集》（1），80页。

④ 高本汉：《中国语与中国文》，49～50页。

统，中国不像欧洲那样特别需要一个独立的口语。但当一部分士人想要跨出传统论域而诉诸菁英以外的追随者时，白话和国语（统一的口语）的重要性随之而增；而白话和国语的兴起，又进一步使民族主义走向下层。然从更具体的层面细看，更本土的“国语”，功效反而不如带有欧化色彩的“白话”。因前者面向大众，而后者更多针对边缘知识青年。那时颇具理想主义且真想做点什么的，是边缘知青而不是大众。换言之，新文化人想要生出交涉的“一般人”，并非一个整体。

过去研究文学革命，虽然都指出其各种不足，但一般尚承认其在推广白话文即在试图“与一般人生出交涉”方面的努力和成功。其实恰恰在这一点上，文学革命只取得了部分的成功。胡适晚年自称：“在短短的数年之内，那些［白话］长短篇小说已经被正式接受了。”① 实际上，最接近“引车卖浆者流”的读者反而在相当时期内并不十分欣赏白话文学作品，张恨水就同样用“古文”写小说而能在新文化运动之后广泛流行，而且张氏写的恰是面向下层的通俗小说。这很能说明文学革命在白话方面的“成功”其实还应做进一步的分析。

从销售的数量言，20 世纪二三十年代文言小说恐怕不在白话小说之下。美国学者林培瑞已做了很大努力去证实读文言小说的那些人，就是以上海为中心的“鸳鸯蝴蝶派”早已生出交涉的“一般人”。② 不过，文言小说在相当时期里的风行虽然可用统计数字证明，文学革命许多人自己的确没有认识到，恐怕也不会承认，他们在“与一般人生出交涉”方面竟然成功有限。很简单，他们自己的文学作品也确实很能卖，同样是不断地再版。这就提出一个新的问题，文学革命者们到底与什么样的“一般人”生出了交涉呢？或者说，究竟是谁在读文学革命者的作品呢？

---

① 唐德刚译注：《胡适口述自传》，164 页。

② Perry Link, *Mandarin Ducks and Butterflies: Popular Urban Fiction in Early Twentieth-Century China*, Berkeley and Los Angeles, 1980.

三、新文学作品的实际读者

后来的事实表明，在相当长的一段时间里，接受白话小说者只是特定的一部分人。他们中许多是从林译文言小说的读者群中转过来的，有的更成了后来的作者（如巴金）。另一些大约也基本是向往新潮流或走向“上层社会”的知识青年，如鲁迅所曾见的以带着体温的铜元来买新小说的学生。①

新文学作品的实际读者群，就是处于大众与菁英之间的边缘读书人，主要是年轻人。前引陈独秀所说“中国近来产业发达，人口集中，白话文完全是应这个需要而发生而存在的”一段话，余师英时已用来对新文化运动的社会基础进行了简明的考察分析。② 若仔细观察，陈独秀所说白话文的社会背景，实际上就是指谓那些向往变成菁英的城镇边缘知识青年。③ 以白话文运动为核心的文学革命，无疑适应了这些介于上层读书人和不识字者之间、但又想上升到菁英层次的边缘读书人的需要。

像孔子一样，胡适希望能够向学的人都有走进上等社会的机会，所以他特别注重教育与社会需求的关联。他刚从美国回来时就注意到：“如今中学堂毕业的人才，高又高不得，低又低不得，竟成了一种无能的游民。这都由于学校里所教的功课，和社会上的需要毫无关涉。”④ 且不管胡适所说的原因是否对，他的确抓住了城市社会对此类中学生的需要有限这个关键。而高低都不合适，正是边缘知识人两难窘境的鲜明写照。

自己也从基层奋斗到上层的胡适，非常理解那种希望得到社会承

---

① 鲁迅：《写在〈坟〉后面》（1926年），见《鲁迅全集》（1），285页。

② 余英时：《中国近代思想史上的胡适》，25页。

③ 关于边缘读书人社群及其与新文化运动的关系，参见罗志田：《近代中国社会权势的转移：知识分子的边缘化与边缘知识分子的兴起》，见《权势转移：近代中国的思想与社会（修订版）》，109～153页，北京，北京师范大学出版社，2014。

④ 胡适：《归国杂感》，载《新青年》，4卷1号（1918年1月），26页。

认的心态。他后来说："小孩子学一种文字，是为他们长大时用的；他们若知道社会的'上等人'全瞧不起那种文字，全不用那种文字来著书立说，也不用那种文字来求功名富贵，他们决不肯去学，他们学了就永远走不进'上等'社会了！"①

所以他有意识地"告诉青年朋友们，说他们早已掌握了国语。这国语简单到不用教就可学会的程度"。因为"白话文是有文法的，但是这文法却简单、有理智而合乎逻辑，根本不受一般文法转弯抹角的限制"，完全"可以无师自通"。简言之，"学习白话文就根本不需要什么进学校拜老师的"。实际上，"我们只要有勇气，我们就可以使用它了"。②

这等于就是说，一个人只要会写字并且胆子大，就能作文。这些边缘读书人在穷愁潦倒之际，忽闻有人提倡上流人也要作那白话文，恰是他们有能力与新旧上层菁英在同一起跑线竞争者。一夜之间，不降丝毫自尊就可跃居"上流"，得来全不费工夫，怎么会不欢欣鼓舞而全力支持拥护！到"五四"学生运动后，小报小刊陡增，其作者和读者大致都是这一社会阶层的人。从社会层面看，新报刊也是就业机会，他们实际上是自己给自己创造出了"社会的需要"。白话文运动对这些人有多么要紧，而他们的支持拥护会有多么积极，都可以不言而喻了。

据邓广铭先生回忆，1923—1927年间他在济南的山东第一师范念书时，参加了"书报介绍社"。该团体"主要是售书，但出售的都是新文化方面的书，如北边的新潮社、北新书局、未名社，南方的创造社、光华书局出的书，我们都卖。我自己每天或隔一天利用业余时间在校门口卖书两点钟"。这就是"新文学"的读者群。邓先生自己因此"对北大特别崇拜，特别向往"，最后终于辗转考入北大念书。③ 但这些趋新边缘知识青年中未能考上大学的，当大有人在，他们当然支持白话

① 胡适：《中国新文学大系·建设理论集导言》（1935年9月），见《胡适全集》（12），271页。

② 唐德刚译注：《胡适口述自传》，166、163页。

③ 邓广铭：《我与胡适》，见耿云志主编：《胡适研究丛刊》，第1辑，213页，北京，北京大学出版社，1995。

文运动。

胡适曾指出，外界对文学革命的一个误解，是他本人“发明了一种简单化的中国语”（a simplified Chinese language）。不过这误解其实只在“发明”二字。使中国语言“简单化”，正是文学革命的主要力量之所在。如胡适自己所说：文学革命之所以能很容易取得成功，其“最重要的因素”就是“白话文本身的简捷和易于教授”。①

胡适自己写文章，素来“抱定一个宗旨，做文字必须要叫人懂得”；② 为此而改了又改，就是“要为读者着想”。胡适关怀的不止是我自己是否懂，而且是“要读者跟我的思虑走”。这样努力使自己的文章“明白清楚”的结果是“浅显”，而浅显又适应了边缘知识青年的需要。同时，与一般作者不同，他作文不是“只管自己的思想去写”，而是“处处为读者着想”。③ 这样一心一意从读者角度出发的苦心，在民初思想接收者渐居主动地位时，也给胡适带来了意想不到的正面回馈。

前已引述，胡适曾明确指出，文学革命就是要提高“大众所酷好的小说”的地位；而看小说者的地位，当然也随之升高。如今不仅读者的地位提高，作者的门槛又大幅降低，能写字者几乎人人都可以成为“作家”。这样的主张既然适应了近代社会变动产生出的这一大批边缘知识人的需要，更因为反对支持的两边都热烈参与投入，其能够一呼百应（反对也是应）、不胫而走，就不足为奇了。

但边缘知识人虽常常代大众立言，却并不是“大众”本身。从接收者一面整体看，可以说，原有意面向“引车卖浆者流”的白话小说，只在上层菁英知识人和追随他们的边缘知识青年中流传；而原被认为是为上层菁英分子说法的“文言”，却在更低层但有阅读能力的大众中风行。

这个极具诡论意味的社会现象说明，胡适提出的“白话是活文学

---

① 唐德刚译注：《胡适口述自传》，137、154、166 页。注意胡适所说的“最重要”是数个并列，而不是通常的唯一之“最”。

② 胡适：《四十自述》（1931—1932 年），见《胡适全集》（18），71 页。

③ 胡颂平编：《胡适之先生晚年谈话录》，23、240、66 页，北京，中国友谊出版公司，1993；唐德刚：《胡适杂忆》，70 页。

而文言是死文学”的思想观念，其实不十分站得住脚。孔子说，我欲仁而斯仁至。那些关心“皇帝太妃”也欢迎梅兰芳的“一般人”，因其本不向往新潮流，也就不怎么感受到文学革命的“冲击”，自然也就谈不上什么“反应”了。

这就揭示出，关于文学革命“成功”的认知，从新文化运动的当事人开始，就已有些迷思（myth）的成分。胡适等人在意识的一面虽然想的是大众，在无意识的一面却充满菁英的关怀。文学革命实际是一场菁英气十足的上层革命，故其效应也正在菁英分子和想上升到菁英的知识青年中间。新文化运动领路人在向着“与一般人生出交涉”这个取向发展的同时，已伏下与许多“一般人”疏离的趋向。这个现象在当时或尚隐伏，然其蛛丝马迹也已开始显露了。

原刊《社会科学研究》1996 年 5 期

林纾的认同危机与民初的新旧之争

1919年林纾与蔡元培的笔战，是民国初年新旧之争的一次象征性事件。一般均认为此事是以蔡胜林败为结局的，当然也就是新战胜了旧。这个看法，最多只有一半对。从思想观念的视角看，恐怕应该说是林胜了蔡。这并不是要标新立异，只要细看蔡元培对林纾的驳论，便可见蔡无非是一一力驳北大并不存在林所指控的“错误”，却甚少指出林氏的观念本身有何不妥（详后）。实际上蔡在驳林时，处处皆本林纾所提的观点。此虽是论战中常用的即以其人之道还治其人之身的方法，但争论的一方若基本全用对方的观点，而无自己的立论，等于承认对方的观点基本是正确的。如此，则即使胜了战斗，也是输了战争。

的确，林蔡之争不仅凸显了民初传统的中断与延续并存、新旧杂处而相互纠缠，你中有我、我中有你的复杂关系，以及由此而引起的思想界位置错综、角色倒置的现象，而且提示了民初的社会发展与思想演变的互动关系。我们的思想史和社会史研究，几乎一直是各搞各的，互不越雷池一步。但过去对林蔡之争胜负的认知，显然已说明仅从思想史的角度考察，未必能得此事之全貌。倒是从社会史意义上看，蔡胜了林才确实代表新胜了旧。但恰恰在社会史意义上，蔡要胜林，其实根本不必论战。因为蔡元培的“社会资格”，无论新旧，都非林纾所能比拟。可以说胜负在论争之前就已“确定”了。本文试从思想史的社会层面着手，换个视角考察和诠释林蔡之争，以期能在社会的大框架里为这一思想论争定位，最终希望可以从一个小的侧面增进我们对近代中国的了解。①

林纾之所以在社会学意义上被战败，一个主要原因是他的个人身份有些尴尬。林是前清举人，以功名论，不过小儒一个。后之成名主要靠两端：一是古文作得好，被许多人认为是清季桐城文派的一个殿军；一是大译西人小说，流布甚广。但在新旧不两立的民国初年，这两端本身已非十分和谐。林氏的认同危机，也正隐伏于此。

若论中国小说转向以西方为本位的典范转移（paradigm shift），林氏正是始作俑者。郑振铎在林纾去世的1924年指出，把西洋小说提高到可以与司马迁的《史记》比肩的程度的，正是林纾。小说在中国由士人不屑的“小道”而被提上台面，也是林氏的功劳。以前的文人写小说，都不署真名。林纾虽以古文名世，译小说却肯署原名。概言之，“自他之后，中国文人，才有以小说家自命的”。② 也在同一年，林蔡新旧之争事过已数载，心境已较为平和的新文化运动的主要人物胡适也曾下定语说：“林纾是介绍西洋近世文学的第一人。”③

我们只要看清季民初从梁启超到鲁迅都把小说提到改造国民性之最佳武器的高度，便可以想见林氏的影响有多大。胡适在晚年说起1915年他二十岁时写《康南耳君传》，“我那时还写古文……那时叙事文受了林琴南的影响。林琴南的翻译小说我总看了上百部”。④ 可知胡适自己至少到1915年时还颇受林纾的影响。两年后他主动攻击林氏，多少也有些反戈一击的意味。

不仅如此，比胡适小约十余岁的文学家巴金曾自述他年轻的时候，

---

① 关于思想史的社会研究取向，参看 Robert Darnton, “The Social History of Ideas,” in idem, *The Kiss of Lamourette: Reflections in Cultural History*, New York, 1990, pp. 219-252. 严格按此取向进行研究，应先做大量的基层社会“重建”工作，非一篇小文所能为。本文则主要还是侧重于论战当事人这些精英人物。

② 郑振铎：《林琴南先生》，见钱锺书等：《林纾的翻译》，17页，北京，商务印书馆，1981。

③ 胡适：《中国五十年来之文学》，见《胡适文存二集》，卷二，113页，上海，亚东图书馆，1924。

④ 胡颂平编：《胡适之先生晚年谈话录》，280页，北京，中国友谊出版公司，1993。

一部商务印书馆的《说部丛书》打开了他的眼界："他们好像给我准备了条件，让我张开双臂去迎接新的思想，迎接新的文化运动。"① 这部丛书内就有大量林氏的译作。比巴金又年轻一些的钱锺书也回忆说，林译小说是他十一二岁（1920 年前后）时的"大发现"，它们"带领我进了一个新天地。一个在《水浒》、《西游记》、《聊斋志异》以外另辟的新世界"。②

这些自白极有提示性。从这些成年晚年回忆所使用的词汇看，林译小说所造成的典范转移是非常明显的。进而言之，林纾不但直接帮助培养了胡适等新文化运动那一代人，而且也促成了后来他自己不能认同并要反对的趋新倾向。许多巴金那一代人或者就是在林译小说的影响下认同和投入了新文化运动及其荡漾的余波。这样一种诡论性的现象，或非林纾始料所能及；但也为后来的研究者所基本忽视，却是不应该的。

简言之，从小说与思想学术变迁的层面看，不管他自己和新文化诸人是否承认，林纾可以说是个新人物。其实新文化人又何尝不知道这一点，不过在论争时不愿承认罢了。1924 年林纾去世后，那时已心平气和且也有些"落伍"的胡适才开始给林氏正名，说林是 19 世纪最后几年因外患刺激而立志从事改革事业的"新人物里的一个"。也就是说，"五、六年前的反动领袖在三十年前也曾做过社会改革的事业"。胡适以为，"我们晚一辈的少年人只认得守旧的林琴南而不知道当日的维新党林琴南；只听见林琴南老年反对白话文学，而不知林琴南壮年时曾做很通俗的白话诗，——这算不得公平的舆论。"③

这些话，特别是最后提出的"公平"，新文化人在几年前是不会说的。胡适说此话虽略含自责的意味，但还是不够干脆。他自己看过上百部的林译小说，写叙事文颇受林氏影响这件事，就还要等差不多四十年后才肯说。然而，正因为胡适在说此话时自己也已经有些"落伍"，

---

① 巴金：《怀念二叔》，载《联合报·副刊》，1994 年 7 月 24 日。

② 钱锺书：《林纾的翻译》，22 页。

③ 胡适：《林琴南先生的白话文》，转引自胡颂平：《胡适之先生年谱长编初稿》，第 2 册，579 页。

即疏离于时代思想言说中心，其听众的广泛就远不如当年。结果新文化运动时的“反动领袖”这一身份认同就伴随林纾到如今了。

从一个有志改革的维新党到旧派的发言人，似乎是与清末民初的时代发展相适应的。因为大多数昔日的维新党到新文化运动时期都已“落伍”而成守旧派了。但是，恰恰是在后来林氏公开认同的传统范畴里，一个只有举人功名的小说家是没有资格作士林代表的。两者之间的距离实在太大了。从传统“旧”观念看，小说家者流绝不能进入儒林正宗。胡适在 1923 年说：“小说向来受文士的轻视，但这几十年中也渐渐得着了相当的承认。”① 胡适这里说的“文士”应再加界定，因为纯粹的“文士”本身也是受到儒林正宗轻视的，小说家又等而下之。而所谓渐渐得着了承认，也不过是那几年才开始，绝非几十年间的事。

胡适和鲁迅等人的一大努力，就是要为小说和小说家正名。用胡适的话说，就是要给小说以“现代学术荣誉”，也就是要“认定它们也是一项学术研究的主题，与传统的经学、史学平起平坐”。② 在这一点上，新文化诸人与林纾其实是相互配合的。小说得到社会的重视，与林氏的努力和成就分不开；但得到学界的承认，却是新文化人努力的结果。从这个意义上看，新文化诸人不过是步林氏的后尘而发展之。唯他们在此同时却把以译小说而成名的林纾作为攻击的对象，实是一个耐人寻味的诡论现象。进而言之，也只有在小说已可以与经学等正宗学科争正统之时，小说家才有自信和可能出来代表传统一边立言。林纾能成为文学革命反对派的“领袖”，其实也是文学革命本身促成的。

若仔细考察，小说家林纾在士林地位的上升，正与 20 世纪初年的尊西趋新的大势相关，更与这一大趋势的直接产物京师大学堂即后来的北京大学有直接的关联。实际上，林氏一生事业转折的契机，就是翻译西方的小说。林纾一生事业的高潮，大约是出任京师大学堂的文科负责人。而他初与北大发生关系，恰是靠译书成名，进了附属北大

---

① 胡适：《日本译〈中国五十年来之文学〉序》，见《胡适文存二集》，卷二，213 页。

② 唐德刚译注：《胡适口述自传》，230 页。

的译学馆。林纾后来能由译学馆转任教职，教授国文并终至文科两教习之首，据说是靠了实际主持教学的桐城派大人物姚永概的提携。早年京师大学堂的学生中不乏进士，林竟然能以举人而任“首席教习”，固然因其作文能得桐城义法，但多少也借了破旧立新的光。

中国自从“文苑”与“儒林”分家以来，纯文人不仅死后进不了《儒林传》，生前也多不能为士林正宗的社交圈子所接受，更不可能在与“国子监”略同的京师大学堂里位居正统士人之上。一个只有举人功名且属小说家者流的文人而能居士大夫之上，正是传统已崩坏的典型表征。林氏不仅自身参与了早年的“反传统”，而且是传统崩坏的直接受益者。

民国二年林纾被迫从北大辞职，是因为民国成立后北大文科渐为章太炎的弟子所据。从传统的观念看，太炎一支在学术上是以经学小学这样的正统“儒林”学科为依归，正所谓“根正苗红”，远非那时在“词章、义理、考据”三要素中基本只剩“词章”一枝独秀的桐城派所能比拟。太炎派因为过去身与革命，其入主北大或者借了民国代清这一“鼎革”大变的东风，但其在学术上实比在他们之前控制北大的“文选派”和“桐城派”更加合乎“传统”，在某种程度上可以说是还更“旧”。同时，太炎派在北大因是后来的“争正统”者，又挟革命者的心态和行为准则，对在他们之前的当权派“文选”和“桐城”二派，正有必斗争到底的气概。①

太炎派之所以反桐城派最厉害，既因为桐城派曾一度“当权”，尚有影响，也隐含着“儒林”反击“文苑”的消息。钱玄同说得最明白：八股试帖，已是人人都视为敲门砖，“没有人当他一种学问看待”。至于“桐城派”和“选学家”，则人人“无不视为正当之文章”，已先后

---

① 文选派的情形比桐城派要更复杂。从历史上看，桐城派宗韩柳的散文，是反对文选派的骈文的。而太炎一派最讲究和擅长魏晋文章，与文选派本是“一条战壕里的战友”。太炎在北大的一些弟子如黄侃也要讲《文选》，唯不怎么做四六骈体。故太炎派与文选派之争，大约不仅要争北大的正统，而且要争魏晋文章的正统。若再细看，则或者也隐含着太炎派内部争正统的消息——攻《文选》的钱玄同与讲《文选》的黄侃本不相得。这个问题牵涉太广，只有另文探讨了。

流毒数百年到千余年。钱明确表示，对于它们，绝不能“瞎了眼睛，认他为一种与我异派之文章”，而用平等的方式与之论争，只有用谩骂之法将其骂倒。① 桐城派既然余威尚存，后入主北大者就不得不肃清其影响；虽要与之争斗，却又不能视其为平等，故必出以谩骂。太炎派反桐城派，是革命也更正统的一派与以前当权而又不够正统的一派争夺思想领域（及其重要阵地北大）的控制权的斗争。故林纾的不得不辞职，恰是为传统眼光中更“正统”的学派所迫。

蔡元培入主以前的北京大学，早已是太炎门人的天下。蔡本人治校虽以兼容并包为宗旨，其实也不是完全兼容。就像他在答林纾的信中所说，他的兼容并包就不容纳“达自然淘汰之运命者”。② 蔡是浙江人，曾与章太炎同创光复会；他在北大的一个重要根基其实就是后来为英美留学生所攻击的“某籍某系”，也就是浙江籍的国文系教授；这些人大多留日，是太炎的弟子，未入章门者也多与太炎派有瓜葛。由于上述的原因，太炎派就最不容桐城派。故蔡在北大所聘的旧派教授虽不少，却并不返聘桐城派之人，虽可认为是已将其视为“达自然淘汰之运命”了，其中也有更复杂的内外因素。

同样，主张容忍比自由更难得的胡适也曾说：“任何事我都能容忍，只有愚蠢，我不能容忍。”③ 讲究民主的陈独秀以为，“讨论学理之自由，乃神圣自由也；倘对于毫无学理毫无常识之妄言”，就不能“滥用此神圣自由，致是非不明，真理隐晦”；对付之道，“唯有痛骂之一法”。④

问题在于，什么是“达自然淘汰之运命者”、“愚蠢”和“毫无学理毫无常识之妄言”，并无一个悬在那里的客观标准。也就是说，蔡元培实际上可以不兼容任何他以为是已被自然淘汰者；胡适可以不容忍

---

① 钱玄同：《对“南丰基督教徒悔”来信的答复》，载《新青年》，4卷6号(1918年6月)，627页（卷页）。

② 此处及下面所引林、蔡往来信函及附件，见高平叔编：《蔡元培全集》(3)，267～275页，北京，中华书局，1984。

③ 胡颂平编：《胡适之先生晚年谈话录》，220页。

④ 陈独秀：《对“崇拜王敬轩先生者”来信的答复》，载《新青年》，4卷6号(1918年6月)，628页（卷页）。

所有他认为是愚蠢的事物；而陈独秀也可以痛骂一切他认为是毫无学理毫无常识之妄言。蔡、胡、陈等人与太炎派诸人一样，都受过辛亥革命（含辛亥前的革命活动）的洗礼。在心态和行为准则上，或多或少都有些“革命气味”。用胡适自己的话说，就是带着“正义的火气”。由于“认定自己的主张是绝对的是，而一切与我不同的见解都是错的”，则“不容忍”和“摧残异己”都是合乎逻辑的结果。①

故这一次的新旧之争，在某种程度上也是辛亥革命前后争夺对北大的控制以致全国的思想领导权这一大斗争的反映，及其进一步的发展。在此斗争之中，最“新”的新文化派和最“旧”的章太炎派之一部奇特地扭合在一起，而把他们结合起来的“因缘”大约就包括都曾因为传统崩坏而出现的思想界空白时四出取经、共同的对手以及都受过辛亥革命的洗礼等。这正是连接辛亥革命和新文化运动的一条重要内在思想理路。新文化人在反对主张“复古”的言论中，有意无意间总要点出满汉之别，最爱暗示那些人要复的“古”与清朝的关联（强调其或者不是纯粹的“古”，或者也不过是只有数百年的“古”），特别能体现辛亥革命者那种革命心态的痕迹。②

过去是因为旧的不好，所以要新；现在则反过来，为拥护新来的西方民主与科学，要反对几乎一切的中国传统。③ 当然，如唐德刚先生所言：胡适等人外出取经所负的“使命”原来就是要“以西洋之长，以补中国之短”。他们“但见洋人之长，而未见其短，或讳言其短”，也是可以理解的。④

这样看来，新文化人在此时强调破坏的一面，还应多从革命心态去理解。胡适自己曾说：“今日所谓有主义的革命，大都是向壁虚造一

---

① 胡适致苏雪林，1961 年 10 月 10 日，见《胡适之先生年谱长编初稿》，第 10 册，3768～3769 页。

② 这一点在周树人、周作人兄弟的著述中最为明显，举目可见，兹不赘引。

③ 参见陈独秀在《本志罪案之答辩书》（《新青年》6 卷 1 期）中所说的关于拥护德先生和赛先生而不得不反对的各项内容。

④ 参见唐德刚译注：《胡适口述自传》，43 页注 4。

些革命的对象，然后高喊打倒那个自造的对象。”① 新文化运动的文学革命，在某种程度上亦是如此。其所攻击的八股、选学、桐城派，无一不是死老虎。胡适自己后来就承认，正是钱玄同提出的“选学妖孽”和“桐城谬种”两句口号，“为文学革命找到了革命的对象”。② 钱氏并非文学革命的发起人，只是后起的响应支持者，而革命的对象却由他来“找到”，这其间所透露出的消息，意味就十分深长了。

胡适所说的“找对象”，真是传神之语。钱玄同在提出“选学妖孽”和“桐城谬种”两句口号之时，即已指出：“得此辈多咒骂一声，便是价值增加一分。”想要“找对象”的倾向甚明。后来“此辈”并不“咒骂”，颇使新青年同人扫兴。鲁迅在钱玄同约稿的要求里即看出了“没有人来反对”的“寂寞”。钱氏最终不得不自己化名出来咒骂自己，正是想要自增价值那种“找对象”情结的自然发展。③

萧公权先生曾说，胡适在新文化运动时期“未能见到‘孔家店’已无多少顾客，要打倒它，无异是打一死老虎”。④ 这是萧先生做学问太君子，所以被新文化人“欺之以方”了。若将钱、陈、胡的话联系起来看，则立新必须破旧，革命要有对象，哪里还管老虎是死是活呢？

“五四”之时中国传统早已被破坏得四分五裂，所以才有黄远庸所谓“笃旧者高扬复古之帜”的现象。⑤ 但旧派虽主复古，却甚少像新派一样进攻。就个人而言，直到新文化运动前，林纾只是一个半新半旧的人物，恐怕新的色彩还略浓一些。从完全功利的观念看，新文化运动使北大的太炎派一分为二，林氏或应该暗喜。故林氏对北大的新文化派，初无进攻之意。

胡适的《文学改良刍议》出来后，林纾敏感地察觉到“古系之绝”

---

① 胡适：《我们走哪条路》，见《胡适作品集》，第18册，16页，台北，远流出版公司，1986。

② 胡颂平编：《胡适口述自传》，153页。

③ 钱玄同自署名的“通信·致独秀”及化名王敬轩的《文学革命之反响》，载《新青年》，2卷6号（1917年2月），12页（栏页）；4卷3号（1918年3月），265～268页（卷页）；鲁迅：《呐喊·自序》，见《鲁迅全集》，第一卷，419页。

④ 萧公权：《康有为思想研究》，374页，台北，联经出版事业公司，1988。

⑤ 黄远庸：《新旧思想之冲突》，见《黄远生遗著》，卷一，120页。

即传统中断的危险，写文章主张中国的古文不宜废。林氏确不欣赏新派，以为他们不过名词新而“学不新”。他也知道，在这“新学始昌”之时，桐城文章已“无济于用”。但作为一种“艺术”，古文仍值得保留。有意思的是林纾用来支持自己主张的论据，一是西人并不废拉丁文，一是日本也不抛弃传统。① 可见即使所谓“守旧派”，其立论之依据已全是外来的。西潮的力量于此可以概见，而林氏的认同危机也已经若隐若现。

林纾此时的主张，尚颇温和。倒是章太炎的弟子钱玄同不忘旧恶，从 1917 年起就既攻击桐城派，更直接向林纾挑战。钱氏在《新青年》上撰文，先大骂所谓“桐城巨子，能作散文”，其实也不过是做高等或变形的八股。继而说这些人“自名典瞻大雅，鄙夷戏曲小说，以为猥俗不登大雅之堂”；但号称“大文豪”的林纾则一面专以《聊斋》文笔与人对译欧西小说，“一面又欲引韩［愈］柳［宗元］以自重。此其价值，又在桐城派之下”。② 说来说去，就是要揭出林氏认同的尴尬：《聊斋》文笔也好，欧西小说也好，都是不登大雅之堂的小说家者流。但钱氏连林纾为桐城派中人也不予承认，也并非无因。

林氏身份认同的尴尬是多层面的，其间的情形相当曲折。首先，这与林译小说自身的功用正在发生变化是相关联的。张恨水两读林译小说的经历就极有象征意义：张氏在新文化运动发生前几年开始看翻译小说，“从林译小说学到许多描写手法”；到新文化运动高潮已过时，张氏受朋友的影响而致力古文，“我家里有许多林译小说，都拿出来仔细研究一番”。③ 不过几年间，林译小说的作用已由新转旧，从引进西方“描写手法”的范本一变而为古文的范本了。功能作用既然在变，林译小说的生产者和载体林纾本人的身份认同在“小说家”和“古文

---

① 林纾：《论古文之不宜废》，原刊上海《民国日报》，1917 年 2 月 8 日，胡适同年 4 月 7 日的日记全文抄录此文。本文引用的胡适日记为上海亚东图书馆 1939 年的《藏晖室札记》和台北远流出版事业公司 1989—1990 年的《胡适的日记（手稿本）》，以下只引日期，不再注明卷册。

② 钱玄同：“通信·致独秀”，载《新青年》，3 卷 1 号（1917 年 3 月），3～6 页（栏页）。

③ 张恨水：《我的写作生涯》，11、25 页，成都，四川人民出版社，1981。

家”之间游移，亦良有以也。

20 世纪 30 年代钱锺书曾与陈衍谈起他对外国文学的兴趣是因林译小说而起。昔年也曾游移于中西之间的石遗老人当即指出：“这事做颠倒了。琴南如果知道，未必高兴。你读了他的翻译，应该进而学他的古文。怎么反而向往外国了？琴南岂不是‘为渊驱鱼’么？”在 30 年代，林译小说或已更多被视为古文范本了。陈衍能知林译小说还不是林的“古文”，只是通往其古文的路径，已属不易。但林氏既然曾将小说与班、马文章并论，那“为渊驱鱼”，至少部分是有意的。陈衍也未必全知林纾。①

钱先生在下了一番深入功夫后，发现林纾的确“不乐意人家称他为‘译才’”，而宁取古文家这一认同。不过钱先生还有一个重要发现，却较少为人所注意：林纾之所以如此，是因为他根本不视其翻译为“古文”。林氏对其古文自视极高，曾在给李宣龚的信中说：“六百年中，[归] 震川外无一人敢当我。”所以林氏译书，据说是下笔千言而不辍，但写古文时就不得不停下来仔细斟酌，轻重可见。翻译文字既然非林所重，当然也就不会引此为认同。换言之，一般人所谓林纾以古文译小说，大多是指与白话文相对的“古文”；而林氏自谓的“古文”，却是有特定指谓的。

但是问题就出在这里。博学而又心细如钱先生者，并世能有几人？石遗老人已不能完全知林，其余可以想见。林纾自己虽取古文家的认同，而世人却多以小说家视之。康有为曾诗赠林纾，有“译才并世数严林”一句。结果严复和林纾都极不高兴。世人说到翻译西书，每以二人并提；而且两人似乎也都与桐城宗师吴汝伦有些渊源。其实他们二位并不很相得。严复是少数能将林纾的古文与林译小说区别对待的“知音”，但其区别的动机，或未必如林氏所希望。盖严是自诩译才的，却不能承认林也为译才，因为林根本不识外文。其实林本来也不想要

---

① 本段及下两段材料，皆本钱锺书：《林纾的翻译》，47～52 页。按陈衍治学观念比林纾更传统，他认为治学须根柢经史，而林纾经史小学不足，“不免空疏之讥”，在京师大学堂任教时常闹笑话。钱锺书记：《石语》，载《中国文化》，第 13 期（1996 年 6 月），1～3 页。

“译才”这个暗示着小说家的认同。康有为不过说句老实话，竟然两个人都得罪，殊非始料所及。而林氏认同的确尴尬，也由此可见。

另一方面，林纾虽不喜欢小说家的认同，他下意识中有时仍跳不出小说家的心路。余英时师注意到，正是在这次论争中，严复和林纾对上层文化和通俗文化的分野就颇不一样。严复仍将《水浒传》、《红楼梦》一类小说列在通俗文化之内，而林纾就试图将此二书纳入上层文化的范围。晚明以来，因王学提倡个性解放，士人中已出现将通俗文化的一些东西与士大夫文化并提的趋势。林氏所为，固然是沿着此一内在理路的发展，① 但其小说家的心态恐怕也在不知不觉中起了作用。

进而言之，林纾一方面自视为归有光以来作古文的第一人，另一方面又广译欧西小说，这两点恐怕都是正统桐城派所不能欣赏的。陈独秀曾说，桐城宗师吴汝伦以前就说过林氏“只能译小说，不能作古文。现在桐城派古文正宗马［其昶?］先生，也看不起他这种野狐禅的古文家”。② 这话并非信口开河。一般都说林纾出于吴汝伦门下，其实是误传。林自视本高，曾明说他虽然“服膺［姚］惜抱”，却“生平未尝言派”。后来之所以成为“桐城护法”，是因为进入北大曾得姚永概提拔。刘声木所撰《桐城文学渊源考》，收录1200余人，却不录林纾之名。则吴门对林纾有不佳的看法，信非虚言。新文化人将林纾列入桐城另册，确有所本。林大约也无所谓。③ 且他是前辈，故此时仍颇克制。对陈独秀的人身攻击，也未进行反击。

可是新文化诸人并不放过他。读过一百多本林译小说的胡适旋又

---

① 参见余英时：《中国近代思想史上的胡适》，见《胡适之先生年谱长编初稿》，第1册，27～28页。

② 陈独秀：“答臧玉海通信”，载《新青年》，7卷3号（1920年2月），147页（号页）。

③ 林纾语转引自钱基博：《现代中国文学史》，172页，台北，文海出版社影印，1936，增订版，并参见164～177页；刘声木：《桐城文学渊源撰述考》，合肥，黄山书社，1989。钱锺书注意到，林纾晚年在古文界地位甚高后，似亦不愿居桐城派门下，故其书中甚至“极诋桐城派”。参见钱锺书为其所记陈衍《石语》所作按语，载《中国文化》第13期，3页。

出面，指出林纾那篇主张古文不宜废的文章，其本身的古文就作得不通。这真是打蛇打七寸，直往要害处进攻。林纾在论古文不宜废时，曾老实地说“吾识其理，乃不能道其所以然”。胡适据此指出，“古文家作文，全由熟读他人之文，得其声调口吻。读之烂熟，久之亦能仿效，却实不明其‘所以然’也”。① 胡或以为这是古文家不通处，殊不知桐城派学习作文，本主张“有所法而后能，有所变而后大”。由烂熟而能仿效，就是前一阶段。林纾虽被视为桐城派的殿军，或者还未达后一层次，“能”而不“大”，也就说不出什么“所以然”来，这或许是桐城派式微的主要内因。

但林氏只是桐城派以至“古文”的一个载体。据新文化人的观念，载体的高明与否，不应累及其所载之体以至所载之道。陈独秀在1920年说，当时白话诗文质量不高，是因作者“艺术不精”和“真的白话文学年月还浅”，与“白话文体本身没有关系”。② 但是他们却不能用同理来对待“古文”，多半也是其“正义的火气”太甚的缘故。

即使这样，林纾仍保持沉默。新文化人乃不得不由钱玄同和刘半农演出一场“王敬轩双簧”，自骂自答。而两文的核心，仍集中于林纾的认同危机。刘半农说，林纾以唐代小说之神韵翻译外洋小说，是其能成为“大文豪”的根本，但也“实在是林先生最大的病根”。新文化诸人“始终只承认他为‘闲书’，而不承认他为有文学意味者，也便是为了这件事”。刘氏明白指出，若林只自居小说家认同，则以“看‘闲书’的眼光去看他，亦尚在不必攻击之列”；还可承认他所译之书，有其高明处。③ 但林既然思出其位，以小说家而思为道统之代表，就不能放过他了。

在此情形下，林氏若再不应战，实难再有立足之地。林纾本小说

---

① 胡适：“通信·致独秀”，载《新青年》，3卷3号（1917年5月），4页（栏页）。

② 陈独秀：《我们为什么要做白话文?》，见任建树等编：《陈独秀著作选》，第2卷，104页。

③ 王敬轩：《文学革命之反响》及刘半农答书，载《新青年》，4卷3号（1918年3月），265～285页（卷页）。

家，最自然的反应当然是以小说影射陈、钱、胡、蔡等人。这就是已广为引述的小说《荆生》和《妖梦》。林纾在后者中以一个叫“元绪”的人物影射了蔡，结果引起新文化人的大怒。《每周评论》（1919 年 3 月 30 日）刊文指出：“这竟是拖鼻涕的野小孩在人家大门上画乌龟的行径了”；言下之意，根本不承认林与蔡在同一等级。值得注意的是，此文以下连续使用“该举人”来作为林纾的身份认同，直以骂人口吻教训林氏。“举人”既然敢“犯上”而攻击到“翰林”，就是自居不知身份之别的“野小孩”，故教训一下也无妨。后来陈独秀说林纾学问文章不及孟子、韩愈，却偏要学他们辟杨墨、辟佛老，只算是“婢学夫人”。①“野小孩”与“婢”，都是等级社会中上不得台面的人，新文化人的旧等级观念之强，于此可见一斑。

林纾在寄出小说《妖梦》后，收到蔡元培来信，代赵体孟请林氏为明遗老刘应秋著作品题。林颇后悔其攻击蔡，曾试图收回《妖梦》，已来不及。只得再正式具函，出面反击新文化运动，以示其完整一致（如果只影射而不敢正式出头，就更失身份）。此时林纾虽明知新文化诸人背后就是蔡元培，却不便再公然讨蔡，只能说蔡手下的人不对。一则蔡个人未曾得罪林，而林在礼数上先已失据；但更重要的是，以林所持的旧派立场，蔡为前清翰林，而林不过举人，无论自以为文章学问有多高明，相去实在太远。林纾当然也知道这一点大不利处，故其来书一开始便点明“今公为民国宣力，弟仍清室举人”。林纾本来并不十分认同于清廷，观其在民国三年（1913）出版的小说《金陵秋》，可知他对反清革命，实际也是同情的。但此时只有以旧朝遗民对新国官吏，庶几可相抗衡。

蔡当然明白林的言外之意，故表面上回避这一点，却抓住林的认同危机，反过来标举林氏对北大的厚爱。因为林之去北大，并非在鼎革之际辞职以殉清，而是到民国二年（1912）始因太炎派的压迫而离去，实际上也曾“为民国宣力”，其先朝遗民的自我认同并不稳当。陈独秀不久即将此点破，他引真正的遗老梁鼎芬的话说，已食民国之

---

① 陈独秀：《婢学夫人》，见《陈独秀著作选》，第 1 卷，516 页。

“禄”的前朝官吏老儒，“还要厚着脸学我们谈纲常名教”，不免使人肉麻。①

更有意思的是，蔡元培在答书中全不提应该尊新，却处处暗示林的旧学不足。林纾说北大有人学袁枚讲父母对于子女本无恩义，初不过自感情欲。蔡则教导他这话本出自《后汉书·孔融传》。林既引证不古，举人之不如翰林处顿显。文苑之人何能在儒林之士面前掉书袋，林氏已难有发言权。蔡更循钱玄同的故智，指出林氏虽在各处大讲古文和伦理学，其所译小说则多有“狎妓、奸通”之事，不无暗示林既为小说家者流，哪里有什么资格四处讲古文，使林无立足之地（而伦理学当然也非林之所长，蔡却是出版过伦理学教科书的）。

最能表现林纾认同危机的，是正统的旧派也不认同于林。《公言报》在刊登林氏书信的同时，还刊出一文作为附录，论述北大新旧派之争。其中说到北大以刘师培为首的旧派，也基本属于取桐城派而代之的章太炎派，他们也不把桐城派人放在眼里；但林纾等两害相权取其轻，反觉与此派能接近。刘师培立即致函《公言报》，指出该文章所述“多与事实不合”；并表明他只是要保存国粹，实无意与新派争胜。刘入北大，正是为蔡元培所“兼容”；该派所出版的《国故》，蔡也曾比照《新潮》之例，予以资助。既已在兼容之列，自无争的必要。这里显然是要与小说家林纾划清界限，当然也不承认林有资格为“旧派”的代言人。尽管受刘影响的《国故》杂志成立于林纾向蔡元培挑战的约略同时，给人以双方似在协作的印象，《国故》派却明确表示不能认同于林纾。② 正宗传统派这样的釜底抽薪，对林的实际打击，恐怕比新派的直接进攻还更致命。

新文化诸人对林纾从一开始的主动攻击和后来的辩驳，都一直抓住林纾的认同危机即旧派资格不够这一主线。钱、陈、胡、蔡所着意的，无不在此。陈独秀说，林怀恨《新青年》，是因为其反对旧文学；“其实林琴南所作的笔记和所译的小说，在真正旧文学家看起来，也就

---

① 陈独秀：《更加肉麻》，见《陈独秀著作选》，第1卷，513页。

② 《北京大学日刊》，1919年3月24日，6版。参见萧超然：《北京大学与五四运动》，162页，北京，北京大学出版社，1986。

不旧不雅了”。他私下说得还要直接：像林纾这样“冒充古文家的老头儿”，要“当作保守派、当作旧的，来和我们对抗，我说句不客气的话，恐怕有点不配”。① 陈是只有秀才功名的，在这一点上还不如林；但陈在文字音韵等小学功夫上颇有心得，在治学上是属于儒林一路，所以自觉还可以教训一下林氏。

胡适在早年已说林纾攻击新思潮，“未免不知分量”。晚年回顾文学革命之所以比较容易成功时，列出的第一个因素就是“那时的反对派实在太差了”。胡给反对派的“主要领导人”林纾所下的身份认同是“著名的翻译大师”。他以为，这实在只是一个“不堪一击的反对派”。② 可知林纾的旧派资格不够，是新文化诸人历久不衰的共同认知。

新旧两派都不同程度地把林纾排拒在小至桐城派而大到“旧派”之外这个事实，是有着决定性影响的。林纾自己最后也认识到他的认同危机，不得不公开致信各报，承认他以小说影射骂人是不对的。陈独秀对此曾表示佩服，但陈也指出，林并未讲清他卫道和拥护古文的理由，亦即还未在这些方面认错。③ 其实林之认错恐怕正是为了自我疏离于其小说家的认同，从而可以更名正言顺地卫道和拥护古文。但一般人或者未必能领会林氏这一层苦心。

林纾既然认错，不管认的是哪一部分，在别人眼里已是自认失败。郑振铎说，这次争论之后，在一般青年看来，林纾“在中国文坛上的地位已完全动摇了”。郑想要给林氏“平反”，于是指出林的“主张”虽然失败，但不能“完全推倒他的在文坛上的地位”。④ 实际上，林的失败恰是在“地位”上而不是在“主张”上。蔡元培的答书集中在否认北大存在林所指责的“覆孔孟，铲伦常”和“尽废古书，行用土语

---

① 陈独秀：《关于北京大学的谣言》，见《陈独秀著作选》，第1卷，505页；陈独秀致胡适信，转引自周天度：《蔡元培传》，156页，北京，人民出版社，1984。

② 胡适：《中国五十年来之文学》，102页；胡颂平编：《胡适口述自传》，165页。

③ 陈独秀：《林琴南很可佩服》，见《陈独秀著作选》，第1卷，518页。

④ 郑振铎：《林琴南先生》，1页。

为文字”两点上，但蔡丝毫没有提到林的观念本身有何不妥。实际上，假如蔡的辩驳是成立的，则北大所为正是在林所希望的方向上，只是程度还不够罢了。所以，如果从观念上看，应该说是林纾的主张取胜才对。

故林纾未能取胜的原因，应往别处探寻。民国初年新旧杂陈，本是新中有旧，旧中有新。林纾的身份认同先有些尴尬，新文化诸人更连其为旧派都不承认，则林氏提出的观念尚未知成败，林本人却因旧派资格不够而先失答辩之余地。而且，一回到旧的标准，则小说家者流的地位原也不比林氏所看不起的“引车卖浆者流”高到哪里去，林氏又能有多少发言权呢！

林既“失败”，最直接的影响即是林译小说渐渐不那么受欢迎。专出林译小说的商务印书馆在那时已开始觉得林纾“来稿太多”。① 但林纾个人的失败，未必能体现主张白话之文学革命的胜利。张恨水同样用文言写小说而能在新文化运动之后广泛流行，而且张氏写的恰是面向下层的通俗小说，很能说明这场新旧之争的“胜负”，其实还应做进一步分析。原有意面向“引车卖浆者流”的白话小说，实际在上层知识菁英和追随他们的边缘知识青年中流传；而原被认为是为上层菁英说法的文言，却在更低层但有阅读能力的大众中风行，这个极具诡论意味的社会现象说明，胡适提出的“白话是活文学而文言是死文学”的思想观念，其实是不十分站得住脚的（详另文）。

民初的菁英意识，并不止是向往西方。鲁迅曾说，“菲薄古书的，惟读过古书者最有力”；而“表面上毁灭礼教者，实则倒是承认礼教、太相信礼教”。② 新文化诸人对“旧派”资格的高要求，提示着他们在安身立命之处，实则也是很旧的。胡适曾说南社人的诗尚不如郑孝胥、陈三立的诗，南社人柳亚子就反说胡虽“自名新人”，所论“犹是以资

---

① 《张元济日记》，1917 年 6 月 12 日，233 页，上海，商务印书馆，1981。

② 鲁迅：《古书与白话》及《魏晋风度及文章与药及酒之关系》，见《鲁迅全集》，第三卷，214、513 页。余英时师已注意及此，参见余英时：《五四运动与中国传统》，见《现代危机与思想人物》，66 页，北京，生活·读书·新知三联书店，2005。

格论人之积习”。正如傅斯年对胡适所说：“我们思想新信仰新；我们在思想方面完全是西洋化了；但在安身立命之处，我们仍旧是传统的中国人。”①

胡适、傅斯年如此，陈独秀亦然。他自己就曾叹谓：“适之说我是一个终身反对派，实是如此；然非我故意如此，乃事实迫我不得不如此也！”② 前引他所说的几个“不得不”，都属于这个总的“不得不”的组成部分，都分明告诉我们他那种忍痛割爱的矛盾心态——为了更新更美的未来，过去的一切都可割舍。

而且，新文化诸人不仅在安身立命之处颇为传统，其激烈反传统也是遵循一种从康有为、梁启超等人一脉相传的“取法乎上，欲得其中”的取向。梁启超在清季曾说：“如欲导民以变法也，则不可不骇之以革命。当革命论起，则并民权亦不暇骇，而变法无论矣……大抵所骇者过两级，然后所习者乃适得其宜。”③

陈独秀、胡适、鲁迅的思路与此如出一辙。陈在论及社会进化的惰性作用时说：“改新的主张十分，社会惰性当初只能承认三分，最后自然的结果是五分。”如一开始只主张五分，结果只能得二分五，中国社会进化就白受二分五的损失。④ 胡适自述其之所以“主张全盘西化”，是因为“文化自有一种‘惰性’。全盘西化的结果自然会有一种折衷的倾向”。中国人只有去“努力全盘接受这个新世界的新文明”；而“旧文化的惰性，自然会使他成为一个折衷调和的中国本位新文化……古人说，取法乎上，仅得其中；取法乎中，风斯下矣。这是最可玩味的真理。我们不妨拼命走极端，文化的惰性自然会把我们拖向折衷调和上去”。⑤ 鲁迅亦然。他曾说：“中国人的性情是总喜欢调和、

---

① 柳、傅之言分别转引自胡适日记，1917年6月27日，1929年4月27日。

② 转引自曹聚仁：《我与我的世界》，323页，北京，生活·读书·新知三联书店，1983。

③ 梁启超：《敬告我同业诸君》，见张枬、王忍之编：《辛亥革命前十年间时论选集》，卷一上，221页。

④ 陈独秀：《调和论与旧道德》，见《陈独秀著作选》，第2卷，46页。

⑤ 胡适：《编辑后记》，载《独立评论》，142号（1935年3月17日），24页。

折衷的。譬如你说，这屋子太暗，须在这里开一个窗，大家一定不允许的。但如果你主张拆掉这屋顶，他们就会来调和，愿意开窗了。"①"走极端"而加以"拼命"，反起传统来怎能不激进。

新文化人对林纾的攻击，也是遵循这一取向的。攻林最力的钱玄同在 1921 年 7 月 28 日致胡适的信，就很能代表这些新人物内心的想法。钱以为，《三国演义》的用处即在高小学生"读过几部今语体小说之后，即可看此书，以为渐渐看古语体书之用"。他所拟今后学生看书由今至古的程序是：第一、二步是读不同程度的国语课本；第三步是"读语体小说，不论新旧，但须有文学的价值者"；第四步是"读《三国演义》，以为由今语入古语底媒介"。然后可看梁启超、胡适等当代人的文言文，最后则"大概可以读［桐城］'谬种'诸公……之文了"。②

可见钱氏内心中还是把林纾的古文看得甚高。这最能体现新文化诸人反桐城派不过是要过二级故意激进，以得实际低二级的效果。③其最后的目的，还是要使学生能读古书，以继承中国的传统。这种苦心，人每不知，他们也不一定要人知。但后来的研究者也不知，说他们真反古文，或就有些厚诬前辈了。鲁迅曾说，不读中国旧书，最多不过不会写文章。可知他认为要写好文章，正应看中国书。只是他们觉得当时中国的急务是"行"而不是"言"，即要以西洋之长，以补中国之短，能否做文章是次要的，所以才有不读中国书的说法。④

新文化诸人的激进既然存在着有意为之的成分，其所认知的传统的压迫，恐怕就更多是一种假想（imaginary）型的。这一次的文言白话之争，反对白话一边领头的竟是专译西人小说的林纾，就是明证。但新文化人这种假想也非完全无因，其自信不足或也是一个因素。当

---

① 鲁迅：《无声的中国》，见《鲁迅全集》，第四卷，13～14 页。

② 钱玄同致胡适，1921 年 7 月 28 日，见颜振吾编：《胡适研究丛录》，238 页，北京，生活·读书·新知三联书店，1989。

③ 瞿秋白多年后还说，钱玄同当时对《三国演义》表述方式的肯定，是"开倒车"。瞿秋白：《〈鲁迅杂感选集〉序言》(1933 年)，见《瞿秋白文集·文学编》，第 3 卷，104 页，北京，人民文学出版社，1989。

④ 鲁迅：《青年必读书》，见《鲁迅全集》，第三卷，12 页。

时所有的新派，都甚为注意林纾在小说中对“伟丈夫”的期盼。在林氏个人，或不过是失意之余，借以发泄；真要有所动作，恰不必宣示。但新文化人则看出了旧派想借用政治外力的“真实”暗示。

平心而论，当时各派恐怕都没有那么清纯。对于北大这个重要的文化阵地，都不乏有意识的争夺之心。蔡元培的不“兼容”桐城派于北大，其实已经援用了超思想超文学的力量，并未给林纾等以平等竞争的条件。林纾在信中说蔡“凭位分势力而施趋怪走奇之教育”，正是对此有感而发。双方既存争夺之心，自信又都不十分足，真想借用外力或无意中流露出这样的念头，一旦出现而又特别关注，都是合乎逻辑的发展。

另一方面，我所关心的问题是，旧派的主流为什么要保持沉默？主张天演论的严复以为：“此事全属天演。革命时代学说万千，然而施之人间，优者自存，劣者自败，虽千陈独秀万胡适、钱玄同，岂能执其柄？则亦如春鸟秋虫，听其自鸣自止可也。林琴南辈与之较论，亦可笑也。”实际上，问题恐怕没有那么简单。观其在一年后所说：“旦暮入地，睹兹世运，惟有伤心无穷而已”①，就知这一基于天演的乐观，多少也有些“强不说愁”的意味。

的确，新文化运动的一个重要时代意义，就在于其迫使所有的中国士人对中国传统（虽然当时并不用这个词）进行全面的反思。不论新派旧派，都必须面对中国在世界上日益边缘化（中国在士人的心目中经过了一个从世界的中心到世界的一个组成部分再到世界的边缘的历程）这一不容忽视的事实。② 新旧两边实际上都想要找到重新回到中央，或至少是达到与西方平等的地位这样一条路径。这是中国最根本的问题，两派的认识其实并无大的分歧；其对中国传统的诠释虽然各异，取向也不相同，但正如傅增湘所说，不论是“改弦更张”还是

---

① 严复：《与熊纯如书》，1919年7月、1920年7月，见王栻编：《严复集》，第3册，699、708页，北京，中华书局，1986。其第二封信中所说的“世运”，主要是指政治，但也代表严复此时总的心境。

② 参见 Ying-shih Yu, “The Radicalization of China in the Twentieth Century,” *Daedalus*, 122：2 (Spring 1993), pp. 125-150.

“匡掖废坠”，“趋途虽殊，用心则一”①，都是从这个根本的考虑和最终的意图出发的。

新派反传统而主尊西，是基于对“中国学问有何能救国于目前”这一问题的负面回答。② 旧派实际上也提不出一个正面肯定的回答，其心中的想法与新派实相近而又说不出口；因为他们知道，如果丢弃传统，则人心更不可收拾。于是除了沉默地坚持，没有别的办法。正如胡适的好友许怡荪眼中高卧南阳的诸葛亮：“诚知爰莫能助，不如存养待时而动。”③

清季以还不同时段的各种所谓旧派，其对问题的认知与各种新派实相近，而对新派的各种解决方法却又不能苟同。梁启超后来说，他诊断中国之病与共产党人是“同一的‘脉论’”，但又确信中国之病“非共产那剂药所能医”。他虽自称有治病的良方，实际上却又提不出来。④ 这最能代表各时期的“旧派”那种所虑者远而当下无策的无奈心态。林纾当时自谓的知其然而不知其所以然，从这个层面看，尤其是老实话。

胡适曾终生取笑林纾的不知其所以然。但胡适等人提出的解决办法，其实也同样太计及长远而失之简单空疏，无法与再年轻一辈人所向往——且为苏俄革命成功的榜样所支持——而理论又成体系的马克思主义竞争。郭沫若一学到马克思主义那种框架完整、解释明确的社会发展理论，就毫不犹豫地指出胡适过去的研究也是只“知其然”，而他则要“知其所以然”。⑤ 不同意马克思主义解释的梁漱溟在这一点上

---

① 傅增湘致蔡元培，1919 年 3 月 26 日，见《蔡元培全集》(3)，286 页。

② 参见罗志田：《西潮与近代中国思想演变再思》，载《近代史研究》，1995 年 3 期。

③ 引自胡适日记，1914 年 12 月 9 日。

④ 梁启超：《给孩子们的信》，1927 年 5 月 5 日，见丁文江、赵丰田编：《梁启超年谱长编》，1131 页，上海，上海人民出版社，1983。

⑤ 郭沫若：《中国古代社会研究·自序》，见《郭沫若全集·历史编》，第 1 卷，7 页，北京，人民出版社，1982。

与郭类似，也指出胡适对中国社会未能提出系统和具体的论断。① 林纾是自认知其然而不知其所以然；胡适的自信超过林氏，以为他已能知其所以然；但比胡更激进也更“新”的郭氏却主动置胡适于当年林纾类似的位置，这大约就非胡适始料所能及了。近代以来中国思想界的激进化，的确是日新月异！

汪叔潜在1915年《青年》（即《新青年》）的第一卷上，已指出当时的中国“上自国家，下及社会，无事无物，不呈新旧之二象”。但新旧的界限又极不明显：“旧人物也，彼之口头言论，则全袭乎新；自号为新人物也，彼之思想方法，终不离乎旧。”② 李大钊在1918年也说：“中国人今日的生活全是矛盾生活，中国今日的现象全是矛盾现象。”矛盾之所在，就是“新旧不调和”；而矛盾的原因，则为“新旧的性质相差太远，活动又相邻太近”。③ 汪以为“新旧二者，绝对不能相容”，故他极力要打破“旧者不肯自承为旧，新者亦不知所以为新”的暧昧现象。李以为新旧如车之两轮、鸟之两翼，是宇宙进化的机轴。他大约是新文化主要人物中唯一一个主张新旧调和的——当然是新包容旧的“代谢”式的调和。两人的观察，很能抓住新旧杂陈这一时代特征。而且他们也都试图提出解决这一矛盾的选择。

这个问题，论者多已涉及，但现存的诠释似乎还嫌简约。民初新旧的“性质”，确有相差甚远的一面，但也有相差不远的一面。在意识的层面，新旧的确对立；在下意识的层面，新旧间毋宁说共同处尚多。林纾在1919年给蔡元培的信中曾攻击新文学是“学不新，而唯词之新”。到次年9月，胡适在北大的开学演讲《普及与提高》中，也说新文化运动已流为“新名词运动”，说明胡适其实相当认同其论敌的观点。④

---

① 余英时先生对此有精到的分析。参见其《中国近代思想史上的胡适》，见《胡适之先生年谱长编初稿》，第1册，53～57页。

② 汪叔潜：《新旧问题》，载《青年》，1卷1号（1915年9月），1～2页（文页）。

③ 李大钊：《新的！旧的！》，见《李大钊选集》，97～100页，北京，人民出版社，1959。

④ 参见耿云志：《胡适年谱》，88页，成都，四川人民出版社，1989。

到1920年年底，陈独秀在《新青年》上写了一篇《提高与普及》的短文，似乎不太同意胡适关于北大学生应侧重“提高”的观念；但他在学生水平一点上，与胡的意见并无两样。陈以为：蔡元培任北大校长后，“理科方面并不比从前发展，文科方面号称发展一点，其实也是假的，因为没有基础学的缘故。没有基础学又不能读西文书，仍旧拿中国旧哲学旧文学中混乱的思想，来高谈哲学文学。”① 用中国“旧思想”谈西方“新学问”，正是名副其实的“新名词运动”。陈、胡两位老朋友虽然主张采取不同的对付手段，看法却是一致的；新文化人有意无意之间，实已接受了林纾的观念。这样看来，民初的新旧之分，恐怕更多是在态度上而不是在观念上。

汪叔潜想要打破的新中有旧、旧中有新而又每不自知的情形，恰是最接近原状的表述。思想一方面，近代以来确是以不断激进化为主流（林译小说在几年间就由新变旧即是一显例）；社会一方面，也曾形成“新的崇拜”，社会变动的上升几乎到了唯新是尚的地步。② 但社会上到底是新旧杂陈，比较能得意者大多一身而兼新旧两面。蔡元培以名翰林而喜谈新学，胡适之以留学生而能作考据，皆名重一时。③ 林纾以至更正宗的吴汝伦，虽以桐城文章名世，又何尝不是半新半旧的人物呢。④ 但林氏在新旧两方面，皆不如蔡，要上战场与蔡论争，终是棋差一着。

不过，林的失败主要因其旧派资格不足这一点，却凸显了那时“新人物”潜意识中的社会观念常常并不很新。新文化运动诸人有意无意间扮演着传统社会“士”的角色，故在很大程度上其思虑和关怀也接近传统的“士”。对于纯“文人”，正有着先天的不欣赏。民国初年传统的延续虽然比中断更隐晦，在林蔡之争这一事件里，“延续”起的

---

① 陈独秀：《提高与普及》，载《新青年》，8卷4号（1920年12月），5～6页（栏页）。

② 参见罗志田：《胡适与社会主义的合离》。

③ 关于胡适，参见余英时：《中国近代思想史上的胡适》，见《胡适之先生年谱长编初稿》，第1册，29～40页。

④ 冯友兰：《三松堂自序》，314页，北京，生活·读书·新知三联书店，1984。

实际作用却似乎比“中断”的作用更大。

民国初年的“新”，虽然用了相当数量的西方招牌，也有不少西方内容。但第一，其西方招牌并不完全等同于那招牌在西方的原本意思；第二，其西方招牌之下也包括了不少中国传统的“旧”内容。也就是说，“新”并未割断其与“旧”的多层次联系。“新”的战胜旧，竟然靠的是“旧”的功用，这中间的诡论意味极为深长。若一言以蔽之：从社会功能看，旧派林纾其实不旧；从社会观念看，新文化人也不全新。

原刊《历史研究》1995年5期

陈独秀与“五四”后《新青年》的转向

关于“五四”，有一个很有意思的现象，一方面，大家都以1919年的学生运动作为一个整体的象征，每逢“周年”就发表纪念的言论；另一方面，很多人心目中的“五四运动”，还会往前后各推移几年，是所谓“广义的五四运动”（也有人径名为“新文化运动”）。实则两种“五四”，不仅运动时间长短不同，就连其象征性的口号也各异。① 不过，两种“五四”的并用已经约定俗成，从研究者到媒体，大家都共同使用这两个含义其实各异的概念，而不觉其间的冲突。这反衬出一个我们可能注意不多却实际存在的事实，即“五四”的形象原本就不那么“一元化”。

随着对“五四”的研究日益增加，今人对所谓“五四研究”本身，也新见日多。然而“五四”的形象，似更加扑朔迷离。经过了长时期各种取向的解读，在一些面相愈来愈清晰的同时，也不排除被诠释者增添了不少“作雾自迷”② 的成分。如今很多人已在思考怎样继承“五四遗产”甚或是否应当跳出“五四的光环”，然而不论是广义还是狭义的“五四”，不仅未到盖棺论定的程度，甚至连一些基本史事都还没搞清楚，仍处于一个言人人殊的状态。

“五四”的内容和意涵本来相当丰富，有些史料相当充足的面相，研究者对其长期视而不见，实处于一种存而不论的状态；还有一些面

---

① 一般视为“五四”基本理念的“民主”与“科学”，更多适用于广义的“五四”；而当年游行的学生口里所喊的，却是“内除国贼、外抗强权”一类口号；两者间实有一段不短的距离。

② 按“作雾自迷”语出熊十力：《读经示要》（1944），见《熊十力全集》，第3卷，840、854、874页，武汉，湖北教育出版社，2001。

相，却是因为史料不足征，不得不借助想象和推论，也因此而多有争议。不论我们对其已知多少，“五四”已是活在我们血脉中的历史；但作为历史的“五四”，却仍然需要进一步的探索和了解。要厘清基本史事，只能让“五四”回归历史，而不是去辩论它的意义和性质。从这个角度言，了解“五四”，也有助于我们认识自己。

本文要讨论的是，“五四”时最重要的一份刊物《新青年》，在后期出现了明显的转向。这一转向与其创始人陈独秀关联密切，然而过去由于史料不足征，使之成为一个长期争论的问题。最近相关的一些书信终于出现（特别重要的是当时陈独秀给胡适的几封信）。这些关键性的史料，对了解那一事件有直接的帮助。谨结合当时史事，钩稽相关史料，重新探讨陈独秀与《新青年》转向的因缘脉络。①

一、“五四”前后的《新青年》

今天我们都知道《新青年》在“五四”时的主流地位，但其重要性的凸显，还直接得益于1919年的学生运动。鲁迅在1918年曾两次致函许寿裳，一则说“《新青年》以不能广行，书肆拟中止”；再则说《新青年》“销路闻大不佳”，颇叹“今之青年，皆比我辈更为顽固”。②陈独秀自己在1919年年初也承认，《新青年》发行已三年，尚不十分得意。他说：本刊三年来“所说的都是极平常的话，社会上却大惊小怪，八面非难。那旧人物是不用说了，就是咶咶叫的青年学生，也把

① 这些书信由嘉德拍卖会拍卖，并先在北大展览。我曾得朋友帮助，从拍卖会关于古籍善本的介绍中阅读了这些书信中的大部分，于是写出了本文初稿（刊发在2009年7月12日的《南方都市报》上）。现在这些书信已入藏中国人民大学博物馆，并由黄兴涛、张丁整理，以《中国人民大学博物馆藏“陈独秀等致胡适信札”原文整理注释》刊发于《中国人民大学学报》2012年1期。另有同时期李大钊致胡适一信，周作人致李大钊两信，由欧阳哲生整理，披露在《北京大学学报》2009年4期的《新发现的一组关于〈新青年〉的同人来往书信》一文中。以下引这批信件，均注明是新出书信；凡在文中言明者，则不再一一出注。个别文字，已据原信照片更易。

② 鲁迅：《致许寿裳》（1918年1月4日、5月29日），见《鲁迅全集》，第十一卷，345、350页。

《新青年》看作一种邪说、怪物、离经叛道的异端、非圣无法的叛逆”。他因此“对于吾国革新的希望，不禁抱了无限悲观”。①

可知学生运动之前，《新青年》虽已较有影响，但刊物的发行并不很理想，社会对其负面观感仍较强。即使在青年学生之中，影响也不如我们后来认知的那样正面，很多人不赞同该刊的言论，甚至参与到“八面非难”之中。且陈独秀所说的“八面非难”，或并非泛指，而是随后就闹得沸沸扬扬的一场“新旧之争”。② 紧接着就是“五四”学生运动，一切随之大变。《新青年》借此两次东风（后者尤其强劲），大受欢迎。不过，“五四”后不久，陈独秀即因发传单而被捕，后来更南下上海避难，参与组织中国共产党。《新青年》的风格和内容，在此期间发生了相当程度的转变，最后正式成为中共的刊物，却又未能办多久。

学界对于《新青年》后期的转向，一直有些争议。除一些人事因素外，主要是《新青年》何时正式成为中共的刊物。在相当一段时间里，不少人认为 1920 年 9 月出版的《新青年》8 卷 1 号已是中共的宣传刊物，其理由除内容多介绍苏俄外，还因刊物的封面也有改变：正中为一个地球，从东西两半球分别伸出两手相握，暗示中国与十月革命后苏俄的接近。③ 想象力更丰富的，甚至认为是暗示了全球无产阶级的团结。前些年有人曾写了很有力的反驳文章，举出很多事例，表明 8 卷 1 号并非中共刊物。文章的论证大体可立，所说基本正确。④

其实我们本可不必进行这么多的“科学”论证，后期参与过《新

---

① 陈独秀：《〈新青年〉罪案之答辩书》（1919 年 1 月），见《陈独秀著作选编》，第 2 卷，10 页。

② 参见罗志田：《林纾的认同危机与民初的新旧之争》，载《历史研究》，1995 年 5 期；王枫：《五四前后的林纾》，载《中国现代文学研究丛刊》，2000 年第 1 期。

③ 虽然这图案似乎来自美国社会党（参见石川祯浩：《中国共产党成立史》，袁广泉译，42～44 页，北京，中国社会科学出版社，2006），但不排除办刊者自己确实理解为中苏握手。参见茅盾：《我走过的道路》，191 页，北京，人民文学出版社，1997。

④ 参见庄森：《〈新青年〉第八卷还是社团“公同”刊物——中国现代新闻传播史重要史实辨正》，载《社会科学战线》，2008 年第 6 期。

青年》编务的当事人沈雁冰早在20世纪40年代初就有这方面的回忆，他的言论后来也收入《茅盾全集》，并不是什么稀见材料。但不论是主张8卷1号已是中共刊物的还是反对者，似乎都很少“借鉴”这一说法（不排除是我孤陋寡闻，有人借鉴而我未见）。以前偏向“科学”治史的人大多不很信任回忆录，尤其沈雁冰将其公开发表，减少了一般治史者眼中的可信度。如果他把此事写成秘密报告放进档案，隔了多少年后再由后来的研究者“发现”，恐怕命运就大不同，或许早已成为论证此事最重要的史料了。

沈雁冰本人是早期中共成员，又直接参与编务，其回忆是在其他当事人大多在世时公开发表，虽可能不那么精准，相去不致太远。他是这么说的（下面三段基本是引用沈氏原文，但颇有剪裁而略做更易，使之接近今日阅读习惯）：①

> “五四”前后，《新青年》原在北平编辑，并由数人轮流。陈独秀由北平移居上海，编辑事务亦由陈一人主持。后杂志与亚东图书馆（按应为群益书社）脱离承印与代理发行关系，在上海自立门户。同时“新青年社”内部亦有变动，“元老”之中，有几位已经貌合神离。
>
> 移沪后之第一册《新青年》，即载有陈独秀《谈政治》一文，封面上有一小图案，为一地球而上东西两手相握。内容多一专栏，似名为“苏俄研究”。可以说是结束了过去的以“文学革命”为中心任务的《新青年》，而开始了以“政治革命”为中心任务的《新青年》。据说“新青年社”若干老干部不同意《谈政治》一文之立场，争持久之，终使陈独秀挟《新青年》在沪立门户，以为政治斗争的武器。但此时中国共产党尚未成立，《新青年》及陈独秀虽已被目为赤化，与第三国际亦未有正式关系。
>
> 且《新青年》虽开始“谈政治”，在“理论”方面实甚驳杂。译登罗素之著作，而对其思想体系并无批判；“苏俄介绍”栏杂登

① 沈雁冰：《客座杂忆——〈新青年〉谈政治之前后》（1941年），见《茅盾全集》，第12卷，95～97页，北京，人民文学出版社，1986。

> 当时苏联国内各消息，殊嫌零碎，缺乏有系统之研究分析文章。若以《新青年》为“理论指导”刊物，能执笔写理论文字者不多。对唯物辩证法有研究者，其时仅一李大钊。若作为批评现实政治问题的刊物，则综合性的月刊便难以活泼而顾及时效。不久，陈独秀赴粤主持广东省教育委员会，《新青年》编务委托李汉俊，常告稿荒，出版亦不准期，又受外界压迫，终于停顿了。

以上回忆，在年代上略有不准确之处，但大致符合史实，表述也很有分寸。正如沈氏所说，8 卷 1 号的《新青年》和陈独秀虽已被外界目为“赤化”，然并未与第三国际建立正式关系，而中共也尚在筹组之中。成为中共的宣传刊物，自然是后来的事了；但当时已被目为“赤化”，却也是不可忽略的事实。沈氏反复提到的“新青年社”，也是一个重要内容。其实这个“社”究竟是否正式“成立”，还有些疑问。但该社的名义已被使用，且时人一般也都承认这一“社”的存在。

先是《新青年》在出版一段时间后，就成为轮流编辑的同人刊物。在编辑方针上，“五四”前就有些内部争议，但不很严重。① “五四”后的第 7 卷，议决由陈独秀一人编辑。② 在 7 卷 1 号上，陈独秀发表了号称代表“全体社员公同意见”的《本志宣言》，胡适在同一期也发表《新思潮的意义》一文。两者既有共通之处，也有些“一个主旨，各自表述”的意味。到陈独秀南下后，编辑同人因办刊的方针等大起争议，终至破裂。

过去对此的研究，主要依靠的是胡适收藏的相关来往信件，早年曾被张静庐收入其《中国现代出版史料甲编》；后来耿云志先生主编的几种胡适资料集，进一步披露了一些相关信函。但中间有些关键的信件却未见，以致一些言论的往还无法连接，有些表述难以理解。最近

---

① 1919 年 1 月，钱玄同就注意到，“《新青年》为社会主义的问题，已经内部有了赞成和反对两派的意见。现在《每周评论》上也发生了这个争端了”。见鲁迅博物馆编：《钱玄同日记》，1919 年 1 月 27 日，第 4 册，1754 页，福州，福建教育出版社，2002。

② 《钱玄同日记》，1919 年 10 月 5 日，第 4 册，1815 页；周作人：《周作人日记》，1919 年 10 月 5 日，中册，52～53 页，郑州，大象出版社，1996。

出现的这些信件也出自胡家（大约当初放在不同地方，没有与胡适的主要信件一起保存），恰好能与已知各信连接起来，使整件事的脉络清楚了许多。

一般都承认，陈独秀的离京南下，与《新青年》的转向有直接关联。陈南下的直接原因，当然是因为“五四”后的被捕，保释后在北京不能自由活动，故避难上海。但按照胡适的看法，导致后来陈独秀思想转变的，主要还不是“五四”后的被捕，而是“五四”前北大的内部斗争。这方面的叙述已不少①，唯多非专述，各有侧重，仍有整合叙述的必要。

二、北大的学科调整与京城的新旧之争

“五四”前北京的新旧之争相当激烈，旧的一方曾以陈独秀私德不检为攻击目标。北大校长蔡元培本在北京组织进德会，对此相当难堪，也甚感难以处理。结果，经与同为浙江籍的汤尔和、沈尹默、马叙伦等在 1919 年 3 月 26 日晚合议，决定不让陈独秀继续担任北大文科学长。② 而汤尔和、沈尹默等当年恰是促成蔡元培任用陈独秀为北大文科学长之人，始倡终弃，同出斯人，当然不仅是偶然巧合。何以出现这样的变化，牵涉甚宽，既与校外的新旧之争相关联，也涉及校内的大学体制构建，自然也免不了无处不在、永不歇息的人事之争，但又不仅是一般人心目中的权势竞争，而与办学取向的异同相关。

有一点可以明确，废除文理科学长的动议，早在 1918 年秋天已提出，并形成了大致的意见。但这似乎只是一个意向性的决议，具体怎

---

① 其中材料最丰富的是胡少诚的《早期北大的治理模式与实践（1898—1937）——以大学权力演化为视角的考察》，北京大学历史学系博士论文，2009。以下关于北大学科调整方面的论述，颇多参考此文。另外，前引王枫文也钩稽了相当一些较少为人所注意的报刊材料。

② 按汤尔和时任北京医专校长，沈、马则皆北大教授。胡适后来说，“尔和先生是当日操纵北京学潮的主要人物，他自命能运筹帷幄，故处处作策士，而自以为乐事”。胡适抄汤尔和日记跋语，见《胡适来往书信选》，中册，283 页，北京，中华书局，1979。

样贯彻执行，尚未确定，也可以修改。后来校外的新旧之争，对这一决议的实行与否，有直接的关联。但在不谙内情的外人认知中，陈独秀的去职，基本是为新旧之争的大环境所决定。

北大原有文、理、法、工四科，皆既是学科也是机构（稍类今日的学院），加上非学科而为机构的预科，共有五科。蔡元培 1917 年接受北大校长职务后，就决定实行改革。他要让师生了解，“大学乃研究学术之机关。进大学者，乃为终其身于讲学事业”，以改变视“大学为科举进阶”的习惯认识。其方法即“竭力办理文理两科”，使之完善。因为这两科“乃法、工、农、医诸科原理原则所由出”，而入此两科者，“又大抵为纯粹讲学而来，既不想做官，亦不想办大实业”。① 最后一点反映出蔡元培观念的时代性，不可忽视——“读书做官”或可说是长期的传统，“读书发财”则是近代兴起的新倾向。

由于“吾国人科举之毒太深，升官发财之兴味本易传染”，故必须纠正学界的另一弊病，即“重术而轻学”。蔡元培认为，“学与术虽关系至为密切，而习之者旨趋不同”。文、理是“学”，而法、商、医、工为“术”；“治学者可谓之大学，治术者可谓之高等专门学校”。前者以研究真理为目的，“必择其以终身研究学问者为之师”；后者以应用为目的，即使“延现任之法吏、技师以教之，亦无不可”。② 这里隐含着些许“儒法之争”的余绪，盖“以吏为师”虽是先秦古风，后来却是法家在提倡，而“以法为教”更是法家所独宗。用今日的话说，做官和办大实业者，可以在高等专门学校任兼职教授，却不得入大学任教。

蔡元培试图以学科调整的方式来落实对“重术轻学”的纠正。他在 1918 年 1 月的国立高等学校校务讨论会上，正式提出以“学、术分校”的主张：由于“文、理二科，专属学理；其他各科，偏重致用”，故当分立；即“大学专设文、理二科，其法、医、农、工、商五科，

---

① 《北京大学校长蔡孑民先生与本报记者之谈话》，载《大公报》，1917 年 2 月 5 日，1 张 2 版。

② 蔡元培：《读周春岳君〈大学改制之商榷〉》（1918 年 4 月），见高平叔编：《蔡元培全集》（3），149～150 页，北京，中华书局，1984。

别为独立之大学”，或与既存专科大学合并。实际则先去工科，并入北洋大学；改革预科，分拆入各相关学科，不再为独立机构；改商科为商业学门，隶属法科。北大法科原有政治、经济、法律三学门，本较完备，“学生人数亦最多”（法科由清季显学“法政”演化而来，在全国恐怕都人数最多）。但因相关经费预算案尚未提出，“故暂从缓议。惟于暑假后先移设于预科校舍，以为独立之试验”。①

而北大改革的主要工作，则是从 1918 年下半年起推动文理科合并为“本科”，这也直接关系到陈独秀在学校的地位。在 1918 年 9 月的开学式上，蔡元培即提出，“鉴于文科学生轻忽自然科学、理科学生轻忽文学、哲学之弊”，正拟定“沟通文、理两科之计画”。② 其追随者顾孟余也在《北京大学日刊》撰文，从学理上论证“文理两科合并之理由”。③ 稍后北大创办《月刊》，蔡元培更明言办刊的目的之一就是要“破学生专己守残之陋见”。他强调了文学、科学和哲学之间密不可分的相互关联，主张求学者必“于专精之余，旁涉种种有关系之学理，庶有以祛其褊狭之意见”。④

同时，北大在全国“专门以上各学校校长会议提出讨论之问题”中，也主张“融通文、理两科之界限：习文科各门者，不可不兼习理科中之某种；习理科者，不可不兼习文科之某种”。并明确提出，“变通现有文、理两科各设学长之制，大学本科只设学长一人，由大学教授会开全体大会选举三人，由校长择一人任之”。⑤ 这样，一旦文理实

---

① 蔡元培：《大学改制之事实及理由》（1918 年 1 月），见《蔡元培全集》（3），130～133 页。

② 蔡元培：《北大一九一八年开学式演说词》（1918 年 9 月 20 日），见《蔡元培全集》（3），192 页。

③ 顾兆熊（孟余）：《文理两科合并之理由》，载《北京大学日刊》，1918 年 10 月 9 日，3 版。按蔡元培在北大的主要支持者有两个群体，一是一批浙江籍教员（中文系居多，即后来所谓“某籍某系”），二是一批有同盟会国民党背景者，顾孟余就是后者。

④ 蔡元培：《〈北京大学月刊〉发刊词》（1918 年 11 月），见《蔡元培全集》（3），211 页。

⑤ 《本校拟在专门以上学校校长会议提出讨论之问题》，载《北京大学日刊》，1918 年 10 月 30 日，3 版。

现合科，必然导致学长制度的变更。

以北大师生当时在思想界所起的引领作用，校内的学科整理与校外的新旧之争有着千丝万缕的关联。① 报刊上大约到 1919 年 2 月才开始言及政界对北大新派作为的不满，到 3、4 月间，与新旧之争相关的报道渐达高峰。实则从年初起，北大就已受到政府很大的压力。钱玄同 1919 年 1 月 7 日的日记说：

> 午后到大学，半农、尹默都在那里，听说蔡先生已经回来了。关于所谓'整顿文科'的事，蔡君之意，以为他们如其好好的来说，自然有个商量，或者竟实行去冬新定的大学改革计划，废除学长，请独秀做教授。如其他们竟以无道行之，则等他下上谕革职。到那时候，当将两年来办学之情形和革职的理由，撰成英法德文，通告世界各文明国。②

从其言辞看，压力应直接来自总统徐世昌，而陈独秀首当其冲。彼时已考虑将去年的学科调整作为应对压力而废除学长的方策，但外界尚不知道。1919 年 2 月 22 日，蔡元培召集各学长、教授会主任及研究所主任会议，拟讨论“本校扩张计划及其他各种重要问题”。③ 这次会上可能议及了陈独秀的问题，2 月 26 日，北大学生张厚载在上海《神州日报》上说：

> 近来北京学界忽盛传一种风说，谓北京大学文科学长陈独秀即将卸职，因有人在东海面前报告：文科学长、教员等言论思想多有过于激烈浮躁者，于学界前途大有影响。东海即面谕教育总长傅沅叔，令其核办。傅氏遂讽令陈学长辞职，陈亦不安于位，

① 新旧之争在校内似也存在，但并不明显。被视为守旧一方大本营的《国故》月刊社 1919 年 1 月下旬才成立，且要到那年较晚才开始回应《新潮》一方的“进攻”（参见罗志田：《古今与中外的时空互动：新文化运动时期关于整理国故的思想论争》，载《近代史研究》，2000 年 6 期）。故早期的新旧之争，基本表现在校外。

② 《钱玄同日记》，1919 年 1 月 7 日，第 4 册，1716～1717 页。

③ 《校长启事》，载《北京大学日刊》，1919 年 2 月 21 日，2 版。

> 故即将引退……日昨大学校曾开一极重大讨论会，讨论大学改组问题，欲将某科某门改为某系，如是则可以不用学长。此种讨论，亦必与陈学长辞职之说大有关系，可断言也。①

文中并云，陶履恭、胡适之、刘半农也有去职之忧。从今日后见之明看，张的叙述虽不无夸大，其消息来源则大致可靠。不久《申报》也说，“日前喧传教育部有训令达大学，令其将陈、钱、胡三氏辞退，并谓此议发自元首”。但“经记者之详细调查，则知确无此事”。② 可知类似消息已不胫而走，广为流传。虽教育部并无“训令”，但“此议发自元首”却并非捕风捉影。《申报》记者的“调查”，显然不够深入。几天后，张厚载又在《神州日报》上说：

> 前次通信报告北京大学文科学长、教授将有更动消息。兹闻文科学长陈独秀已决计自行辞职，并闻已往天津，态度亦颇消极。大约文科学长一席，在势必将易人。而陈独秀之即将卸职，已无疑义，不过时间迟早之问题。且并闻蔡校长之意，拟暑假后将文理两科合并，而法科则仍旧独立。彼时各科学长，自必有一番更动也。至胡适、陶履恭、刘半农三教授，则蔡校长以去就力争，教育部已均准其留任矣。③

或许为了强调其信而有征，再几天后，他竟然自称日前往访北大校长蔡孑民，“询以此事。蔡校长对于陈学长辞职一说，并无否认之表示。且谓该校评议会议决文科自下学期或暑假后与理科合并，设一教授会主任，统辖文理两科教务，学长一席，即当裁去云云”。④ 除采访蔡元培应属杜撰外，张厚载所说越来越靠谱。实则 3 月 1 日的北大《日刊》上，已正式披露当日“评议会议决《文理科教务处组织法》”，并明言“于暑假后实行”。⑤ 以张氏的“调查”能力，似不应视而不

---

① 《学海要闻》（半谷通信），载《神州日报》，1919 年 2 月 26 日，2 版。

② 静观：《北京大学新旧之暗潮》，载《申报》1919 年 3 月 6 日，6 版。

③ 《学海要闻》（半谷通信），载《神州日报》，1919 年 3 月 3 日，2 版。

④ 《学海要闻》（半谷通信），载《神州日报》，1919 年 3 月 9 日，2 版。

⑤ 《文理科教务处组织法》，载《北京大学日刊》，1919 年 3 月 4 日，3 版。

见。唯他虽已有恃无恐，却又故意闪烁其词，好像消息真是探测得来。

实际上，教务处的组织拟“于暑假后实行”是一个关键，表明事情尚无定论，各方都还在努力，略近于今日坊间爱说的“博弈”。

先是胡适出面致函张厚载，询问“不知这种消息你从何处得来？我们竟不知有这么一回事”。并云，“此种全无根据的谣言，在外人或尚可说，你是大学的学生，何以竟不仔细调查一番?”张虽法科学生，却性好戏曲，迹近文人，或以为“君子可以欺其方”，遂信口说“是同学方面一般的传言。同班的陈达才君，他也告诉我这话”。不料胡适将此往来函件公布在北大《日刊》上，陈达才随即表示“并无此事”，并让张厚载出具声明书确认，又被胡适公布在《日刊》上。①

随后蔡元培本人也正式致函《神州日报》，指出“陈学长并无辞职之事，如有以此事见询者，鄙人必绝对否认之”。该报两次“半谷通信”中说“陈学长及胡适、陶履恭、刘复等四人，以思想激烈，受政府干涉”。陈独秀以外之三人，“由校长以去就力争，始得不去职”云云，“全是谣言”。但蔡元培也确认，“文理合并，不设学长，而设一教务长以统辖教务。曾由学长及教授会主任会议定（陈学长亦在座），经评议会通过，定于暑假后实行”。而“陈学长赞成不设学长之议，纯粹为校务进行起见，于其个人之辞职与否无关系”。②

在这些“辟谣”的努力的同时，相关“谣言”的传播却越来越广，各处皆盛传陈独秀等四人已被逐出北京大学、将封闭趋新杂志等，引发一片抗议之声。上海《中华新报》指出，其消息来源是章士钊，提示出某些行动或曾在筹划之中。③ 不论传说中的动议是否属实，压力是明显的，且确实来自总统府。陈独秀先引《中华新报》之语说：“大学校非所谓神圣之学府乎？今之当局者非以文治号召中外者乎？其待

① 《胡适教授致本日刊函》及附件，载《北京大学日刊》，1919年3月10日，4版；1919年3月11日，3版。

② 蔡元培：《致〈神州日报〉记者函》，载《北京大学日刊》，1919年3月19日，4～5版。

③ “前晚本社张季鸾先生即为记者言之，谓章行严先生处得到此项消息云。”世杰：《谁的耻辱?》，载《中华新报》（上海），1919年3月6日，1张2版。

士也如此!”他自己进而指责说:“在段内阁武治时代,大学倒安然无事。现在却因为新旧冲突,居然要驱逐人员了。哈哈!文治主义原来如此!”① “文治”乃是徐世昌区别于前后任总统的主要特色,文章的指向甚明。

傅斯年稍后更公开说,是有人把《新潮》和《新青年》送给“地位最高的一个人看”,并“怂恿这位地位最高的来处治北大和我们。这位地位最高的交给教育总长傅沅叔斟酌办理”。② 到3月26日,久处压力之下的教育总长傅增湘正式致函蔡元培,明言“自《新潮》出版,辇下耆宿,对于在事员生,不无微词”。双方因批评而涉意气,实已“稍逾学术范围之外,将益启党派新旧之争”。③

至此,蔡元培似不得不有所行动了。当晚,即有本节开始提到的会议(不过汤尔和日记说是在27日),决定陈独秀不能继续担任北大文科学长。参与会议的胡适后来认为,这是一个划时代的会议,因此夜之会,陈独秀离开北大,“以后中国共产党的创立,及后来国中思想的左倾、《新青年》的分化、北大自由主义者的变弱,皆起于此夜之会”。④

在傅斯年所听到的故事版本中,蔡元培当夜做此决定是非常勉强的,曾表示不怕外来的压力,并云“北京大学一切的事,都在我蔡元培一人身上”,与陈独秀、胡适等人“毫不相干”。这故事不排除是蔡元培自己讲的(那段时间傅斯年也参与到应对外界压力的活动中,蔡元培给傅增湘的回信,因涉及《新潮》,即是傅斯年草拟的⑤),至少

---

① 陈独秀:《关于北京大学的谣言》(1919年3月)、《文治主义原来如此》(1919年4月),见《陈独秀著作选编》,第2卷,59、74页。

② 傅斯年:《〈新潮〉之回顾与前瞻》(1919年9月5日),载《新潮》,2卷1号(1919年10月),上海,上海书店,1986,影印本,201页。

③ 傅增湘:《致蔡元培》(1919年3月26日),见《蔡元培全集》(3),285~286页。

④ 胡适:《致汤尔和(稿)》(1935年12月23日),见《胡适来往书信选》,中册,281~282页。

⑤ 蔡元培:《复傅增湘》(1919年4月2日),见《蔡元培全集》(3),284~285页。

不是来自胡适，因为里面也说到其中的老谋客（即汤尔和）要蔡先生也“约制胡适之先生一下”（胡适在场，不会说出这样的情节来）。①

胡适对此事耿耿于怀，先后数次调查，以弄清幕后真相。1922 年 7 月，在出席中华教育改进社年会期间，他与丁文江、秦汾（秦于 1918 年年末代理理科学长，熟悉那段历史）等彻夜长谈，了解到北大很多内幕都与蔡元培的谋士沈尹默相关。据说沈初与夏元瑮联合废工科，又“借文理合并的计划以去夏”。夏被迫自请出国考察，由秦汾代理。秦“不愿‘本科’学长归仲甫”，故“首倡废学长之议而代以教务长。但此议后来久不提起，直到后来蔡先生欲辞去仲甫而不欲仲甫居辞去之名”，恰好秦汾调任教育部专门司司长，蔡先生“遂以废学长之名义去仲甫，教务长之议遂实行”。原议教务长只限于文理二科合成的本科，没有法科。“尹默又怕我当选，故又用诡计，使蔡先生于选举之日打电话把政治、经济两系的主任加入”，同时面见胡适，说陈大齐等不希望胡适当选为教务长，拟举经济系主任马寅初。最后在蔡元培支持下，马寅初当选。②

这段内幕印证了前引蔡元培说“陈学长赞成不设学长之议，纯粹为校务进行起见”，应非虚言。盖不论是最初议及的本科学长，还是后来确定的教务长，陈独秀都曾是首屈一指的候选人（秦汾只是代理理科学长，资历尚有欠缺）。所以他赞成改制，或并无让贤的想法。在新的形势下，这一原本纯粹的管理体制调整，倒真成了逼陈退位的手段。

实际的教授会主任会于 4 月 8 日举行，北大《日刊》给出的表面理由，除理科学长秦汾因任职教育部司长而辞职外，“适文科学长陈独秀君亦因事请假南归”，所以校长召集这次会议，“议决将三月四日所发表之《文理科教务处组织法》提前实行”，并选出马寅初为教务长。③ 法科的临时加入，显然不符合蔡元培的初衷，盖法科也是“术”

---

① 傅斯年：《我所景仰的蔡先生之风格》（1940 年），见《傅斯年全集》，第 7 册，33～34 页，台北，联经出版事业公司，1980。

② 《胡适日记全编》，1922 年 7 月 3 日，第 3 册，714～716 页。

③ 《大学本科教务处成立纪事》，载《北京大学日刊》，1919 年 4 月 10 日，3～4 版；《本校布告》，载《北京大学日刊》，1919 年 4 月 15 日，2 版。

而非“学”，本在去除之列，不过尚未提上议事日程而已。① 但沈尹默的提议，或也不全是“阴谋”——在当日报刊言论中，胡适本是仅次于陈独秀的新人物，若由他接任教务长，政府方面恐怕不乐闻。

或许为使教务长选举的正当性更充分，北大评议会 4 月 22 日议决：“法科之政治、经济两门，已编入文理科第五组。法律一门，无独立之必要，宜以法律门加入第五组，以法律门教授会主任加入教务处。法科之名，与文理科同时消灭。”② 还在 1918 年秋，北大就在专门以上学校校长会议上提出“法科大学可专授法律，其政治学及经济学各门，可并入大学本科”的议案。③ 1919 年 4 月，教育部又向教育调查会交议了“法科大学专设法律门，其政治、经济各门并入文理科”一案，但会议议决“部令从缓修正，先由北京大学试办，再行调查”。④

评议会使用的“编入”一词耐人寻味，或意味着包含政治、经济两门的第五组不过是在拟议的编制中而已，法科也并未“与文理科同时消灭”。⑤ 因法科方面的问题，马寅初不安于教务长职位，曾提出辞职（理由是法律学门教授会主任未曾享受选举与被选举权）。到 5 月

---

① 按原来的计划发展，若一切顺利，在文理二科合为“本科”后，法科只能独立出去。否则，以一不受校长看重的法科，要与二科合并的“本科”对应相处，地位将非常尴尬，甚难安身。

② 《评议会开会纪事》，载《北京大学日刊》，1919 年 4 月 23 日，3 版。

③ 《本校拟在专门以上学校校长会议提出讨论之问题》，载《北京大学日刊》，1918 年 10 月 30 日，3 版。

④ 《教育调查会第一次会议报告》，载《新教育》，1 卷 3 期（1919 年 4 月），344 页（卷页）。

⑤ 北大拟在专门以上学校校长会议提出讨论之问题里附有《大学本科学科课程编制法草案》，说到本科一年级分选修科为五组，史学、政治、经济为第五组（《本校拟在专门以上学校校长会议提出讨论之问题（续）》，载《北京大学日刊》，1918 年 11 月 1 日，5 版）。然那只是拟议的提案，到 1919 年秋季的《国立北京大学学科课程一览（八年度至九年度）》中，上述提案才作为“新制”开始实施，其中第五组改为“史学（政治、经济、法律）等”。不过后面又有附注说：“此项新制，本拟全体实行。今年八月中经评议会及教授主任会决议，法科之政治、经济、法律三系，本年暂时仍用现行之单位制。”（北京大学校史研究室编：《北京大学史料》，第 2 卷，1078～1080 页，北京，北京大学出版社，1993）可知至此法科问题仍处于悬而未决的状态。

底，评议会和教授会主任联席会数日内连续开会数次，几乎一次一变：先是法科补投一票，选举马寅初为教务长；随即又恢复法科教务处（等于否定了法科参与“本科”的投票）；旋又决议不用教务处之名，免生“误会”，实则“法科教务可由法律、政治、经济三门主任认真担任”。① 这些反复的举动，已在“五四”学生运动发生而蔡元培离校出走之后，大致都可视为前此教务长选举的余波，表明胡适关于政治、经济两系主任当日是谋略性的临时加入之说，大体可靠。

张厚载先已于3月31日因“屡次通信于京沪各报，传播无根据之谣言，损坏本校名誉”，被“令其退学”。② 然而事态的发展表明，此前流行的“谣言”，凡涉及其他人的，大都近于“事出有因，查无实据”；只有关于陈独秀的，则基本落实。对《新青年》而言，这次广泛传播的新旧之争，产生了一个积极的附带因素，即引起了外界对杂志的关注和同情。上海的《中华新报》刊文说，教育部所代表的政府压力，实赋予了《新青年》以正当性，“从此以后之《新青年》杂志发行额，必加起几倍或几十倍”。成都的《川报》也有文章预测，既有“政府干涉思想学说的事”发生，“从此《新青年》的价值，愈增高了”。③

这些预测很快被证明是不错的，参与《新青年》发行的亚东图书馆主汪孟邹，亲见这一转变的发生。本来由于《新青年》实行版式革新、使用新式标点等因素，上海印业都“不愿代印”。④ 故自六卷“四号起，决就北京印行”。⑤ 这一决定固因南方的印制出了问题，也表明对杂志在北京的发行有信心。到4月下旬，汪孟邹更观察到：“近来

---

① 评议会议事录第一册，北京大学档案馆，档号BD1919002，转引自胡少诚：《早期北大的治理模式与实践（1898—1937）——以大学权力演化为视角的考察》，北京大学历史学系博士论文，2009。

② 《本校布告》，载《北京大学日刊》，1919年3月31日，1版。

③ 世杰：《谁的耻辱?》，载《中华新报》，1919年3月6日，1张2版；因明：《对北京大学的愤言》，载《川报》（成都），录在《每周评论》第19号（1919年4月27日），4版。

④ 汪孟邹：《致胡适》（1918年10月5日），见耿云志主编：《胡适遗稿及秘藏书信》，27册，278～280页，合肥，黄山书社，1994。

⑤ 汪孟邹：《致胡适》（1919年4月），见《胡适遗稿及秘藏书信》，第27册，285页。

《新潮》、《新青年》、《新教育》、《每周评论》销路均渐兴旺，可见社会心理已转移向上。”① 可知其在南方的销路也不错，尤其近来“渐兴旺”的说法，表明这是新现象。在6卷5号上，即有群益书社关于前五卷将再版，先印前三卷的预约广告。② 到7卷1、2号，再次发布全五册再版的广告。③ 这些都表明，该刊的销售确实已经大有改观。

不过，很多人愿意引用汪原放所说的《新青年》“最多一个月可以印一万五六千本”的说法④，虽不排除某一次真达到这样的“最多”，但应非常态。实际上，撰于1919年年底前的《〈新青年〉编辑部与上海发行部重订条件》的合同文本明言：“中国北部约每期可销一千五百份，由发行部尽先寄与编辑部分派。以后如销数增加，发行部应随时供给。”⑤ 则直到“五四”后，北方的销路不过如此。后来陈独秀在1920年5月拟自办《新青年》印制发行等，曾说“此时打算少印一点(若印五千，只需四百余元)”。⑥ 则“常印”或“多印”的数目，应不会高太多。

由于不久即有大规模的“五四”学生运动发生，那次“新旧之争”对杂志销路的积极影响或被掩盖。而那一事件对杂志办刊倾向更重要的影响，则是陈独秀因大学改制而“自然”成为普通教授。如此“提前实行”学长改教务长的仓促决定显然出乎陈独秀的预料，心有不甘的他最终南下上海。

---

① 汪孟邹：《致胡适》(1919年4月23日)，见《胡适遗稿及秘藏书信》，第27册，289～290页。

② 群益书社：《〈新青年〉一至五卷再版预约》，载《新青年》，6卷5号(1919年5月)，扉页。

③ 《〈新青年〉第一、二、三、四、五卷合装本全五册再版》，载《新青年》，7卷1号(1919年12月)，扉页。

④ 汪原放：《回忆亚东图书馆》，32页。

⑤ 此合同书手迹见北京历史博物馆编：《中国近代史参考图片集》，下册，161页，上海，上海教育出版社，1958。原注为“北京历史博物馆藏片”，并说明是“鲁迅的手笔之一”。然究为何人所撰写，现有争议，参见周楠本：《一篇新发现的鲁迅手稿》，载《鲁迅研究月刊》，2011年第12期；叶淑穗：《对〈一篇新发现的鲁迅手稿〉一文的质疑》，载《鲁迅研究月刊》，2012年第4期。

⑥ 陈独秀致胡适，1920年5月25日，新出书信。

三、在自由主义和马克思主义之间的陈独秀

胡适1935年对汤尔和说，由于文科学长的解职，“独秀因此离去北大”，引起一系列严重的后果。因为

> 独秀在北大，颇受我与孟和（英美派）的影响，故不致十分左倾。独秀离开北大之后，渐渐脱离自由主义者的立场，就更左倾了。此夜［3月26日］之会，虽然有尹默、夷初在后面捣鬼，然孑民先生最敬重先生［指汤］，是夜先生之议论风生，不但决定了北大的命运，实开后来十余年的政治与思想的分野。此会之重要，也许不是这十六年的短历史所能论定。①

对此汤尔和当然不能同意，他反驳说，陈独秀本为“不羁之才，岂能安于教授生活”？即使没有这次的改聘，最后还是会脱离北大。1935年时的陈独秀当然已脱离教育界，但这说法恐怕有些后见之明的意味。陈本是从实际政治中回归文化、教育事业的，在他1920年春的言行里，还真看不出多少又要走向实际政治的意向。然而汤尔和挖苦胡适的话却不无道理，他说：会议不久即有“五四”学生运动，此后“接二连三之极大刺激，兄等自由主义之立场能否不生动摇，亦属疑问”。②

这话实有所指。北伐前胡适曾提倡“好人政府”，那时就几乎投入实际政治，这是汤尔和亲眼所见；后胡适也曾参加北洋的善后会议，北伐后又站出来公开批评新当权的国民党，几乎被国民党“法办”。那时汤尔和即曾说，他原以为胡适已经“论入老朽，非复当年”，现在才知道其实锋芒未减。③ 汤氏言外之意，胡适自己也常常“忍不住”要

---

① 胡适：《致汤尔和（稿）》（1935年12月23日），《胡适来往书信选》，中册，281～282页。

② 汤尔和：《致胡适》（1935年12月29日），《胡适来往书信选》，中册，291～292页。

③ 参见罗志田：《再造文明的尝试：胡适传》，207～212、235页。

参政议政，遑论陈独秀这样的“不羁之才”。其实“自由主义”从未标榜不涉及实际政治，只是对政治有一些特定的看法。汤尔和或不过是沿用胡适的表述而照本宣科，但至少可知当年对自由主义的认知是相当宽泛的。

胡适晚年在《口述自传》里说：1919年时李大钊已写过文章称颂俄国革命，而陈独秀还没有相信马克思主义，甚至并不了解马克思主义。他是到上海“交上了那批有志于搞政治而倾向于马列主义的新朋友”后，才逐渐“和我们北大里的老伙伴愈离愈远”。① 揆诸陈独秀在1920年南下前后的言论，胡适的看法绝非无的放矢，甚至可以说基本不差。

傅斯年也认为，陈独秀在《青年》发刊词中所说的六点②，是他后来众多言论的“立点”。于这一立点出发，“后来之伦理革命论、文学革命论、民治论以及社会主义，都是自然的趋势，必然的产物。而陈氏之发挥这个立点，尤有一个基本精神，即是他的猛烈的透辟的自由主义”。总体看，“他的精神到底是法兰西革命的产品，并不是一个‘普罗’的产品”。③

一些共产党当事人的言论，也能印证胡适的说法。前引沈雁冰的回忆说：即使在陈独秀南下以后，《新青年》虽然多谈政治，但在理论方面，却不纯粹。不仅真“对唯物辩证法有研究者，其时仅一李大钊”；同时还刊登罗素的文章而不批评，提示出其与自由主义的关联。

那时还有一位西方哲学家身在中国，其影响比罗素有过之无不及，就是杜威。陈独秀当时对民主（民治）和科学的理解，显然受到胡适和杜威的影响。他在1919年年底《新青年》7卷1号的《本志宣言》中明确表示：“我们相信尊重自然科学实验哲学，破除迷信妄想，是我

① 唐德刚译注：《胡适口述自传》，195页。

② 即1915年的《敬告青年》中所说的：一、自主的而非奴隶的；二、进步的而非保守的；三、进取的而非退隐的；四、世界的而非锁国的；五、实力的而非虚文的；六、科学的而非想象的。见《陈独秀著作选编》，第1卷，158～163页。

③ 傅斯年：《陈独秀案》（1932年），载《独立评论》第24号（1932年10月30日），4页。

们现在社会进化的必要条件。"① 在同一期上所发表的《实行民治的基础》一文中，陈氏更喊出了他常为人引用的口号：中国要实行民治主义，应当"拿英美作榜样"。在这篇文章中，陈独秀明言："杜威博士关于社会经济（即生计）的民治主义的解释，可算是各派社会主义的公同主张，我想存心公正的人都不会反对。"②

蔡和森也说：《新青年》以前"是美国思想宣传机关，但是到了仲甫同志倾向社会主义以后，就由美国思想变为俄国思想了，宣传社会主义了。不过在过渡期间的文章，社会革命的思想是有了，杜威派的实验主义也是有的"。要到 1920 年的《新青年》"五一"劳动节特刊（7 卷 6 号），"才完全把美国思想派赶跑了"。③ 蔡和森的记忆有些误差，《新青年》8 卷 1 号都还在刊登杜威的演讲；但他记忆中的感觉，与其他人是类似的。

中共创立时也在上海的李达更曾回忆说，就是在担任中共领导之后，陈独秀也"并不阅读马列主义著作"。他"不懂、也不研究"那些关于中国革命的马克思主义理论，甚至"《向导》上署他的名字的文章，大都是同志们代写的"。④ 这样看来，陈独秀在该刊上的言论，还须小心辨析。马列主义本非一两天可以速成，陈独秀在创建并领导中共之后这方面理论水准不高，应该也是顺理成章的。若陈独秀在创建并领导中共之后马克思主义理论的水准尚不过如此，则他在此前更接近自由主义，就是非常可能的。上述几位中共人士的记忆，也都能印证这一点。

更重要的是，胡适向来提倡"拿证据来"，他在《口述自传》里的表述，也是有所本的。胡适引以为据的，就是陈独秀"写给《新青年》

---

① 陈独秀：《本志宣言》，载《新青年》，7 卷 1 号（1919 年 12 月），4 页。

② 陈独秀：《实行民治的基础》，载《新青年》，7 卷 1 号，16、14 页。

③ 蔡和森：《中国共产党史的发展（提纲）》（1926 年），见中央档案馆编：《中共党史报告选编》，8 页，北京，中共中央党校出版社，1982。

④ 李达：《中国共产党的发起和第一次、第二次代表大会经过的回忆》，见中国社会科学院现代史研究室、中国革命博物馆党史研究室编：《"一大"前后：中国共产党第一次代表大会前后资料选编》（二），16 页，北京，人民出版社，1980。

杂志的编者的几封信”。① 我们知道胡适是在美国口述其《自传》的，他保存的大部分来往信件并未带走，但他当时这么说，应能看到一些陈独秀写给《新青年》编者的信（这些信件已由胡家后人拿出拍卖，此前并在北大展出）。

在1920年年底陈独秀到广州后，那时他已和第三国际的人有了正式的联系，恐怕中共也已算成立（虽然还没开第一次党代会），他仍希望胡适所说的“英美派”陶履恭（孟和）能到广州去办高等师范学校。他在给高一涵和胡适的信中说：“师范必附属小学及幼稚园，我十分盼望杜威先生能派一人来实验他的新教育法，此事也请适之兄商之杜威先生。”此时他刚到广州，尚未与当地人联系，但已在考虑“此间倘能办事，须人才极多，请二兄早为留意”。② 可知陈独秀的心目中，基本还维持着革新与守旧的区分，他并不像后之研究者那样了解和重视马克思主义与自由主义的差异，却敏锐地感觉到了杜威等人的自由主义与社会主义的亲近。

从这些公开和私下的言论看，并参照早期中共要员沈雁冰和李达的上述看法，陈独秀确实未必懂多少马克思主义，他可能也不那么懂得自由主义，但对两者的一些基本准则都有所把握。不论他对两种主义各自认识到何种程度，陈独秀那时并不看重两者的对立，毋宁说他还更注重两者互补的一面。③ 胡适把南下前的陈独秀列入“北大自由主义者”，当然是在一种较宽泛的意义上说的，但彼此皆视为同道，仍在互相援引，则绝无疑义。

而且，其他不少被我们视为自由主义者的人，恐怕也未必就更“懂”自由主义。在这批新“出现”的信中，有陈独秀1920年5月11日致胡适的信。他明确表示不赞成当时学生继续罢课，认为“牺牲了

---

① 唐德刚译注：《胡适口述自传》，195页。

② 陈独秀致高一涵、胡适，1920年12月21日，新出书信。

③ 直到1923年7月，作为中共领导的陈独秀还以为，“适之所信的实验主义和我们所信的唯物史观，自然大有不同之点，而在扫荡封建宗法思想的革命战线上，实有联合之必要”。陈独秀：《思想革命上的联合战线》（1923年7月1日），见《陈独秀著作选编》，第3卷，102页。

数百万学生宝贵的时间，实在可惜之至”。陈氏建议胡适“邀同教职员请蔡［元培］先生主持北大单独开课，不上课的学生大可请他走路”。在他看来，这样的学生留在学校“也没有好结果”。更重要的是，陈独秀强调：“政府的强权我们固然应当反抗，社会群众的无意识举动我们也应当反抗。”

这是典型的自由主义表达。在那个听众决定立说者命运、老师常常跟着学生跑的年代，即使是一些被我们视为自由主义者的读书人，也未必能认识到这一点，更不用说如此简明扼要地将其表出。而在陈独秀，这却并非一时脱口而出的妙语。到次年 6 月，他进而在《新青年》9 卷 2 号上公开说：

> 舆论就是群众心理底表现，群众心理是盲目的，所以舆论也是盲目的。古今来这种盲目的舆论，合理的固然成就过事功，不合理的也造过许多罪恶。反抗舆论比造成舆论更重要而却更难。投合群众心理或激起群众恐慌的几句话，往往可以造成力量强大的舆论；至于公然反抗舆论，便不是一件容易的事了。然而社会底进步或救出社会底危险，都需要有大胆反抗舆论的人，因为盲目的舆论大半是不合理的。此时中国底社会里，正缺乏有公然大胆反抗舆论的勇气之人！①

大约同时，他又给胡适写信：指责北大的老师们不仅纵容学生运动，自己也闹索薪风潮。胡适 1921 年 7 月 7 日的日记说，“仲甫来一长信，大骂我们——三孟［蒋梦麟、顾孟余、陶孟和］、抚五［王星拱］、我——为饭碗问题闹了一年的风潮，如何对得起我们自己的良心。我觉得他骂的句句都对。这一年半，北京学界闹的确是饭碗风潮。”隔天胡适又邀正在调停学潮的蒋梦麟来谈，“我把仲甫的信给他看，他也觉得仲甫的话不错”。② 这已是中共一大召开之后了，陈独秀

---

① 陈独秀：《随感录·反抗舆论的勇气》（1921 年 6 月），载《新青年》，9 卷 2 号（1921 年 6 月），见《陈独秀著作选编》，第 2 卷，381 页。

② 《胡适日记全编》，1921 年 7 月 7 日、7 月 8 日，第 3 册，362、364～365 页。

仍坚持学者在学潮方面不应“投合群众心理”，而应具有“公然大胆反抗舆论的勇气”。

任何“主义”，不仅需要学理的系统表述，也体现在日常的言动之中。[①] 据前引胡适的想法，陈独秀在北大不致十分“左倾”，是因为颇受他和陶孟和等“英美派”的影响，尚能维持自由主义的立场。但至少在学潮方面，陈独秀似乎比这些“英美派”学人更坚定地站在自由主义的立场之上。所以，“主义”的问题，未必可以简明扼要地“说清楚”。若说陈独秀对马克思主义和自由主义的一些基本准则都有所把握，却也不至于离谱。

另外，陈独秀本性情中人，也就在这段时间里，他曾因《新青年》事而大怒，写出了几乎与胡适和陶孟和绝交的信。过去探索《新青年》同人分裂的研究者，未曾看见这些非常重要的信函。下面就通过这些新出信件，来看看那时到底发生了什么事。我会尽量多使用这些新出信件的内容，对于他人据既存材料已说过的，仅简短述及。

四、《新青年》的转向

陈独秀南下上海后所发生的一件事，是《新青年》与其长期合作伙伴群益书社决裂，改由“新青年社”独立发行。事情的起因是7卷6号的刊物页数增加很多，书社要提高定价，而陈独秀不同意，终至决裂。此事汪原放在其《回忆亚东图书馆》中曾说到，大体不差。他的叔叔汪孟邹（亚东图书馆老板）当时试图为两边说和，而陈独秀大发脾气，无论怎么说都不能成功。平心而论，大量增加页数而以原价出售，就要亏本，从商人立场确实很难接受。但陈独秀的动怒，也有他的考虑。[②]

陈独秀在1920年5月的三封信里都说及此事，他在7日致胡适、李大钊的信中说，“因为《新青年》六号定价及登告白的事，一日之间

---

① 参见王汎森：《“烦闷”的本质是什么——“主义”与近代私人领域的政治化》，载《思想史》（台北），待刊。

② 汪原放：《回忆亚东图书馆》，54页。

我和群益两次冲突。这种商人，既想发横财，又怕风波，实在难与共事”。此后 5 月 11 日和 19 日，又两次致函胡适，表示“我对于群益不满意不是一天了，最近是因为六号报定价，他主张至少非六角不可。经我争持，才定了五角。同时因为怕风潮，又要撤销广告。我自然大发穷气。冲突后他便表示不能接办的态度。我如何能去将就他，那是万万做不到。群益欺负我们的事，十张纸也写不尽”。总之，“群益对于《新青年》的态度，我们自己不能办，他便冷淡倨傲，令人难堪；我们认真自己要办，他又不肯放手”。

从这几封信可知，确如汪原放所说，冲突的起因是加价问题。价格最后虽以妥协了结，但显然已伤了感情。群益书社恐怕还是想要继续合作，不过总以商人的方式讨价还价，难为心直口快的陈独秀所接受。由于早有不满，陈氏也先有考虑。他在 4 月 26 日就发出一封给 12 位《新青年》同人的“公信”，提出第 7 卷结束后“拟如何办法”，要他们“公同讨论赐复”。陈独秀提出的问题有：一、是否接续出版？二、原定发行合同已满期，“有无应与交涉的事”？可知那时他已启不续约之心。而群益书社要求提价，更助长了陈的不合作情绪。

陈独秀在 5 月 7 日给胡适的信中说，只有自己发起一个书局，才可避免“我们读书人日后受资本家的压制”。这恐怕是他怒不可遏的思想根源。中国读书人对商人既打击又依赖的历史已延续了至少两千年，何况又有舶来的“资本家”新概念为之助，更强化了彼此的不信任。而群益书社以不续办相威胁，既说明他们对合作者的个性不够了解，更证明了自身的商人气味。此后又表示不肯放手，恐怕也表述得不够谦恭，不足以为“读书人”陈独秀所接受，事遂不能挽回。这件事与当时的“主义”和新旧思想倾向无关，却也反映出思想上的历史积淀。

陈独秀在 4 月 26 日的“公信”中，还提出了关于刊物编辑人的三种选项：一是由在京诸人轮流担任；二是由在京一人担任；三是由他在沪担任。这封信似乎没引起北京同人的即刻重视，陈氏又在 5 月 7 日致胡适、李大钊的信中再提出：

> 前因《新青年》事，有一公信寄京，现在还没有接到回信，不知大家意见如何？……《新青年》或停刊，或独立改归京办，

> 或在沪由我设法接办（我打算招股自办一书局），兄等意见如何，请速速赐知。

为了日后不受资本家压制，陈独秀自己显然倾向后者，而招股自办书局就是他落实第三项建议的具体规划。他告诉两人：“章程我已拟好付印，印好即寄上，请兄等切力助其成。”这一次陈独秀的要求得到了贯彻，从胡适和周作人的日记可知，有12位北京同人应胡适之邀于5月11日在公园讨论了《新青年》办刊事宜，但似乎并未涉及根本。周作人日记中明言那次聚会是讨论第8卷的事，而陈独秀自己问的也是第7卷结束后“拟如何办法”。①

就在北京同人聚会的同一天，着急的陈独秀再函胡适：“究竟应如何处置，请速速告我以方针。”胡适随即有两信回复陈独秀，大概除赞成自办发行和建议用“新青年社”的名称外，并未明确答复陈独秀提出的三项建议，甚或表示了对发行兴趣不大。陈对这种只讨论近期事项的处理显然不满意，他在5月19日致函胡适说：

> (1)“《新青年》社”简直是一个报社的名子，不便招股。
>
> (2)《新青年》越短期，越没有办法。单是八卷一号，也非有发行不可。垫付印刷纸张费，也非有八百元不可。试问此数从哪里来？
>
> (3)著作者只能出稿子，不招股集资本，印刷费从何处来？著作者协济办法，只好将稿费并入股本。此事我誓必一意孤行，成败听之。
>
> (4)若招不着股本，最大的失败，不过我花费了印章程的九角小洋。其初若不招点股本开创起来，全靠我们穷书生协力，恐怕是望梅止渴。

此后陈独秀或也略有妥协，他接受了“新青年社”的存在，同时决定招股自办一个“兴文社”。陈氏在5月25日致函胡适，说明“群

---

① 《周作人日记》，1920年5月11日，中册，123页；《胡适日记全编》，1920年5月11日，第3册，170页。

益不许我们将《新青年》给别人出版，势非独立不可”。他打算让兴文社和新青年社分立，为节省经费，可合租一发行所。“如此，八卷一号的稿子，请吾兄通知同人从速寄下，以便付印。此时打算少印一点(若印五千，只需四百余元，不知北京方面能筹得否？倘不足此数，能有一半，我在此再设法)，好在有纸板随时可以重印。”陈独秀强调，独立自办之初，内容应当更好，“吾兄及孟和兄虽都有一篇文章在此，但都是演说稿，能再专做一篇否?”同时请胡适将几位同人进行中的稿件“分别催来”。

5月30日，北京同人再次就《新青年》事聚谈，结果不详。但大体的态度相对消极，似乎看陈独秀意志坚决，遂由他随意进行，却也并不积极支持。陈独秀7月2日写信给高一涵说：

> 《新青年》八卷一号，到下月一号非出版不可。请告适之、洛声二兄，速将存款及文稿寄来。兴文社已收到的股款只有一千元，招股的事，请你特别出点力才好。适之兄曾极力反对招外股，至[如]今《新青年》同人无一文[此“文”指钱，系“一文钱”之省]寄来，可见我招股的办法未曾想错。文稿除孟和夫人[沈性仁]一篇外，都不曾寄来，长久如此，《新青年》便要无形取消了。奈何！

陈独秀在1916年曾参与群益书社与亚东图书馆合组新公司的招股活动，到北京募集股本。他当年曾致函胡适，自称北上月余，便募集十万元。① 那时十万元可不是小数目，即便有些夸大，实际数额也当不小。适逢蔡元培请他做北大文科学长，遂未再参与此事。但或许就是那时的成绩，给了陈独秀招股办书局的自信。当时陈独秀的名声应较前些年更有号召力，而兴文社不过收到股款一千元，实在有些今非昔比。究竟是整体的世风变了，还是上海人不如北京人爱好“文化”，都还是可考的问题。

从陈独秀稍后给程演生的几封信看，他似已放弃另立“兴文社”

① 陈独秀：《致胡适》(约1917年1月)，见《胡适来往书信选》，上册，6页。

的计划，仍采用“新青年社”的名目募款，但效果也不佳。① 而既与群益书社脱钩，又没有固定的经费来源，恐怕也是导致《新青年》后来成为中共刊物的一个原因。原本与思想倾向无关的技术性环节，也可能发酵成为一个起作用的因素。

比经费更严重的问题，是北京同人几乎都不曾以文稿表示支持，显然对刊物偏向政治而疏离于学术思想不满。过去在《新青年》同人间划线分派的研究者，似未充分注意这一耐人寻味的现象。当时胡适在南京高师的暑期学校作系列演讲，陈独秀在 8 月 2 日特别致信胡适说，8 卷 1 号不做文章就算了，但 2 号就要“强迫你做一篇有精彩的文章”。他甚至给出了文章的主题，即中国人的思想是万国虚无主义的总汇，包括老子学说、印度空观、欧洲形而上学及无政府主义，可以说“世界无比”。故“《新青年》以后应该对此病根下总攻击。这攻击老子学说及形而上学的司令，非请吾兄担任不可”。②

先是胡适等北大人在 1920 年 8 月 1 日的《晨报》刊出一篇《争自由的宣言》，提出“我们本不愿意谈实际的政治，但是实际的政治却没有一时一刻不来妨害我们”。在“政治逼迫我们到这样无路可走的时候，我们不得不起一种觉悟：认定政治如果不由人民发动，断不会有真共和的实现”。不过，《宣言》明确了实现之法，就是先“养成国人自由思想、自由评判的真精神”。③

陈独秀随后在《新青年》8 卷 1 号头版的《谈政治》一文中说，中国主张不谈政治的约有三派：即学界、商界和无政府党人，胡适就是前者的代表之一。他引用《争自由的宣言》中“实际的政治却没有一时一刻不来妨害我们”一语，说胡适等“要除去这妨害，自然免不

---

① 陈独秀：《致程演生》（1920 年 6 月 15 日、6 月 17 日），见沈寂辑注：《陈独秀遗简（二）》，载《安徽史学》，1985 年 3 期，71～72 页；陈独秀：《致程演生》（1920 年 8 月 2 日）、陈独秀：《致王星拱、程演生》（1920 年 8 月 7 日），见沈寂辑注：《陈独秀遗简（三）》，载《安徽史学》，1985 年 6 期，均 71 页。

② 陈独秀：《致胡适（残）》（1920 年 8 月 2 日），见《胡适来往书信选》，上册，107 页。

③ 宣言全文见李大钊研究会编：《李大钊文集》，第 5 册，337～339 页，北京，人民出版社，1999。

了要谈政治”。① 这已有些占便宜的意思，若由胡适来攻击无政府主义，等于是让主张不谈政治的第一派来攻击第三派，就更意味深长了。胡适看了《谈政治》，自不会接受这一命题作文。

过去很多人都把陈独秀《谈政治》一文视为《新青年》转向的重要标志，然而从此前一信看，陈独秀仍表出了应针对中国人思想病根下总攻击的立意，至少无意将刊物改变成一个政论性的刊物。尽管他稍后仍说，“因为我们不是无政府党人，便没有理由可以宣言不谈政治”。② 但在其开始转变之时，仍试图顺应北京同人侧重思想的倾向。

后来陈独秀自己写出了他对无政府主义的想法，以为“近来青年中颇流行的无政府主义，并不完全是西洋的安那其”，而是“固有的老、庄主义复活，是中国式的无政府主义。所以他们还不满于无政府主义，更进而虚无主义，而出家，而发狂，而自杀”。这“是青年底大毒”。他主张，只有“从政治上、教育上施行严格的干涉主义”，“早日造成一个名副其实的‘开明专制’之局面”，中华民族的腐败堕落方可救治。而要这样做的“最大障碍，就是我们国民性中所含的懒惰放纵不法的自由思想。铸成这腐败堕落的国民性之最大原因，就是老、庄以来之虚无思想、放任主义”。③ 其言外之意，思想和政治不能两分，当以政治上的干涉主义来对抗虚无思想、放任主义。

胡适此前虽未接受陈独秀的命题作文，显然受到其影响，且不排除后来直接受到此短文的影响。他在 1921 年 6 月 18 日的日记中说，“现在的少年人把无政府主义看作一种时髦东西，这是大错的”，颇像是在引述陈独秀的文字。胡适强调：“我们现在决不可乱谈无政府；我们应谈有政府主义，应谈好政府主义！”同年八月初在安庆，他“第一次公开的谈政治”，讲的就是“好政府主义”，明言他所说的好政府主

---

① 陈独秀：《谈政治》，载《新青年》，8 卷 1 号（1920 年 9 月），见《陈独秀著作选编》，第 2 卷，249～250 页。

② 陈独秀致胡适等，1921 年 1 月 9 日，新出书信。

③ 陈独秀：《随感录·中国式的无政府主义》，载《新青年》，9 卷 1 号（1921 年 5 月），见《陈独秀著作选编》，第 2 卷，376 页。

义是有政府主义，是反对无政府主义的。① 可知陈独秀对胡适的影响，在逐步发酵。

也是在《新青年》8卷1号之上，刊出了《本志特别启事》，宣称“本志自八卷一号起，由编辑部同人自行组织新青年社，直接办理编辑印刷发行一切事务”。这大概是针对此前关于第七卷的合同，揆诸此前往还信件和别的文献，似未见“新青年社”相应的实际行动，可知该社不过是对外宣布“自行组织”，基本仍是陈一人在操办，仅维持着团体的外表而已。

傅斯年后来说，《新青年》可以分做三个时期，一是1917年夏以前，是陈独秀独力编著的；二是1917年夏至1920年年初，是陈“与当时主张改革中国一切的几个同志，特别是在北京大学的几个同志共办的，不过他在这个刊物中的贡献比其他人都多”；三是自1921年年初算起，“这个刊物变成了共产主义的正式宣传刊物，北大的若干人如胡适之先生等便和这个刊物脱离了关系”。而《新青年》的转向，也有个过程，“自第六卷起渐注重社会问题，到第七卷的下半便显然看出马克思主义的倾向”，八卷以后，对社会主义的倾向才“具体化”②。

当年傅先生虽是学生，却参与北大诸多事务，与胡适、李大钊、周作人等往还甚多，是深知内情的人。他这一分期显然经过仔细斟酌，特别是把1920年年初到1921年年初这一年的时间划为二三期之间的过渡期，尤显分寸。实际上，1921年1月出版的8卷5号上，仍有胡适的文字。所谓“脱离关系”，只能在此之后。③ 换言之，即使在8卷1号的新倾向已经很明显后，《新青年》的北京同人还在试图寻求妥协，直到陈独秀在上海引进新人参与编辑，才导致最后的分裂。

---

① 《胡适日记全编》，1921年6月18日、8月5日，第3册，325、414～417页。

② 傅斯年：《陈独秀案》(1932年)，载《独立评论》，第24号，3、5页。

③ 8卷5号是在上海的陈望道开始负责《新青年》的编辑工作，他在1921年1月15日致信（明信片）胡适说：“来函敬悉。大作已载在《新青年》八卷五号了。《新青年》内容问题，我不愿意多说话，因为八卷四号以前，我纯粹是一个读者；五卷［号］以后，我也只依照多数意思进行。”陈望道：《致胡适》(1921年1月15日)，见《胡适遗稿及秘藏书信》，第35册，419页。

五、《新青年》编辑部改组风波

1920年12月，陈炯明请陈独秀到粤主持广东全省教育。陈独秀在月初致函李大钊、胡适等九人，说自己将赴广州，“此间编辑事务已请陈望道先生办理，另外新加入编辑部者，为沈雁冰、李达、李汉俊三人”。该信仍是胡适在处理，他在信上批注：“请阅后在自己名字上打一个圈子，并请转寄给没有圈子的人。”① 由于这是“公信”，说得较为“客观”，没什么解释。

陈独秀于12月16日动身前夕，又致信胡适、高一涵，进一步申说其意。他表示，近来“《新青年》色彩过于鲜明，弟近亦不以为然。陈望道君亦主张稍改内容，以后仍以趋重哲学文学为是。但如此办法，非北京同人多做文章不可。近几册内容稍稍与前不同，京中同人来文太少，也是一个重大的原因”。② 他在12月20日到广州的次日，再写信给二人，述说了前引希望杜威能派一人来实验其新教育等事。显然，陈独秀当时并不觉得他对编辑部的处置有什么不妥，对北京同人的感觉也不错。

但北京同人显然对陈独秀把《新青年》编辑事务交与他人，并让编辑部新增数人的做法非常不满。③ 这在很大程度上或许即归因于所谓“新青年社”并未正式“由编辑部同人自行组织”，则每个人都可认为自己是“社员”，同时也觉得对“编辑部”的扩充有发言权。最先表态的是陶履恭，由于当时官方已“不准邮寄”《新青年》，陶氏主张不

---

① 陈独秀：《致李大钊、胡适等》（1920年12月初），见《胡适来往书信选》，上册，116页。

② 陈独秀：《致胡适、高一涵》（1920年12月16日），见《陈独秀书信集》，292～293页，北京，新华出版社，1987。

③ 如钱玄同于12月16日致信周作人：“我现在对于陈望道编辑《新青年》，要看他编辑的出了一期，再定撰文与否。如他不将他人底稿改用彼等——‘哪’‘佢’……字样，那就不说什么；否则简直非提出抗议不可了。”见《钱玄同文集》，第6卷，41页，北京，中国人民大学出版社，1999。

妨“就此停版”，并建议“日内开会讨论一番，再定如何进行”。① 这与大家此前对陈独秀办刊的放任态度，已经很不相同了。

北京同人的不快，系统表述在稍后胡适给陈独秀的信中。对陈独秀所说《新青年》“色彩过于鲜明”，胡适表示已经难以抹淡，盖“北京同人抹淡的工夫，决赶不上上海同人染浓的手段之神速”。他提出三个解决办法：一是“听《新青年》流为一种有特别色彩之杂志，而另创一个哲学文学的杂志”；二是恢复“不谈政治”的戒约，从 9 卷 1 号起把《新青年》编辑事务移归北京同人处理，并发表一个新宣言，“注重学术思想艺术的改造，声明不谈政治”；三即陶履恭所建议的“暂时停办。但此法与‘新青年社’的营业似有妨碍，故不如前两法”。胡适表示，他以外至少有六人赞同第一二两法。不过，胡适在信中使用了“上海同人”的说法，信末并云“此信我另抄一分，寄给上海编辑部”，似已实际接受陈独秀的扩军。②

这一次，脾气不好的陈独秀又大怒了。他在 1921 年 1 月 9 日给胡适等九人发出一封公信。此信重要，兹录如次：

> 适之先生来信所说关于《新青年》办法，兹答复如左：
>
> 第三条办法，孟和先生言之甚易。此次《新青年》续出，弟为之甚难。且官厅禁寄，吾辈仍有他法寄出，与之奋斗（销数并不减少）。自己停刊，不知孟和先生主张如此办法的理由何在？阅适之先生的信，北京同人主张停刊的并没有多少人，此层可不成问题。
>
> 第二条办法，弟虽离沪，却不是死了。弟在世一日，绝对不

① 陶孟和：《致胡适》（1920 年 12 月 14 日），见《胡适来往书信选》，上册，116 页。

② 胡适：《答陈独秀》（约 1920 年年底），见《陈独秀书信集》，293～294 页。按胡适覆信时尚未收到周树人、周作人的回应，随后鲁迅代表二人说，周作人以为“照第二个办法最好”。他自己则以为三个都可以。但如北京同人一定要办，仍以“第二个办法更为顺当”，却不必“发表新宣言说明不谈政治”。鲁迅：《致胡适》（1921 年 1 月 3 日），见《鲁迅全集》，第十一卷，371 页。则所有人都不同程度地表示了赞同胡适的提议。

赞成第二条办法。因为我们不是无政府党人，便没有理由可以宣言不谈政治。

第一条办法，诸君尽可为之，此事于《新青年》无关，更不必商之于弟。若以为别办一杂志，便无力再为《新青年》做文章，此层亦请诸君自决。弟甚希望诸君中仍有几位能继续为《新青年》做点文章。因为反对弟个人，便牵连到《新青年》杂志，似乎不大好。

再启者：前拟用同人名义发起新青年社，此时官厅对新青年社颇忌恶，诸君都在北京，似不便出名，此层如何办法，乞示知。又白

从前几封信看，陈独秀本带着较好的心情离沪赴粤，且对自己的主张并无多少不好的感觉。他自有其理由：北京同人既不怎么出款，又不寄稿，上海不另找人，稿件从何而来？且此信明确了“新青年社”实际并未组成，所以对他也没有什么太明确的约束。最主要的当然是他正在广州满腔热情地张罗，忽然被泼冷水，心情难以扭转，说话也就情绪十足了。其实陈氏自己在四五月间曾两次提出三项建议，都包括不继续出版的选项，所以陶履恭的建议并不太出格。但因陈独秀心绪已不佳，再加上他注意到北京同人多不赞成停刊，故怀疑陶履恭已被梁启超等“研究系”收买，单独给陶写了一封几乎绝交的信（原信未见，从胡适回信中得知）。

胡适随即回信陈独秀，说他“真是一个卤莽的人”。他特别强调，梁启超等人与《新青年》同人，是“我们”与“他们”的关系，长期处于竞争之中，最近还有日趋激烈的趋势。换言之，陈独秀对陶履恭的怀疑，几乎等于认友为敌。但胡适表示，“我究竟不深怪你，因为你是一个心直口快的好朋友”。他提醒陈独秀，现在谣言甚多，“北京也有‘徐树铮陆军总长、陈独秀教育总长’的话”。若这也相信，岂不也可以像陈独秀警告陶履恭一样说出什么“一失足成千古恨”的话？胡适并说，“这事，我以后不再辨了”，颇有些“言尽于此”的味道，显

然他也“往心里去”了。①

胡适关于“我们”与“他们”的描述，是比较贴切的。按照沈雁冰的回忆，梁启超等人想要独立从事文化事业的“群体自觉”，恰在这段时间才明朗化。张东荪本也是谈唯物史观的，并曾参与在上海筹组共产党的活动。后得“随梁任公游欧之某某函告，彼等一系之政治立场及文化工作方策，经已决定”，乃“不能不改变论调”，使人感觉其言论“判若两人”。② 而张东荪“议论大变”后，陈独秀本人就和他辩论过，这对他应该是记忆犹新的事。③

这是当时的敏感话题，一时“北京同人”纷纷就“研究系”问题表态。钱玄同劝解说，“仲甫本是一个卤莽的人，他所说那什么研究系底话，我以为可以不必介意。我很希望你们两人别为了这误会而伤了几年来朋友的感情”。盖陈独秀“本是老同盟会出身，自然容易和国民党人接近；一和他们接近，则冤枉别人为研究系的论调，就不知不觉地出口了”。其实，“广东、上海本来是一班浮浪浅薄的滑头底世界。国民党和研究系，都是‘一丘之貉’”。④ 在给周氏兄弟的信中，钱氏明言：“所谓长江流域及珠江流域的议论，大概就是邵力子、叶楚伧、陈望道等人的议论。”陈独秀“疑心适之受了贤人系的运动，甚至谓北大已入贤掌之中”，就是受了这些人的影响而“神经过敏”。⑤

李大钊也对胡适说，“关于研究系谣言问题，我们要共同给仲甫写

---

① 胡适：《致陈独秀（稿）》（1921年年初），见《胡适来往书信选》，上册，119～120页。

② 沈雁冰：《客座杂忆——〈新青年〉谈政治之前后》，见《茅盾全集》，第12卷，96页。

③ 张东荪：《由内地旅行而得之又一教训》，载《时事新报》，1920年11月6日，2张1版；陈独秀：《关于社会主义的讨论》，载《新青年》，8卷4号（1920年12月）、《社会主义批评》，载《新青年》，9卷3号（1921年7月），见《陈独秀著作选编》，第2卷，303～310、338～350页。

④ 钱玄同致胡适，1920年年底至1921年年初，新出书信。

⑤ 钱玄同：《致鲁迅、周作人》（1921年1月11日），见《钱玄同文集》，第6卷，14～16页。实际上，胡适不久即卷入“好人政府”的活动，尽管仍与研究系竞争（参见罗志田：《再造文明的尝试：胡适传》，206～214页）。钱玄同的政治眼光，显然不如陈独秀。

一信，去辨明此事”。则在《新青年》“北京同人”眼中，“我们”与“他们”或许有各种不同的区分，但“研究系”的异己性，似乎超过苏俄、劳农等标签。李大钊进而说，“现在我们大学一班人，好像一个处女的地位，交通、研究、政学各系都想勾引我们，勾引不动就给我们造谣”。而“国民系看见我们为这些系所垂涎，便不免引起点醋意，真正讨嫌”!① 这是一个萌芽中的重要现象——或因“五四”的推动，北大的新派诸人已成各方面接近的对象。在大家都感觉北大诸多不顺之时，李大钊能看到这一发展中的权势转移，眼光甚敏锐。

同时，李大钊另给胡适一信，表示“对于《新青年》事，总不赞成分裂。商议好了，出两种亦可，同出一种亦可”。若是《新青年》“演起南北对峙的剧来，岂不是要惹起旁人的笑死”！尽管他也说知道胡适和陈独秀“都不是一定要抢《新青年》这个名称，还是主义及主张有点不同的缘故”。同时承认自己的主张“与仲甫的主张相近”，但仍强调：“不拘《新青年》在哪里办，或是停办，总该和和气气商量才是。”陈、胡二人的“朋友交情”，不能“因此而大伤”！若《新青年》“是你的或是他的，我们都可以不管；如果大家都与他有点关系，我们也不应该坐视你们伤了感情”。他并表示，仍将尝试进行调停。②

那时李大钊调停的对象，似乎首先针对钱玄同和周氏兄弟。他给钱玄同的信说：“仲甫由粤寄来信三件，送上。看过即转交豫才、启明两先生。他们看过，仍还我，以便再交别人。”钱玄同自己的感觉，是“陈、胡二公已到短兵相接的”程度③，大概陈独秀那几封信的口气已甚尖锐。钱的日记说，“接守常信，知仲、适两人意见冲突，一则主张介绍劳农，又主张谈政；一则反对劳农，又主张不谈政治”。他自己两皆不以为然，视之为“猪头问题”，但他第二天仍为此事“往与守常商

---

① 李大钊：《致胡适》（1921 年 1 月 18 日），见《李大钊文集》，第 5 册，299 页。

② 李大钊致胡适，1920 年年底至 1921 年年初，新出书信。

③ 李大钊：《致钱玄同》（1921 年 1 月上旬）、钱玄同：《致鲁迅、周作人》（1921 年 1 月 11 日），见《钱玄同文集》，第 6 卷，14～16 页。

量”。①

随着事态的发展，胡适很快发现，北京同人因陈独秀的动怒似乎对他有些“误会”，于是在1月22日给北京同人写了一封详细的信，特别附上他给陈独秀的原信和陈独秀给陶履恭的信，以说明情况。胡适在信中不得不两次说“我并不反对独秀”和“我也不反对《新青年》”，他不过盼望《新青年》像陈独秀说的那样“稍改变内容，以后仍以趋重哲学文学为是”。这里的《新青年》，当然是特指，即那个已经转向、而北京同人此前并未特别支持的《新青年》。胡适表示，他现在“很愿意取消‘宣言不谈政治’之说，单提出‘移回北京编辑’一法”；盖正因刊物“此时在素不相识的人的手里”，故北京同人未曾多做文章。他要求各位同人对他的建议“下一个表决”。②

这一次，各人意见很不一致。此前的研究者未能看到上面那封陈独秀“误解”的原信，所以影响了对胡适建议和其他同人反应的理解。现在此信“出现”，很多事情都更清楚了。基本上，虽然多数人不无保留地赞同了胡适移京编辑的意见，但都强调了任何处置都应坚持陶履恭所说的不能“破坏《新青年》精神之团结”的原则。团结体现在“精神”上，这一用语相当有分寸，尤其周作人和鲁迅都指出了“现在《新青年》的趋势是倾于分裂的，不容易勉强调和统一”的现实。③ 胡适此信及北京同人的各种反应，过去都能看到，也早有人使用，就不在这里详细引述了。

随后胡适在2月6日致函陈独秀说明情况，陈独秀在2月15日复信，说“现在《新青年》已被封禁，非移粤不能出版，移京已不成问题”，算是为此事划上句号。④ 或许是胡适的解释澄清了误解，或许是分裂已成事实，陈独秀此函虽仍有一些不和谐的意思，口气却相当温

① 《钱玄同日记》，1921年1月18日、1月19日，第4册，1930、1931页。

② 胡适：《致李大钊等》（1921年1月22日），见《胡适全集》（23），290～292页。

③ 各收信人对胡适原信的“表决”意见，1921年1月22～26日，见《胡适全集》（23），292～293页。

④ 陈独秀：《致胡适》（1921年2月15日），见《陈独秀书信集》，308～309页。

和，大概也是在试图维持彼此间“精神之团结”。他当然知道“分裂”的实际后果，在同一天写给鲁迅、周作人的信中说，“北京同人料无人肯做文章了，唯有求助于你两位”了。①

六、余论：“五四”比我们认知的更丰富

《新青年》的分裂和停办，也代表着一个时代的结束。鲁迅后来说，“自从支持着《新青年》和《新潮》的人们风流云散以来”，1920—1922年间的北京，“显着寂寞荒凉的古战场的情景”。随后崭露头角的是《晨报副刊》和《京报副刊》，但“都不是怎么注重文艺创作的刊物”。② 新文化运动本发源于文学革命，使“学术思想艺文的气息浓厚起来”③，曾是《新青年》多数同人的愿望。“文艺创作”的淡出，与《新青年》的分裂有着直接的关联。

不过，《新青年》的当事人虽然实际分裂，其“精神团结”确实仍在维持，即使在已经成为中共刊物之后亦然。老朋友间的感情也并未改变，这次新出的信中还有好几封此后陈独秀给胡适的信，充分体现了两人思想虽渐不一致，友情仍继续维持。同时，这些信件表明，胡适、沈雁冰和汪原放等人的回忆文字，已大致梳理出事情的脉络，却未被看重，研究者也不怎么引以为据，很可以引起我们的反思。

胡适曾强调，影响历史的因素是多元的，如民初的文学革命思想，就是“许多个别的、个人传记所独有的原因合拢来烘逼出来的”。历史事实的形成，“各有多元的、个别的、个人传记的原因”，其解释自不能太单一。“治历史的人应该向这种传记材料里去寻求那多元的、个别

① 陈独秀：《致鲁迅、周作人》（1921年2月15日），见《陈独秀书信集》，309页。

② 鲁迅：《中国新文学大系·小说二集序》，见《鲁迅全集》，第六卷，245页。

③ 鲁迅：《致胡适》（1921年1月3日），见《鲁迅全集》，第十一卷，371页。

的因素”，不必总想“用一个‘最后之因’来解释一切的历史事实”。①同理，《新青年》的转向和同人的分裂，也是“许多个别的、个人传记所独有的原因合拢来烘逼出来的”。

我们久已习惯于把一种有代表性的倾向视为“整体”，其实不然。尤其很多时候并存着不止一个代表性倾向，各倾向间可能还存在着紧张和冲突。这些倾向彼此相互关联，都是整体的组成部分，却不必就是整体本身。任何代表性倾向自然与当时当地的人心所向密切关联，体现出当事人关怀的重心和变化，必须予以足够的关注；但在充分关注代表性倾向的同时，读史者也不能让倾向之外的各种内容溜过去。

在这次新出的信件中，还有一封钱玄同 1921 年 2 月 1 日致胡适的信，是在胡适要求同人“表决”关于《新青年》是否移京编辑之后所写，他在表态之余特别声明：

> 我对于《新青年》，两年以来，未撰一文。我去年对罗志希说：‘假如我这个人还有一线之希望，亦非在五年之后不发言。’这就是我对于《新青年》不做文章的意见。所以此次之事，无论别组或移京，总而言之，我总不做文章的（无论陈独秀、陈望道、胡适之……办，我是一概不做文章的。绝非反对谁某，实在是自己觉得浅陋）。

这是钱玄同的老实话，类似的意思他在别处也曾表述过。陈独秀此前给周作人的信就说：“玄同兄总是无信来，他何以如此无兴致？无兴致是我们不应该取的态度，我无论如何挫折，总觉得很有兴致。”②这倒很能体现两人性格的差异，陈独秀不仅以“终身的反对派”著称，他之所以能屡折屡起，恐怕正依靠这“总觉得很有兴致”的精神。

钱玄同这段话可以提醒我们的是，当《新青年》面临转向和分裂

---

① 胡适：《中国新文学大系·建设理论集导言》（1935 年 9 月），见《胡适全集》（12），274～276 页。

② 陈独秀致周作人，1920 年 8 月 13 日，见周作人：《实庵的尺牍》，见钟叔河编订：《周作人散文全集》，第 9 卷，611 页，桂林，广西师范大学出版社，2009。

之时，对个人而言，不写文章并不一定意味着就站在某一边（若是群体的不写，自然代表着某种倾向性）。过去的研究常喜欢划线分派，实际上，李大钊在这一事件的多数时候并未偏向陈独秀一边，颇能说明意识形态未必是一个选择的关键。而鲁迅虽然更喜欢陈独秀的为人，也反对“发表新宣言说明不谈政治”，却支持胡适让“学术思想艺文的气息浓厚起来”的主张，还说他所知道的几个读者也“极希望《新青年》如此”。① 另外，与思想倾向关系不大的经费问题，反倒可能是使刊物与中共联系起来的一个实际考量因素，尽管目前尚未见到明显的依据。

在一个充满了矛盾、冲突和激情的时代，发生在当时的任何事情，多少都带有时代的烙印。特定的“主义”或思想倾向，可能影响具体人物的历史选择，却不一定足以解释其言动。“五四”的人和事，也只能“见之于行事”，通过充满了矛盾、冲突和激情的历史活动来理解和认识。

不论对当事人还是对后之研究者而言，“五四”恐怕都是一个涵盖极为复杂的符号和象征，很难一言以蔽之。正因个人传记材料是认识历史和解释历史的一个要项，这次新出现的相关信件，不仅让我们更进一步地知道了《新青年》究竟是怎样转向，也对我们理解和认识“五四”的丰富性，有着特殊的意义。

原刊《天津社会科学》2013 年 3 期

---

① 鲁迅：《致胡适》（1921 年 1 月 3 日），见《鲁迅全集》，第十一卷，371 页。

课业与救国：从老师辈的即时观察认识“五四”的丰富性①

一、引言

“五四运动”向有广狭两义：从字面义言，是特指1919年那次以学生为主的运动；然而通常说到“五四”，大约都会往前后各推移几年，是所谓“广义的五四运动”（也有人名为“新文化运动”）。两种“五四”的并用已经约定俗成，且今人已在思考怎样继承“五四遗产”，其实不论广义还是狭义的“五四”，都未到盖棺论定的程度。

据说老子曾对孔子说：“六经，先王之陈迹也，岂其所以迹哉！今子之所言，犹迹也。夫迹，履之所出，而迹岂履哉！”这是《庄子·天运》中所言，义甚悠远。如果“履之所出”乃履迹而非履，而昔人之陈迹未必是其“所以迹”，则西方文论所谓文本一经产生，即具有了脱离母体（即作者）的独立生命，似亦可由此索解。章学诚就曾说，文本一经写定，解读就变化多端；所谓“言一成，而人之观者，千百其意焉，故不免于有向而有背”。②

在某种程度上，历史叙述中的“五四”，就像一个含义丰富的文本，早已被历来的众多解读者“千百其意”了。然而文本不论多独立，仍有其产生的母体。从时间视角看，其实也可以说，文本一产生，就

---

① 本文使用的许多材料，承北京大学历史系王波、周月峰、薛刚、高波等同学提示或协助复制，特此致谢！

② 章学诚：《文史通义·朱陆》，56页，北京，中华书局，1956。

已经是过去式，也就成为历史了；而与其相关的语境，自然同样是历史的。不论是就文本解读文本，还是将文本置于其产生的语境中解读，恐怕都不能不考虑历时性的因素。熟读老庄的鲁迅主张："倘要论文，最好是顾及全篇，并且顾及作者的全人，以及他所处的社会状态，这才较为确凿。要不然，是很容易近乎说梦的。但我也并非反对说梦，我只主张听者心里明白所听的是说梦。"①

照鲁迅的意思，不顾文本作者及其时代而就文本论文本的"说梦"取向，是可以存在的；但听者（即文本诠释的接受者）应当区分并明了"说梦"与"说事"两种取向的不同。这样，若取上述文学批评理论解读"五四"，最好能指明其所解读出的，乃是作为"独立文本"的"五四"之意涵，而非与"作者"关联的那个"五四"；或将两者进行区分，让"听者心里明白"他们所听的是"说梦"还是"说事"。

更重要的是，如果选择了"说梦"取向，在解读时当就已"独立"的文本进行诠释，而不宜将其解读还赠文本的作者，指出某某主张如何、某某赞同和反对什么，等等。不幸的是，一些持"说梦"取向的"五四"研究者，却未能遵循其所借鉴的理论，常将其想象力丰富的解读，还赠"五四"的当事人，使我们认知中的"五四"形象更加扑朔迷离。

而"五四"的基本史实，就还很有一些没搞清楚。仅举一例，梁启超曾说，要"了解整个的中国，非以分区叙述为基础不可"。② 即便是狭义的"五四运动"，也不仅是发生在北京一地。当年的学生运动多少有些偶然，尽管有很多当事人的回忆，究竟是哪些人实际领导了学生的运动，以及"五四"当天路途上发生了什么事，迄今尚存争议。连北京市区的运动过程都不够清楚，遑论各地的运动了。虽然也有一

① 鲁迅：《题未定草七》，见《鲁迅全集》，第六卷，430 页。

② 梁启超：《中学国史教本改造案并目录》(1922)，见《饮冰室合集·文集之三十八》，27 页。按这是梁启超那几年反复强调的一个取向，他在《清代学术概论》的篇末即希望将来学界能注重"分地发展"的取向，后又专门作《近代学风之地理的分布》一文，以畅其旨趣。参见梁启超：《清代学术概论》(1920)，朱维铮校订，108 页，上海，上海古籍出版社，1998；《近代学风之地理的分布》(1924 年 2 月)，见《饮冰室合集·文集之四十一》，48 页。

些地方的资料集和研究文章，增进了我们的认识，但各地的“五四”情形，基本仍不明晰。①

在区域因素以外的其他方面，“五四”的历史和历史中的“五四”，没弄清楚的具体内容也还不少，仍需继续探索。这样说可能让有些专门研究“五四”的学人不快，但在很多人以为主要历史问题已被研究得差不多的时代，认识到像“五四”这样的重大事件都还大有可为，不也是快事一桩么？本文无意于系统的论述，仅从“五四”时当事人中老师一辈的一些即时观察和事后反思，试探索“五四”本身及后人认知中“五四”那丰富多歧的面相（本文会频繁使用“五四”一词来指称狭义和广义的“五四运动”）。

二、蒋梦麟对“五四”的即时观察

恽代英在1924年就注意到，那时青年人做文章很喜欢说“自从五四运动以来”，这八个字“久已成了青年人作文章时滥俗的格调”。他特别指出，这表明了一般青年崇拜“五四”的心理。② 几年后，高一涵在论及“越是老年人，越是乐观；越是青年人，越是悲观”这一当时的反常现象时，提醒年轻人说，“只受得住恭维，不能算是好青年；要受得住磨折，才能算是好青年”。历来的“伟大”多是“咒骂起来的”，而非“崇拜起来的”。③

两人都共同使用了“崇拜”一词，很能代表当时青年的心态。但青年为什么会崇拜“五四”以及他们何以成了崇拜的对象，与“五四”给他们带来了什么直接相关。从这个方面，也可看到当时人承继了什

① 例如，蒋梦麟在“五四”当年的文章中，就反复说“从北京到广东，从上海到四川”（蒋梦麟：《这是菌的生长呢还是笋的生长呢》，载《晨报·周年纪念增刊》，1919年12月1日，1～2版），但广东和四川的“五四”，我们现在知道多少？

② 恽代英：《“自从五四运动以来”》，载《中国青年》，第26期（1924年4月12日），见《恽代英文集》上卷，493～496页，北京，人民出版社，1984。

③ 涵庐：《闲话》，载《现代评论》，7卷181期（1928年5月26日），9～10页。

么样的“五四”遗产。又几年后的一篇文章说，不少“学生从内地一到上海，第一件事就是缝西装。以后就是体育、恋爱和文学。换言之，就是享受‘五四’时代争斗得来的赐予”。① 这里所说的“学生”，当然只能是相对富裕者。而且这也只是“五四”遗产的一个面相，与高一涵所说的青年之“悲观”，恐怕是一个钱币的两面。

无论如何，那是一个与今天大不一样的时代，旧的权威和信仰都受到强烈冲击，正濒临瓦解；年轻人的地位和机会，是今日难以想象的。这也不完全归因于“五四”，从晚清以来，尊西、趋新、重少已成为流行的社会和政治风气。当时很年轻就能成名，北大教授之中，二三十岁者并非少数。那真是一个对年轻人太好的年代。但推崇往往与责任并存，彼时青年的烦恼，似又远过于其他年龄层次的人（详另文）。我想，要真正认识“五四”，理解“五四”，一定要先回到那个太不一样的年代之中。

在“五四”的同时代人眼中，“五四”究竟改变了什么？敏锐的观察者，在“五四运动”之后不久就感觉到那是一个历史性的转变。一般人说到“五四”的老师辈，通常都联想到陈独秀、胡适、鲁迅等，其实蒋梦麟也是那一辈的当事人之一。由于因缘际会，他半偶然地在“五四”后代理了一段时间的北大校长。蒋氏敏锐地意识到时代的变化，从当年9月底到11月初，有意进行了相对广泛的即时“调研”。②

蒋梦麟自述道：“我于近五十天中，在北京、天津、南京、上海、杭州五个大城市中各住了几天，所以黄河流域和长江流域的重要文化中心，都亲身吸了几口新鲜空气。其余太原、长沙、成都、广州等地方虽没有到，也曾读过他们的新出版物——现在这种新出版物，全国约有二百五十余种，我看过的约有五十余种。”③ 在对其与五城市朋友

---

① 仲璋：《上海底文化》，载《二十世纪》，2卷6期（1933），175页。

② 蒋梦麟离校和返校的时间据《教务处布告》，载《北京大学日刊》，1919年9月30日，1版；《蒋梦麟启事》，载《北京大学日刊》，1919年11月11日，1版。

③ 蒋梦麟：《这是菌的生长呢还是笋的生长呢》，载《晨报·周年纪念增刊》，1919年12月1日，1版。

的谈论和各地出版物的言论进行归纳之后，蒋梦麟很快写出了两篇文章，一篇是《对办学的人发言》，一篇《是对青年说的话》。①

蒋梦麟认识到，“这回‘五四’运动，如狂风怒潮的扫荡了全国，我们大家觉得几年里边，终有一个大事业生出来”。② 他以为，“大凡惊天动地的事业，都是如潮的滚来”，当“这种潮澎湃起来”，就会“使一般社会觉悟”。他把“五四”看作欧洲的文艺复兴，因为中国近二十年中，环境的变迁速度极大，却“没有新学术去供给他的要求”，致使社会的病一天天加重。故“这回‘五四’学潮以后的中心问题”，也“就是新文化运动的问题。预备酿成将来新文化的大潮，扫荡全国，做出惊天动地的事业”。他把希望寄托在青年身上，要“集合千百万青年的能力，一致作文化的运动；就是汇百川之水到一条江里，一泻千里”，形成“新文化的怒潮，就能把中国腐败社会洗得干干净净，成一个光明的世界”！③

就在“五四”前夕，蒋氏还认为“吾国青年最大之恶德有二：一萎靡不振，一依赖成性”，故强调青年必须“养成独立不移之精神”。④ 此时他则明显感到，“‘五四’以后青年的态度，和从前大变了。这个态度的变迁，和中国将来的事业很有关系”。他特别提到清末青年学生的心理从尊师尊君变到“反对学校主持人和反对清朝”，终酿成了辛亥革命。近来青年心理的态度，可以叫作“心的革命”。与外在的政治革命不同，“心的革命是到了人自己的身上来了。人到了革自己的心的命，你看这关系何等重大”，由此也“可以预测将来发生的事业”。⑤

---

① 上引《晨报》之文即是针对青年学生的，而针对教育者的，则是《学潮后青年心理的态度及利导方法》，发表在《新教育》，2卷2期（1919年10月）之上。两文发表时间虽有先后，写作应大致同时。

② 蒋梦麟：《学潮后青年心理的态度及利导方法》，载《新教育》，2卷2期（1919年10月），114页（卷页）。

③ 蒋梦麟：《新文化的怒潮》，载《新教育》，2卷1期（1919年9月），19～22页（卷页）。

④ 蒋梦麟：《和平与教育》，载《教育杂志》，11卷1期（1919年1月），5页（栏页）。

⑤ 蒋梦麟：《学潮后青年心理的态度及利导方法》，载《新教育》，2卷2期，113～114页（卷页）。

当时青年的一个主要变化，就是有个疑问符“飞扬于全国青年脑中，好像柳树的花絮，春风一动，满天皆是”。东望西瞧，“事事要问为什么？做什么？这个是什么？究竟是什么一回事?”在一个老国度里，无论思想或行为，“必有许多遗传下来的习惯”。在没有产生疑问的时候，“不知不觉的大家都会照样做过去”。若像这样问下去，“就会闹出许多‘乱子’来”。因此，这疑问符“就是思想革命的旗帜，到一个地方就招到许多的革命军。如非将个个人的脑袋打破，是没有法来‘平乱’的”。①

蒋氏以为，“这回思想革命和辛亥政治改革一个不同的要点，就是这个‘疑’字”。它“不但把我国固有的思想信仰摇动了，而且把‘舶来品’的思想信仰也摇动起来。若非真金，无论中国铜、外国铜，都被这个‘疑火’烧镕”。这些思想革命的人当然要输入西洋的思想，但他们知道，“盲从‘物竞天择’和盲从‘三纲五常’的，是犯同一个毛病”。不仅如此，他们“对于自己的思想行动”，同样抱怀疑的态度，想要知道这回思想革命“究竟是什么一回事”，因而产生出“觉悟”、“彻底觉悟”等名词。从前的人“是人家——古人或外国人——替他们想”和替他们说，而“现在的趋势，望那‘自己想、自己说’一方面走”。

我们都知道胡适曾给“新思潮”下了一个定义，即“新思潮的根本意义只是一种新态度。这种新态度可叫作‘评判的态度’”。他也曾明确表示，那需要“重新估定”的“一切价值”，基本是源自中国文化的。② 很多人即因这一反传统色彩而把“五四”视为西方意义的“启蒙”；可是我们不要忘了，胡适这一表述的思想资源是尼采那句“重新估定一切价值”的话，而尼采恰以“反启蒙”著称，这似乎是众皆认可的。

我无意据此支持或否定“五四”是否类同西方意义的“启蒙”，因为“五四”本不宜一言以蔽之。如果新思潮的意义确如胡适所说“只

---

① 本段与下段，蒋梦麟：《这是菌的生长呢还是笋的生长呢》，载《晨报·周年纪念增刊》，1919年12月1日，1版。

② 参见罗志田：《再造文明的尝试：胡适传》，150页。

是一种新态度”，而学生辈的“态度”真如蒋梦麟所观察是“对古今中外都置疑”，则与老师辈主要“重新估定”中国传统价值的态度，是有相当差别的（这个问题牵涉太宽，当另文探讨）。但蒋氏也可能把自己之所欲见投射到学生的身上，他在学生游行前几个月先已提倡“以教育方法解决中国之问题，当养成精确明晰之思考力”，即“事事当以‘何以如此’为前提”。① 则其眼中青年学生这样的广泛怀疑态度，多少也有些“我欲仁而斯仁至”的意味。

在蒋梦麟看来，学生那种逢事便问为什么的怀疑态度，必然导致一种“新人生观”。因为“问来问去，问到自己的身上”，就会归到一个问题：“人生究竟做什么？我们向来的生活，是什么的生活？我们现在的生活，是什么的生活？我们要求的是什么生活？我们理想中应该有什么生活？我们对于向来的生活知足么？我们对于现在的生活知足么？”结论当然是反面的：“我们向来的生活，是中古的生活，不知不觉的生活；我们现在的生活，是干涸的生活、麻木的生活。”简言之，“他们看了现在个人的生活都不满足，社会的习惯都可怀疑”。实际上，“现在流行的种种问题，如妇女问题、劳工问题、丧礼问题、婚姻问题，都从这里生出来的。将来问题愈弄愈多，范围愈推愈广，社会必如破屋遇狂风，纷纷倒塌。新生活必如春园遇时雨，到处萌芽”。这大致就是他所说的几年里边终会“生出来的大事”。②

而蒋氏所见“五四运动”与辛亥革命最大的不同，在于辛亥革命后当事人都非常乐观地向前看，以为一切都会好起来；而许多“五四”青年在经历运动之后，却“觉得自己脑里空虚，此后他们要静养静养，从那学术方面走”。不少以前很肯干事的青年，“现在都愿回到图书馆、试验室里去了”。因为“他们都知道‘无源之水，移时而涸’，所以都

① 蒋梦麟：《和平与教育》，载《教育杂志》11卷1期，6～7页（栏页）。

② 蒋梦麟：《学潮后青年心理的态度及利导方法》，载《新教育》，2卷2期，115～116页（卷页）。

要求水的源”。这个观察基本不差，[①] 只是有此感觉的学生或并未到“许多”的程度。值得注意的是，蒋氏此时还特别提醒学生：“这文化运动，不要渐渐儿变成纸上的文章运动；在图书馆试验室里边，不要忘却活泼泼的社会问题，不要忘却社会服务，不要忘却救这班苦百姓。”[②]

这最后的观察和提醒，非常有象征意义。作为“我们讲教育的”老师之一，蒋梦麟对学生能感觉到自身学养的不足并意识到需要继续向学术方面发展，显然是非常欣慰的。但是，如果确如他所说，“五四”学潮的中心问题是向社会提供“新学术”，以酿成将来新文化的大潮，“把中国腐败社会洗得干干净净，成一个光明的世界”，而这一将要发生的“大事业”正肩负在这些学生身上，又怎么能让他们完全回归图书馆和试验室呢！蒋氏或许希望能两者兼顾，后来的事态发展表明，青年学生的地位被高看之后，责任便随之而至。就个体的精力而言，服务社会和拯救穷苦百姓，可能是个无底洞。要想学习服务两不误，是一个基本无法实现的幻想。

学生辈的黄日葵当时即对“指导者、运动者，一起要我们青年包办”的现象深感担忧。那时“稍为有点才干的学生，他的书室，便成公事房；他的生涯，便是书记。久而久之，成为习惯，竟以此种生活为‘正’、读书为‘副’”。他们“一边要上六七小时的功课，一边要替几个杂志报馆写些东西，一边要当义务学校的教员，一边要出发去讲演”，已经“差不多吃饭洗澡也分不出时间来”，哪里还有“潜心学问、切实研究的余地”？与其说是“修学”，不如说是“猎学”。[③] 这是当年

---

① 在次年《新教育》“学潮回顾”专辑里唯一出自学生的文章中，罗家伦就提出学生应据性之所近有所“分工”，一些人不妨继续街头行动，另一些人则可转而侧重于“文化运动”。罗家伦：《一年来我们学生运动底成功失败和将来应取的方针》，载《新教育》，2 卷 5 期（1920 年 1 月），600～614 页（卷页）。按这期《新教育》显然不是 1 月出版，罗氏明言其文撰写于当年 5 月 1 日。

② 蒋梦麟：《这是菌的生长呢还是笋的生长呢》，载《晨报·周年纪念增刊》，1919 年 12 月 1 日，1～2 版。

③ 黄日葵：《中国危机与青年之责任》，载《救国日报》，1920 年 1 月 19 日，2 版；《致黄仲苏》，载《少年中国》，1 卷 12 期（1920 年 6 月 15 日），60 页。

学生实际状况的形象写照，而且是一种相对“日常”的状态，游行罢课等活动还不在其中。北大的“五四”青年中，《新潮》社的一批学生后来多出国留学，或继续向学术方面走；其余很多学生，大约即在这样的困惑中继续为国家民族而挣扎着努力。①

维持这样一种社会服务为主而“读书为副”的状态，也还需要相对平安的环境。一旦国家有事，被寄予厚望的学生更不能不站出来表态。他们可选择的“运动”方式并不多，结果只能一次次地罢课，那也是他们相对熟悉的。如朱希祖所说：“我们中国的学生，现在为了一个校长要罢课，为了一个省长或督军要罢课，为了外交的不利要罢课；不问轻重，总以罢课为利器。”然而这样多次重复的结果，罢课的武器也不那么利了。② 这是朱氏在“五四”周年时所说的话，当时的一些学生，就正处于罢课之中。

三、老师辈一年后的反思

《新教育》在“五四”一周年时推出了“一年来学潮之回顾与希望”的专辑，第一篇文章是蔡元培所写，大概有些定调的意思在。他在文章中先充分肯定了学生运动的各种成绩，接着笔锋一转，说：

> 学生界的运动虽然得了这样的效果，他们的损失却也不小。人人都知道罢工、罢市损失很大，但是罢课的损失还要大。全国五十万中学以上的学生，罢了一日课，减少了将来学术上的效能，当有几何？要是从一日到十日、到一月，他的损失，还好计算么？

---

① 《国民》杂志社的许德珩也在“个人的学识不足，修养不到，以后当拼命从此处下手”的心态下赴法国勤工俭学。在许氏所在的少年中国学会中，那时怀抱着“知识不足”感觉而出国留学的年轻人也不少。后来究竟是向学术发展还是走政治救国之路，终成为少年中国学会分裂的主要原因。参见王波：《少年中国学会的成立及前期活动》，北京大学历史学系 2008 年硕士论文，许德珩语也转引自该文。

② 朱希祖：《“五四运动”周年纪念感言》，载《新教育》，2 卷 5 期，616 页。

> 况且有了罢课的话柄，就有懒得用工的学生，常常把这句话作为运动的目的；就是不罢课的时候，除了若干真好学的学生以外，普通的就都不能安心用工。所以从罢课的问题提出以后，学术上的损失，实已不可限量。①

不仅如此，蔡元培进而指出，“因群众运动的缘故，引起虚荣心、倚赖心，精神上的损失，也着实不小”。他的结论是：从上述“功效和损失比较起来，实在是损失的分量突过功效”。因为“学生对于政治的运动，只是唤醒国民注意。他们运动所能收的效果，不过如此，不能再有所增加了”。现在“他们的责任，已经尽了”。而“一般社会也都知道政治问题的重要”，必要时自会因应，“不必要学生独担其任”。故学生当时“最要紧的是专心研究学问。试问现在一切政治社会的大问题，没有学问，怎样解决”？他希望学生以“五四”周年纪念日为契机，把以前的成效和损失视为过去，现在则“打定主义，无论何等问题，决不再用自杀的罢课政策；专心增进学识，修养道德，锻炼身体；如有余暇，可以服务社会，担负指导平民的责任；预备将来解决中国的——现在不能解决的——大问题”。

先是蔡元培在“五四”当年结束辞职回校以前，曾先发表告北大学生及全国学生文，指出学生“唤醒国民之任务，至矣尽矣，无以复加矣”；他虽赞同学生继续从事平民讲演和夜班教授等指导平民的社会服务工作，但也只能到此为止。学生首当“注意自己之知识，若志趣，若品性，使有左右逢源之学力，而养成模范人物之资格。则推寻本始，仍不能不以研究学问为第一责任”。蔡元培并温婉表示，既然学生在给他的电报中表示要“力学报国”，他与学生可以说已就此达成共识。②这个认知显然有些过于乐观。此后近一年的事实表明，至少相当一部分学生并未接受这样的共识。故蔡元培在“五四”周年的文章中，口

---

① 本段与下段，蔡元培：《去年五月四日以来的回顾与今后的希望》，载《新教育》，2卷5期，589～590页（卷页）。

② 蔡元培：《告北大学生暨全国学生书》（1919年7月23日），见高平叔编：《蔡元培全集》(3)，312～313页，北京，中华书局，1984。

气已比此前直白和严厉得多。

与此相类，朱希祖在这一专辑的文章中，同样先对“五四运动”予以肯定，他给学生的定位，也不仅是求学，故其对全国学生的“劝告”是：“运动是仍旧要继续的，一致牺牲的精神是仍旧要坚持到底的。”不过，“运动的方法要复杂，要经济，要多方面”。后者才是他真正想要表述的，即“现在学生的运动太单纯，太不经济，方面太少”；具体表现在“学生运动以罢课为利器，其余只有运动工商、游行演说、打电报为辅助品”。①

上述行动“是只可偶为不可常行的。常行是不灵”的。因为“罢课等事，只能耸动社会的耳目，使人因此兴奋、自动”。但兴奋剂不能有“滋补的远效”，故“五四”当年的第一次罢课，还能“有罢市罢工等响应”；到“一而再，再而三，连罢市罢工的举动都兴奋不起了”。而且，“农夫不到大难临头，断不肯把田圃停耕种；学生不到大难临头，也断不可把学校停功课”。虽然“五四运动”的“精神是不可磨灭的，吾国民众一线的希望，全仗这种精神”；却也要认识到，“学生的学课，就是国家的滋补品，就是一种最大的运动”。后一语最能体现当时老师辈说话的不得已，连上课也必须说成是“运动”，而且是比真正的运动更“大”的运动，才能增强其正当性和说服力。

朱希祖的实际建议是，即将毕业的学生，毕业后可以继续“做普及教育的事业、地方自治的联络，发展有益的实业，传布文化的文章，研究精深的科学②，组织有力的团体，监督政府，指导社会”。而其余在校生则不妨“一面恢复学业，永不罢课，为积极的运动，储根本的实力；一面多出报纸，传布思想，制造舆论，批评群治，转移人心。政府朝禁一报，则学生夕出十报。又与各处学生及毕业生连络一致，劝告讲演多方并进，成就必较现在宏大”。他希望学生利用“五四运

---

① 本段与下两段，朱希祖：《“五四运动”周年纪念感言》，载《新教育》，2卷5期，615～617页。

② 这里所谓“科学”，其实是各学科学问的简称，既不是时人口中的“赛先生”，也不是我们今天区别于“文科”的那个“科学”。后文中好几处也是这个意思，不再出注。

动”的周年，就此“清算账目，重整门面，明后天就可以开课”。把运动“换一种方法进行”，以获取“最后的胜利”。

在一般认知中，朱希祖远比蔡元培更限于“书斋”；而他对学生的“社会服务”范围，却要开放和宽广得多。蔡元培对学生的社会服务只开放到夜校一类的“指导平民”的程度，且是在求学有“余暇”时进行。朱希祖则除了游行罢课一类直接抗议活动外，几乎赞同并鼓励其他所有的非求学活动。所谓“政府朝禁一报，则学生夕出十报”，更是想象力十足的鼓动。照这样做去，黄日葵所描述的“猎学”而非“修学”状况就会无限延续，哪里谈得上“储根本的实力”。恐怕正因其接触学生不多，朱希祖才能如此驰骋其想象。这种基于“无知”的想象性表述，却也揭示出当年的士风与世风。

曾经留学也资助他人留学的穆湘玥从实业家的立场说，救国之目的同，而其“道不一”，可以“有政治、教育、实业及种种方法，并行不悖”。各界当尽各自的责任，“青年当求学时代，故青年最大之爱国表示，尚在来日。而来日最大表示之豫备，在乎专心向学，作他日献身社会之整备”。学生研究学术之余，也可发挥其爱国热诚。“如前此之爱国运动，偶一为之，本无不可。”但他对青年的“忠告”，仍是“爱国热诚，宜深蓄而不宜轻泄，俾日后蔚成大材，为国效用”。①

与他们相比较，陶履恭此时仍以为“学生运动太重视学生自身，忘却自身以外之社会”。他说，学生中真正“有觉悟有理想而从事运动者”只是少数，其整体上“仍然不与社会相联络”。学生多“出身中等阶级上等阶级，他与农人、工人、商人、军人，是完全没有社交的关系，没有相联的思想”。他们“自居为主人翁，却忘了那在中国坐镇几千年的乡下老、小工人、小商人”。其实，“中国的实力不在那一部分的受了肤浅的新思潮的学生”，而在那“不扬名不出风头终日勤苦耐劳的农工商的劳动者”。若是“乡下老一旦真全急了，政府也要束手的”。他希望学生“千万不要忘了中国的中坚国民，要把新思潮灌输在他们的脑里”。说了这么多鼓励学生走向社会的话以后，或许为配合蔡元培

① 穆藕初：《实业界对于学生之希望》，载《新教育》，2卷5期，618～619页。

提出的基调，他才扭捏地说了一句“螳臂当车是一个最笨最无用的方法，荒废学业也是不经济的方法”。①

然而，对学生逐渐形成社会服务为主和读书为副的行为模式，曾经非常鼓励学生的蒋梦麟此时已有不祥之感。在“五四”周年之际，他和胡适联名发表文章，说得比上面的人都更直白干脆。两人明言，一年来“时势的变化大出我们的意料之外。这一年以来，教育界的风潮几乎没有一个月平静的，整整的一年光阴就在风潮扰攘里过去了”。他们承认，“这一年的学生运动，从远大的观点看起来，自然是几十年来的一件大事”，产生出不少好效果，“都是旧日的课堂生活所不能产生的”，不能不认为是学生运动的重要贡献。但其强调：“这种运动是非常的事，是变态的社会里不得已的事，但是他又是很不经济的不幸事”，所以只能是“暂时不得已的救急办法，却不可长期存在”。②

两人以为，综观古今中外的学生运动，没有一次“用罢课作武器”，故这是“最不经济的方法，是下下策。屡用不已，是学生运动破产的表现”！因为“罢课于敌人无损，于自己却有大损失”。更重要的是在精神上造成的大损失，即养成了“依赖群众”、“逃学”和“无意识行为”的恶心理和恶习惯。由于“多数学生把罢课看作很平常的事”，导致“社会也把学生罢课看作很平常的事”，结果已没有“什么功效灵验”，却仍在无意识地重复。“学生运动如果要想保存五四和六三的荣誉，只有一个法子，就是改变活动的方向，把五四和六三的精神用到学校内外有益有用的学生活动上去。”他们希望“学生从今以后要注意课堂里、自修室里、操场上、课余时间里的学生活动。只有这种学生活动是能持久又最有功效的学生运动”。

对比半年前蒋梦麟还希望学生在图书馆试验室里边不要忘了外在的社会，这些老师辈的态度真是发生了急剧的转变，而这样的转变正基于他们“对于现在学生运动的观察”。此文是胡适起草，那年 3 月，已回国的梅光迪曾致函胡适，认为“今之执政与今之学生，皆为极端

---

① 陶孟和：《评学生运动》，载《新教育》，2 卷 5 期，600 页（卷页）。

② 本段与下段，蒋梦麟、胡适：《我们对于学生的希望》，载《新教育》，2 卷 5 期，592～597 页（卷页）。此文也发表在同年 5 月 4 日的《晨报副刊》上。

之黑暗”。而“学生之黑暗，足下辈之‘新圣人’不能辞其责”。盖“今日倡新潮者尤喜言近效，言投多数之好，趋于极端之功利主义；非但于真正学术有妨，亦于学术家之人格有妨”。对当时很多读书人而言，政府本已无望，“若学生长此不改，亦终无望耳”。① 梅光迪的文化立场与胡适有些对立，但老友的指责，恐怕对他仍有影响。

值得注意的是，蔡、蒋、胡三人共同提到了学生对他人的“依赖”。“五四”前蒋梦麟还认为“依赖成性”是中国青年最大恶德之一，其特点正是“事事随人脚后跟说话”，非常不利于“新事业之创造”。所以他那时特别强调青年必须“养成独立不移之精神”。② “五四”后蒋氏一度以为青年在这方面已有较大改变，现在他似乎又收回了这一看法。这是一个非常深刻的观察，罢课等集体行为既有所谓“群体觉悟”的一面，也可视为对个人独立精神的一种放弃；这究竟体现出传统的惯性，还是一种因“运动”而新生的动向，或是两者无意中结合的结果，对时人和后之研究者，恐怕都不是可以“一言以蔽之”的。

没有参加这次《新教育》专辑写作的鲁迅，在“五四”周年那天写信给一位过去的学生，就分享着共同的担忧。他说：“比年以来，国内不靖，影响及于学界，纷扰已经一年。世之守旧者，以为此事实为乱源；而维新者则又赞扬甚至。全国学生，或被称为祸萌，或被誉为志士。”但在他看来，学生们“于中国实无何种影响，仅是一时之现象而已；谓之志士固过誉，谓之乱萌亦甚冤”。鲁迅以为，“一无根柢学问，爱国之类，俱是空谈”。故“现在要图，实只在熬苦求学。惜此又非今之学者所乐闻也”。③

那时即使政治倾向偏于激进的老师辈，也未必赞成学生罢课。在上海正与共产主义者密切接触的陈独秀就致函胡适，主张既要反抗“政府的强权”，也要反抗“社会群众的无意识举动”。他建议胡适“邀

① 梅光迪致胡适，1920 年 3 月 2 日，见耿云志主编：《胡适遗稿及秘藏书信》，第 33 册，473～474 页。

② 蒋梦麟：《和平与教育》，载《教育杂志》，11 卷 1 期，5 页（栏页）。

③ 鲁迅：《致宋崇义》（1920 年 5 月 4 日），见《鲁迅全集》，第十一卷，369～370 页。

同教职员请蔡先生主持北大单独开课”。对那些“不上课的学生，大可请他走路”。① 胡适自己那时也甚感学生已经静不下来了，稍后他对蒋梦麟说：“现在的青年连一本好好的书都没有读，就飞叫乱跳地自以为做新文化运动。其实连文化都没有，更何从言新。”蒋氏借此劝导学生，“此后总要立志定向，切实读书”。②

爱国的基础在于自己有“学问”，承担着救国重任的学生本身要有“文化”，这些都只能从未必轻松的“求学”中得来，大致是那时多数老师辈的共识。然而那时的学生辈，却未必分享着这一共识。而老师辈自身对于青年在救国和读书之间怎样两全，看法也不那么一致。

四、救国和读书怎样两全？

从各文所论看，《新教育》的专辑似有预先的安排，至少在京之人很可能事先有过讨论。整体言，他们都在肯定学生运动重要性和贡献的同时，试图对学生有所规劝。且平时越接近学生的，说话越直白。蔡元培明言运动的损失大于功效，胡适、蒋梦麟则说出频繁罢课是“学生运动破产的表现”。像朱希祖这样与学生相对疏离的老师，在劝导时就要尽量多表彰，即使带批评性的建议，表述得也非常委婉。而在学界之外的穆湘玥，说话就更显温和。专辑中还有老辈黄炎培的文章，主要说了些“成不自满、败不灰心”的鼓励话。他也提到“根本救国，必在科学”，需要“有人肯用冷静的头脑切切实实在科学上做工夫”；却仍不忘说“劳工神圣”，要学生从知识和待遇上救助“可怜的工人”。③ 只有陶履恭一人例外，仍以鼓励学生外向为主，而以不荒废学业为点缀，或借此表示不与其他人异。

---

① 陈独秀致胡适，1920年5月11日，未发表手迹，见《中国嘉德2009春季拍卖会——古籍善本》，2009年5月。

② 蒋梦麟讲，陈政记：《总务长开学演说词》，载《北京大学日刊》，1920年9月16日，2版。

③ 黄炎培：《“五四”纪念日敬告青年》，载《新教育》，2卷5期，591～592页（卷页）。

“劳工神圣”是当时学界的流行语，但像黄炎培这样理解为“可怜的”救助对象，实在有些别出心裁，既提示出老辈读书人想要“预流”的从众心态，也表现出他们与时流的距离。而黄氏所说，却是蔡元培、胡适、蒋梦麟所能接受的学生社会服务的上限——他们只希望学生继续平民夜校一类的教学活动，其他活动都要放弃，以回归校园。从那以后的一段时间里，蔡元培频繁而持续地表述着这一主张。① 不过，那时的世风似乎并不在这些老师一边。专辑的所有立言者都反对继续罢课，但他们都首先认可学生运动的正当性，然后众口一词地从“不经济”的功利角度立论。就连说话最直白的胡适和蒋梦麟也强调：

> 社会上许多事被一班成年的或老年的人弄坏了，别的阶级又都不肯出来干涉纠正，于是这种干涉纠正的责任遂落在一班未成年的男女学生的肩膀上。这是变态的社会里一种不可免的现象……在变态的社会国家里面，政府太卑劣腐败了，国民又没有正式的纠正机关（如代表民意的国会之类），那时候，干预政治的运动，一定是从青年的学生界发生的。②

蒋、胡二人以为，“学潮的救济只有一个法子，就是引导学生向有益有用的路上去活动”。问题在于，如果“变态的社会国家”并未改变，“成年的或老年的人”又没有希望，“干涉纠正的责任遂落在一班未成年的男女学生的肩膀上”已是“不可免的现象”，再加上几乎所有人都把未来的“大事业”寄托在青年身上，他们除了责无旁贷，还能怎样？

学生辈的黄日葵有着几乎相同的认知，他也发现，外国的各种运动，常是“很有学问、很有经验的先辈指导着经过训练的少壮派”去从事的，但“现在的中国怎样？凭你怎样找不出一个有学问、有经验，能够立乎社会之上，做指导我们的前辈，害得做预备工夫的也是我们可怜的青年。指导者、运动者，一起要我们青年包办”。这个年轻人虽

---

① 在下文引用的蔡氏 1920 年的多次演讲中，几乎都提到了这一社会服务的限度。

② 蒋梦麟、胡适：《我们对于学生的希望》，载《新教育》，2 卷 5 期，592～593 页（卷页）。

然有些彷徨和忧虑，但义无反顾的责任感却很明确：

> 登上了二十世纪大舞台的青年怎样？一方要填前人遗下来的缺憾，他方要带着四万万同胞上水平线上，朝着光明广阔的路走。这样双重的责任，要担到我们的双肩来了。①

两相对比，师生两辈对现状的认知和思路非常接近。套用一句成语，黄日葵代表青年学生的表态可谓掷地有声。在逻辑上，胡适和蒋梦麟对现状的认知，基本已决定了其规劝的无力。② 进一步的问题是，既然学生辈已经重任在肩，并同时充当指导者和运动者，他们还需要老师辈的指导吗？他们又在多大程度上还能够接受老师辈的指导？

实际上，胡、蒋、黄等师生两辈的认知多少还有些传统士人的“书呆子”气味，他们基本都还维持着读书人既有“澄清天下”的责任、也有这方面能力的旧观念。如上所述，学了社会学的陶履恭就有了社会分析的新思维，所以并不这样看问题。而曾经身与革命的蔡元培也不这样看，他此时和此后反复申说的一个主题，就是学生只负有“提醒”社会的责任，真正解决问题的还是“社会”本身。这是困扰着那个时代许多读书人的大问题——救国真必须有“学问”吗？当时中国的局势，还容许学生静下心来求学吗？

从今日的后见之明看，老师辈看到的问题是实际存在的，特别是蔡元培指出而胡适和蒋梦麟详论的“精神上的损失”，明显已体现在学生的思想和行为方式之上，且仍在发展之中。然而这些确实可以说改变了历史的学生，在“五四”前后也曾得到不少老师们的鼓励和支持。且不说这时还有其他继续鼓励学生投身救国事业的老师，即使想要规劝学生的老师，现在似乎也不能采取直接指教的方式了。近代新学制虽与传统规则大异，但老师明知问题所在，仍要如此谦恭地向学生进

---

① 黄日葵：《中国危机与青年之责任》，载《救国日报》，1920 年 1 月 19 日，2 版。

② 唯一的解脱只有一个历时性的可能，即现状尚可维持，而学生还有时间提高自己，以为最后的解决进行预备。详后。

言，在中国历史上恐怕是第一次。①

这一现象最能凸显“五四”后学生地位的空前上升，尤其是那种无形中可以约束他人言说的影响力（包括师长在内）。蔡元培对此有很清楚的认识：“‘五四’以后，全国人以学生为先导，都愿意跟着学生的趋向走。”② 全国人在多大程度上如此且不论，“老师跟着学生跑”后来的确成为20世纪中国一个持续发展的趋向③，而“五四”就是这一趋向形成的里程碑。当时中国舆论的普遍认知是局势危迫，时不我待（其实至少国际局势相对平和），而政府已失去“舆论”的信任，如果“救国”的责任在“社会”一面，则既存各社群中，似乎还只有学生显得最有希望。

这就出现一个诡论性十足的问题：那个被赋予救国重任，也决意自己想、自己说而无需古人或外国人替他们想、替他们说的学生群体，仍处于求学的阶段，他们有承担责任的意愿，但对承担这一责任是否已准备充足？这个问题后面隐伏的预设是相当传统的，即学术与国家有着密不可分的关联，至少知识与救国直接相关。从当时的社会区分看，《新教育》这一专辑的作者都是所谓新派，他们中的多数却仍维持着这一传统的认知，所以希望学生回到课堂中去。只有懂得社会分析的陶履恭一人多少延续着清末以来的反智思维，确认那“不扬名不出风头终日勤苦耐劳的农工商的劳动者，才是中国真正的实力”。所以学生的任务不过是“把新思潮灌输在他们的脑里”，使后者能有举足轻重的行动。④

---

① 说老师们的言论显得谦恭更多基于历时性的比较，在当时的语境里，这样的言论至少已被相当一部分学生视为“冒犯”。胡适等关于“学生运动破产”的言论曾引起很多年轻人的激烈反弹，此不赘述。

② 蔡元培：《在北京高等师范学校学生自治会演说词》（1920年10月），见《蔡元培全集》（3），465页。

③ 参见罗志田：《权势转移：近代中国的思想、社会与学术》，237～239页，武汉，湖北人民出版社，1999。

④ 陶履恭特别将学生运动与大约同时北京教职员的“索薪”运动相比较：“教职员因为受经济的压迫，发生了面包问题。因为面包问题，遂致不信任教育当局。教职员的运动，是经济的、职业的。学生的运动，是爱国的、社会的、政治的。”陶孟和：《评学生运动》，载《新教育》，2卷5期，599页（卷页）。他虽然表示对两者不作评价，其实老师不如学生的意思相当清楚。

上述问题后面还有一个隐伏的问题：假如救国真要指望学生辈，中国的局势到底是已经危迫，还是相对平和？若是前者，便不容学生继续以求学为主，他们只能立即走向社会；若是后者，则像蔡元培所说的，中国的“大问题”现在尚不能解决，只能将来解决，其潜台词是学生还有准备的时间。稍后他明确对学生指出：“这时间父兄可以容我们用功，各方面都无牵制，所以用功是第一件事情。”①

其他多数作者也都持相近的看法，即爱国救国确实靠学生，但他们也需要学养的预备，而且局势也还允许学生回到课堂进行这方面的预备。朱希祖把学生上课视为“国家的滋补品”，最能体现这一思路；但他把上课表述为“一种最大的运动”，又已充分说明时势的特殊性——即使常规的主张，也要以非常的方式表出。

“救国不忘读书，读书不忘救国”是那个时代的口头禅，而学生的兴起是“五四”后特别明显的现象。上面几位老师辈的心态和言说其实都很矛盾，他们把国家前途的希望寄托在学生身上，又已经看到持续的罢课不是办法，盖其对政府的实际威胁并不那么大，而学生自己的学业倒荒废了。但这些老辈的态度也不甚一致，如陶履恭就仍侧重学生的外向性努力，其他人至少隐约感觉到，由于学生未必能认清罢课等方式究竟有用到何种程度，他们可能无意之中被自身的行为定式所束缚，甚或被其“裹挟”而去。关键在于，一旦社会服务为主和读书为副成为定势，并养成了以抗争为表述的习惯，学生是否还能宁静地回到课堂从容学习，恐怕已成未知数了。

无论如何，身为教育者的蔡元培，既然看到了问题所在，仍在继续努力，想要扭转学生的发展方向。这一次，他采取了更温和的规劝方式，重在强调学生要能律己，才有希望实行“自治”。

五、社会模范的自制能力

1920 年 9 月，蔡元培在北大开学时对学生讲话，一改五月间直接

---

① 蔡元培：《在北大话别会演说词》（魏建功笔记），载《北京大学日刊》，1920 年 10 月 23 日，3 版。

的批评，转用勉励和引导的方式说，“一年以来，觉得学生方面近来很有觉悟：把从前硬记讲义、骗文凭的陋见渐渐儿打破了，知道专研学术是学生的天职”。他们“不但有研究学术的兴趣，兼且有服务社会的热诚，这也是可喜的事”。不过他不忘提醒学生，“服务社会的能力，仍是以学问作基础，仍不能不归宿于切实用功”。接着他说出了一个与他所谓学生“精神上的损失”相关的问题，希望学生们在“励行自治”的同时，先要以身作则：“去年以来，尊重人格的观念，固然较从前为发达，然试各自检点，果能毫无愧怍么?”所谓自治，就是“人人能管理自己，同学能互相管理”。只有这样，才可以不像从前那样需要学监、舍监的管理。①

这是一种相当温和的提示，即学生如果不想被他人“管理”，就要真能实行“尊重人格”的自治。一个多月后，蔡元培又对北大同学说：“五四”后“大家很热心群众运动、示威运动”。此前的大运动虽有效果，“但这种骤用兴奋剂的时代已过去了，大家应当做脚踏实地的工夫”。接着他再次论及自治问题，“本校学生的自治近来比从前好多了。但是宿舍里、公寓里，也还免不了闹笑话。校外说我们的人很多”。他以学生会里闹意见时往往以揭帖相互攻击为例，指出这些做法有损人格；并主张“我们见了别人的过失，总要用怜爱的意思劝告他，不可骤加攻击”。他尤其希望北大同学能“互相亲爱，厚于责己，薄于责人”。②

上面多少还是校长对校内的说话，随后他到湖南发表了一系列的演讲，除两三篇专门涉及美学的演讲外，蔡元培不时把自己对学生的希望化为已经发生的事实，用以诠释北大或北京的学生运动，并借此激励湖南的学生。那一系列演讲基本有两个主题，一是北大学生的注意力在“五四”后已从社会转向校园，正致力于求学；另一个则与他在北大所讲的“自治”接近，即强调自由和民主“不是不守秩序”，学生要能“自己尊重自己”和“自己管理自己”，然后才可减少教职员的

---

① 蔡元培：《北大第二十三年开学日演说词》（1920年9月），见《蔡元培全集》(3)，443～444页。

② 蔡元培：《在北大话别会演说词》，载《北京大学日刊》，1920年10月23日，3版。

管理。而且，学生入学，即等于自动接受了校园既存规则的约束，故对这些规则应有足够的尊重，不宜随意推翻。

蔡元培提出，学生干预政治本非常态，在国家一发千钧的时候，不能不“牺牲自己的光阴，去唤醒一般平民”。这样努力的结果是，“从前的社会很看不起学生”，“五四”后“社会便重视学生了”。但也因此而“生出许多流弊。学生以自己为万能，常常想去干涉社会上的事和政治上的事”。其实，“国家的事不是学生可以解决的，学生运动不过要提醒外界的人，不是能直接解决各种问题”。“五四运动”本是“万不得已之举动，可一不可再”。但“五四”以后，学生“大半都去注意社会上的问题，科学方面少有人去研究”，“简直没有求学的日子”。一些学生“不求学，专想干涉校外的事”；若这样“习以为常，永荒学业”，则对自己对国家，都有“极大的危险”。①

他解释说，去年北大学生从事运动，乃“出于势不得已，非有意干涉政治。现在北大的学生决不肯轻易干涉政治上的事”。他们认识到“中国政治问题层出不穷，若常常干与，必至无暇用工”；且“办事须从学问上入手”，若“学问不充足，办事很困难”，故“不得不专心求学”。北京学生“受了这一番大教训，已有彻底的觉悟，大家都知道非有学问不能救国”。因此，在他出京的时候，学生们已确定“专心求学以外，只办平民学校，不管别的事情了”。北京学生如此，则湖南的学生也“应该尽心研究科学，从根本上作救国的准备”。他盼望湖南学生“把科学看重些，切实去研究；对于外界的事情，尽可少管些”。

除了求学的重要，蔡元培也着重讨论了学生的自律问题。他说，由于社会重视学生，北京的学生已了解到自己的责任，有了“新觉悟”，知道“自己尊重自己”和“自己管理自己的行为”。他引用罗素

---

① 本段与以下数段，参见蔡元培：《对于师范生的希望》，见《蔡元培全集》(3)，336 页；《对于学生的希望》(1920 年秋)，见《蔡元培全集》(4)，37～41 页，北京，中华书局，1984；蔡元培讲、何元培记：《中学的科学》，《大公报》(长沙)，1920 年 11 月 11 日，9 版；蔡元培讲、厮僧笔记：《学生的责任和快乐》，载《大公报》(长沙)，1920 年 11 月 19 日，9 版。都是他当时在湖南各学校的演讲。

所说的“自由与秩序并不相妨”的见解，强调“平民主义不是不守秩序”（按平民主义是“五四”时“德先生”的一种译法）。如果“学生不喜教职员管理，自己却一意放纵，做出种种坏行”，那就不好了。只有学生能“自定规则，自己遵守”，才可以不要学校的管理规则。实际上，学生本应知道学校的规则对其有益，“情愿遵守，才肯入校。所以学校的规则可说不是学校定的，是你们自己定的。学校的规则如很不方便，可求改良，但不得忽然破坏规则。教室内无规则，就没有秩序”。

针对湖南学生想要参与教务会议和废止考试两个具体问题，蔡元培明确表示了反对。他认为学生的自治不应延伸到参与教务会议的程度，因为学校校务是由教职员负专责的，学生既不熟悉，又不负责任，若参与，必不免纷扰。他同意考试可能“有好多坏处”，也注意到“北大、高师学生运动废考甚力”。但他对北大办法是“以要不要证书为准”，不要证书者即可不考试，要证书者仍须考试。蔡元培呼吁道：“今日的学生，就是将来改造社会的中坚人物。对于读书和做事，都要存一种诚心，凡事只要求其尽其在我，不可过于责人。”对学校的设备，“或因经济的关系，或因不得已的事故，力量做不到的时候，大家要设身处地想想才好”。对于教职员，“不宜求全责备，只要教职员系诚心为学生好，学生总宜原谅他们”。

可以看出，在“五四”周年后的几个月里，蔡元培反复申论的，一是让学生回到校园专心求学，少管校外的事；二是要求学生遵守学校的规则，若想取消来自教职员的管理，就先要实行有效的“自治”。他在学理上将此上升到自由、民主与秩序关系的高度，再三希望学生能“厚于责己，薄于责人”。这些持续的规劝绝非无的放矢，反衬出教育者心目中学生的形象。他虽然用“以希望代事实”的诠释方式来表述意见，其实当然知道很多北大学生仍热心外骛而不能专意读书，既不能自律又不受管理、不守规则。

蔡元培一再申说的两者，本相互关联，多少都有些运动后遗症的意味，其实就是他和胡适、蒋梦麟所说的学生运动带来的“精神上的损失”。老师辈的认知当然并非凭空而至，大约同时，一些学生自己也有类似的反思。彼时还是中学生的沈昌，非常积极地参与了上海的学生运动，并认识到“自己是一个堂堂正正的人，应该为全人类全社会谋幸福”；另一方面，“‘五四运动’亦正有其害处。我自参加‘五四运动’，一天一天的浮嚣起来，昧然以天下为己任，而把自己的切实基本学识弃去了。昧然的加入什么党什么会，天天谈些什么问题什么主义，还哪里肯安心研究干燥的数理、艰深的英文?”结果他所读的南洋公学校长唐文治“为全校大局起见”，将他开除。①

唐文治显然没有蔡元培那样能包容，采取了断然做法。但两位校长所面临的学生状况，或大体相近。1922 年的“五四”周年时，蔡元培仍遵循他那种诠释取向，表示“我常常对人说，‘五四运动’以后，学生有两种觉悟是最可宝贵的：一是自己觉得学问不足，所以自动的用功；二是觉得教育不普及的苦痛，所以尽力于平民教育。这两种觉悟，三年来很见得与前不同，不能不算是‘五四运动’的纪念。”他承认有这样的觉悟只是一部分人，并注意到“现在又是一个特别的时期，北京国立各校，安徽、江西、湖南等省公立各校，常常为经费问题闹罢课”。但仍希望“学生个个觉悟，都能自动的用功”，尽可能减少失学。② 蔡元培所谓“我常常对人说”是很实际的表述，两个月后他就重申了学生这两种觉悟。③ 这恐怕半是描述事实，半是表达希望。

基本上，那时学生的自主意识相当充分，但自律似未达老师们期望的程度。这些不要古人或外国人替他们想、替他们说的学生，似乎也可以不要老师辈替他们想或替他们说。身体虽回到校园的学生，心思却未必皆贯注于求学，甚或会把他们习惯了的社会抗争方式带进校园。且学生的抗争，也不时从国家民族的大问题转向校园内的具体小问题，并将前引蔡元培所说以“揭帖”相互攻击的方式，也用在老师的身上。

1921 年 11 月，北大教务长发出布告，对“近日屡次有人滥用某

---

① 沈昌：《我十年来的学生生活》，载《学生杂志》，10 卷 1 号（1923 年 1 月），5 页（文页）。沈昌时为东南大学学生。

② 蔡元培：《“五四运动”最重要的纪念》（1922 年 5 月 4 日），见《蔡元培全集》（4），196 页。

③ 蔡元培：《〈中华教育改进社第一次年会日刊〉发刊词》（1922 年 7 月），见《蔡元培全集》（4），219 页。

班全体名义，或直接致匿名信于教员，或匿名揭帖，对于教员漫肆人身的攻击”的行为表示谴责。① 不久后，蔡元培也以校长名义发出布告，指责近日“少数学生，在讲堂或实验室中，对于教员讲授与指导方法，偶与旧习惯不同，不能平心静气，徐图了解，辄悻悻然形于辞色，顿失学者态度。其间一二不肖者，甚至为鄙悖之匿名书信、匿名揭帖，以重伤教员之感情。”②

但这样的劝戒效果似不明显，学生的类似行为仍在持续。约一年后，北大学生反对学校征收讲义费，再次采取了他们熟悉的抗争方式。数百学生（包括围观者）先后聚集在会计课和校长室，以呼喊等方式要求立将讲义费废止，并至少对门窗动用了肢体语言。校长蔡元培深感痛心，因愤怒而当场表现激烈，随即提出辞职。后来双方妥协，蔡元培在复职的全校大会上演说，虽以当时政治及国家机关“不循轨道的举动”影响学生为由给学生下台，但也明确指出：“大学的学生，知识比常人为高，应该有自制的力量，作社会的模范，却不好以受外界暗示作护符。”③

所谓国家机关做事不循轨道，是实有所指。北大那时的经费就尚无着落，收讲义费或也是因应经费困难的一种措施。总务长蒋梦麟慨叹道：“我们办教育的人，近来真觉得日暮途穷了！从前我们以为政治不良，要从教育上用功夫，养成人材，去改良政治。”近年政治愈趋愈纷乱，教育界“不但经济破产，精神上破产的征象，已渐渐暴露了。于是数年前‘只讲教育，不谈政治’的迷信，渐渐儿打破”了。④ 此前他和胡适联名的文章说，“五四”当时他们希望“在思想一方面提倡实验的态度和科学的精神，在教育一方面而输入新鲜的教育学说，引

① 《教务长布告》，载《北京大学日刊》，1921年11月24日，1版。

② 蔡元培：《校长布告》（1921年12月7日），载《北京大学日刊》，1921年12月7日，1版（8、9两日再刊）。

③ 蔡元培：《十月二十五日大会演词》，载《北京大学日刊》，1922年10月26日，3版。关于此次讲义风潮，详另文。

④ 蒋梦麟：《晨报四周纪念日之感想》，载《晨报副刊》，1922年12月2日，21版（这是上一日纪念增刊的延续，版数也接续前日增刊）。

起国人的觉悟，大家来做根本的教育改革”。① 两相对比，这里所打破的“‘只讲教育，不谈政治’的迷信”，就有具体所指了。

另一方面，“五四”当时就有人认为学生运动“是‘目无师长’。此端一开，做官也做不来了，做校长教员也做不来了，做父母也做不来了”。老师辈的沈仲九还特地为学生辩护，指责这些反对者“不晓得‘人有自主自动的人格’和‘人民是民国的主人’”。② 但联系到蔡元培几年来关于学生应该“自治”的反复申说，部分学生终因过分“自主”不能“自治”而走上“目无师长”之路，恐怕也是让蒋梦麟等感觉教育“日暮途穷”的一个重要原因。周作人在几乎同时便说：“‘五四’以后，教育完全停顿，学校有不能开学的形势。”③ 这感叹大概同时包括经费和学生等各方面的问题，且他的表述并非专论“五四”与教育的关系，但这无意之中的随口一说，可能正反映出他的心声。

这些“五四”时的老师辈，以及那些参与北大讲义费事件但终于向不惜辞职的校长让步的学生，看到大学校园内外的教育现状（包括校园外政府与学校的关系和校园内老师与学生的关系），似乎都很容易想起刚过去没几年的“五四”。对他们而言，“五四”恐怕像一个涵盖极为复杂的符号和象征，很难一言以蔽之。

六、余论：进一步认识“五四”的丰富性

基本上，“五四运动”一发生，很多人就感觉到其划时代的意义。前引恽代英所说“自从‘五四’运动以来”是几年后的事，而黄日葵在 1920 年初就一则说“自从‘五四’运动以后”，再则说“自从‘五四’之后”；那时距学生运动不过几个月，他却明显感觉到什么都不一样了，就连外国也“上自一党的党务，下至个人的事业”，都在这一年

---

① 蒋梦麟、胡适：《我们对于学生的希望》，载《新教育》，2 卷 5 期，592 页（卷页）。

② 沈仲九：《“五四运动”的回顾》，载《建设》，1 卷 3 号（1919 年 10 月），608 页（卷页）。

③ 作人：《同姓名的问题》，载《晨报副刊》，1922 年 12 月 3 日，3 版。

开始之时，“陡然呈活泼泼的现象”。① 外国是否真有那些变化且不论（恐怕更多是黄氏自己心里动，所以看着外界也陡然活泼），这样的心态却很能体现不少人心目中“五四”带来的即时变化。

学生辈对当下的感觉似更敏锐，罗家伦对那几年的“分期”就颇为细致，以为“欧战以后，中国才发生‘批评的精神’；‘五四’以后，中国才发生‘革命的精神’”。而“要救中国，就靠在这两种精神上”。② 若中国的“革命精神”始自“五四”，则其言外之意，不过十多年前的辛亥鼎革，便算不上“革命”，或只是一次没有“精神”的革命。也许是民国二三年后国人对“尝试共和”的失望太强烈③，致使青年读书人在记忆中抹去了不久前的武力革命；更可能的是，一个兼具批评和革命精神的“五四运动”之所以能出现，已反衬出此前的革命即使存在也几乎是有等于无。

老师辈关于“五四”的历史对比，则多直指向辛亥革命前后。陶履恭就说，清末也有学生运动，但“学生运动成了弥漫全国的‘精神唤醒’，总要算是在‘新思潮’发生已后。他的诞生日，就是民国八年五月四日”。④ 沈仲九则提出，清末“改革的事业都是由地方而中央”，那时北京学生的表现“是不及各省的”。“五四”就不一样了，“北京的学界，居然为全国新思想的发源地。因为有新思想，于是遂有‘五四运动’的事实，这是北京学生进步的表现”。而且，清末学生“也有做革命事业的”，但“都是离了学生的地位”的“个人行动”；“五四”时的学生，则是“用学生的资格，大家联合起来，去做关系国家社会的事业”。其意虽不在革命，倒更像是“学生造反”。⑤

---

① 黄日葵：《中国危机与青年之责任》，载《救国日报》，1920年1月19日，2版。

② 罗家伦：《致张东荪》（1919年11月19日），载《时事新报》，1919年11月25日，3张4版。

③ 关于民初对“尝试共和”的失望，参见罗志田：《激变时代的文化与政治——从新文化运动到北伐》，41～57页，北京，北京大学出版社，2006。

④ 陶孟和：《评学生运动》，载《新教育》，2卷5期，598页（卷页）。

⑤ 沈仲九：《五四运动的回顾》，载《建设》，1卷3号（1919年10月），600～604页（卷页）。

综合师生两辈的即时观感，可知“五四”的特点一是更能凸显其有“思想”有“精神”，二是学生体现出进一步的群体自觉。前者与新文化运动关联密切，使“五四”在后人认知中轻易地从狭义延展到广义；后者提示出“学生”这一近代新教育的社会成果日渐脱颖而出，却越来越疏离于学术和教育本身。① 沈仲九的观察视角有些特别，却不无所见。晚清从改革到革命，多数时候确实呈现出“由地方而中央”的态势；那时京师大学堂的学生，也的确没什么推动全国思想的表现。

沈氏说“五四”象征着以学生自己的认同联合起来“做关系国家社会的事”，也是一个卓见。蔡元培便指出，“五四”的一个变化就是学生“化孤独为共同”，不仅“自己与社会发生了交涉，同学彼此间也常须互助，知道单是自己好，单是自己有学问有思想不行”，必须“将学问思想推及于自己以外的人”。因此，“化孤独的生活为共同的生活，实是‘五四’以后学生界的一个新觉悟”。② 曾任“五四”学生游行领导的傅斯年后来论“科学”在中国的历程时说，“五四”前已有不少人立志于科学，但“科学成为青年的一般口号，自‘五四’始”；正是“五四”使科学从“个人的嗜好”变成了“集体的自觉”。③ 不仅科学，在其他很多方面，“五四”也起到了变“个人嗜好”为“集体自觉”的类似催化作用。④

“五四”前大受青睐的“个人”，因学生运动而开始淡出，时人的思想和行动都转而朝着强调群体的方向发展。不少知识菁英和边缘读

① 近代学生的兴起及其衍化是个大问题，本书不拟深入讨论。关于学生及其运动，可参见吕芳上：《从学生运动到运动学生》，台北，“中研院”近史所专刊，1994；桑兵：《晚清学堂学生与社会变迁》，上海，学林出版社，1995。

② 蔡元培：《对于学生的希望》（1920 年秋），见《蔡元培全集》（4），38 页。

③ 傅斯年：《“五四”二十五年》（1944 年 5 月），见《傅斯年全集》，第 4 卷，262 页，长沙，湖南教育出版社，2003。

④ 叶嘉炽后来提出，学生界受新文化运动感染，意识到他们是一个具有特定利益和关怀的社群，甚至形成了自己的“亚文化”（subculture）。参见 Ka-che Yip，“Nationalism and Revolution：the Nature and Causes of Student Activism in the 1920s”，in F. Gilbert Chan and Thomas H. Etzold，eds.，China in the 1920s，New York：New Viewpoints，1976，pp. 94-108.

书人关注的重心逐渐从文化向政治转移，也是“五四”后日益明显的趋势。① 但同时也有相反的观察，戴季陶在1919年末注意到，“今年所发生的新出版品，无论是月刊、周刊、旬刊，都是注目在社会问题，政治问题差不多没有人去研究”。即使偶有讨论政治问题的文字，“也引不起人的注意。而且多数热心的人差不多都很厌弃这一种著作”。他本人也不例外，但现在开始反思：“我们所希望之社会的改革，是不是和一切政治的问题能够绝缘的呢？”他的结论是“我们不能厌弃政治”，不仅要研究政治，还要投身于政治。②

戴氏所说被“社会”一时压倒的“政治”，隐约指向今人所关注的“国家”（state）。那时与“社会”共同兴起的还有个人、世界、人类、思想、文化等范畴，它们之间相互也颇有竞争，③ 但都有一个共同的倾向，便是“非国家”。不仅傅斯年表示他只承认大的人类和小的“我”是真实的，两者“中间的一切阶级，若家族、地方、国家等，都是偶像”；④ 沈雁冰稍后也喊出“我们爱的是人类全体，有什么国？国是拦阻我们人类相爱的”！⑤ “个人”逐渐淡出后，这类“非国家”的倾向此后仍延续了相当一段时间，亦即从个人向群体的转移却不一定表现在“国家”之上。⑥

戴季陶的观察虽与后人研究所见相异，此后也还有人呼应。甘蛰

---

① 参见王波：《少年中国学会的成立及前期活动》，北京大学历史学系2008年硕士论文。

② 戴季陶：《政治问题应该研究不应该研究》，载《星期评论》，24号（1919年11月16日），4页。

③ 北大一位学生当时就敏锐地意识到：“现在有些人，看着什么上帝、国、教会、礼法一类的鬼玩艺失了效力了，又横抬出‘社会’两个字来哄吓人。”该文指出，作为与个人相对应的范畴，那时“社会”所取代的正是近代西方意义的“国”。不署名：《女子独立怎么样》，载《北京大学学生周刊》，5期（1920年2月1日），3页。

④ 傅斯年：《新潮之回顾与前瞻》（1919年9月），载《新潮》，2卷1号（1919年10月），上海书店1986年影印本，205页。

⑤ 雁冰：《佩服与崇拜》，载《时事新报·学灯》，1920年1月25日，4张1版。

⑥ 这个现象非常值得关注，一些初步的探讨，可参见罗志田：《近代读书人的思想世界与治学取向》，22～26页、66～83页，北京，北京大学出版社，2009。

仙在1922年底就说，“四年以前中国思想界所评论的，多半是时事问题；近四年来的思想界所评论的，多半是学理问题”。尤其最近四年“我们青年所讨论的，大半都是趋向于学理方面了。这种风气，《新青年》杂志实开其先”。① 然而，1922年时《新青年》已“在上海自立门户”，转而倾向于“谈政治”了。② 稍后杨鸿烈还表示不满说，“自《新青年》改观之后”，中国便不见“真正有普遍效力”的文化运动。因为像陈独秀这样“思想过于激进的人”没有觉悟到“自己在思想界革命的事业的第一步还没有做完”，而像傅斯年、罗家伦这样“真正了解文化运动真意义的人大多数出外留学”，丢下了他们未竟的工作。③

戴季陶、甘蛰仙、杨鸿烈三人的见解和立场不同，他们的观察或因此而有些仁者见仁、智者见智的意味。更可能的是，他们实皆各有所见、各有所本，最能体现“五四”前后中国社会、思想界的多歧特性。若进而把甘蛰仙的认知与蔡元培、胡适等眼中青年学生不读书的现象对看，特别是那时不少青年“连一本好好的书都没有读，就飞叫乱跳地自以为做新文化运动”，则甘氏所谓“我们青年”所讨论的“学理”，就很有些意味深长了。

而学生以自己的认同联合起来“做关系国家社会的事”，也有些特别的影响。前引朱希祖说学生上课“就是一种最大的运动”，这一有意的表述无意中揭示出一个重要的史实：“五四”的一项副产物，就是“运动”本身成了正当的象征，不知不觉中已被视为学生的正业。这虽仅是一个副产物，却是一个举足轻重、影响广泛的副产物。当老师辈为增强其正当性和说服力而不得不把在学校上课说成是比真正的运动更“大”的运动时，想必是别有一番滋味在心头吧。

这样看来，对不同的人来说，“五四”的影响是颇不相同的。而

---

① 甘蛰仙：《最近四年中国思想界之倾向与今后革新之机运（续）》（1922年11月30日），载《晨报副镌》，1922年12月3日，2版。

② 沈雁冰：《客座杂忆——〈新青年〉谈政治之前后》（1941年），见《茅盾全集》，第12卷，95～96页，北京，人民文学出版社，1986。

③ 杨鸿烈：《为新青年社的老同志进一解（续）》，载《晨报副刊》，1924年2月4日，1版。

“五四”对后来的影响，或也没有我们所想的那样大。1922年的“五四”周年时，老师辈的谭熙鸿已感觉“一年一年的纪念，而在实际上并不见得有甚影响，似乎倒反觉得一年不如一年的景象了”。① 而学生辈的钱用和则感叹道：“冷落呀！这次的‘五四纪念’！寂寞呀，这次的‘五四纪念’！”② 那年晚些时候，北大一些学生发现，“现在社会上都论‘五四’为过去历史上的陈迹了”。③

同在1922年，北京大学入学考试的预科国文试卷作文题是“述‘五四’以来青年所得的教训”。有个奉天高师附中的学生问监考的胡适：“‘五四’运动是个什么东西，是哪一年的事？”胡适对此感到“大诧异”，初尚“以为这大概是一个特别的例外”。不料他走出试场，其他监考的人告诉他，“竟有十几个人不知道五四运动是什么”。④ 这虽然仅占考生的百分之一，但他们可都是青年学生！另据他人的观察，考试中把“五四运动”“当作‘五月四日开运动会’解释的，听说也很有几位”。⑤ 不过三年，“五四”在历史记忆中已开始有些模糊了。

尽管每逢“五四”的周年仍有人纪念，到1935年5月，胡适已感觉“这年头是‘五四运动’最不时髦的年头。前天五四，除了北京大学依惯例还承认这个北大纪念日之外，全国的人都不注意这个日子了”。⑥ 这应该不是他比别人更珍爱“五四”而产生的偏见，生于1930年的余英时先生，抗战时避居安徽潜山县官庄乡，到抗战结束前，他便“根本不知道有所谓‘五四’其事，更不必说什么‘五四’的思想

---

① 谭熙鸿：《纪念“五四”》，载《晨报》，1922年5月4日，2版。按谭熙鸿时任北大生物系教授，校长室秘书。

② 钱用和：《这次“五四纪念”的社会心理》，载《晨报》，1922年5月4日，6版。钱用和时为女高师学生。

③ 李国瑄等：《北京大学学生会有组织必要的意见书》，载《北京大学日刊》，1922年11月2日，3版。

④ 《北京大学日刊》1922年8月5日，3版；见《胡适日记全编》，1922年7月24日，第3册，737～738页。

⑤ 嘉谟：《青年生活与常识》，见《学生杂志》，11卷9号（1924年9月），45～46页。

⑥ 胡适：《个人自由与社会进步——再谈五四运动》，载《独立评论》，第150号（1935年5月12日），1页。

影响了”。①

历史现象至为繁杂丰富，在地大物博的中国，当年的社会与今天一样，应该也是一幅“林子大了什么鸟都有”的图景。“五四”涉及面甚广，而其前后发生的大事要事也不少，所以直到今天，我们对“五四”的认知仍是一个笼统的大体。然而对历史而言，细节永远是重要的。就像余英时先生所说，对不同的人，“五四”就像“月映万川”那样因人而异，“同是此‘月’，映在不同的‘川’中，自有不同的面目”。所以他对于“五四”，“还是希望求得更深的理解”。②

有些历史上的事件和运动是因为材料不足征而不容易弄清楚，“五四”则不然，相关史料真可以说是汗牛充栋。“五四”的意涵本相当丰富，一些材料颇充足的面相长期被视而不见，对研究者而言实处于一种存而不论的状态；另一方面，经过了长时期各种取向的解读，一些面相固然愈来愈清晰，诠释者也可能增添了一些“作雾自迷”（熊十力语）的成分。

柯林武德在区分自然过程和历史过程时提出，自然过程中的“过去”一旦被“现在”所替代，就可以说消逝了；而历史过程中的“过去”则不同，“只要它在历史上是已知的，就存活在现在之中”。正是历史思维使“历史的过去”成为“一种活着的过去”。因此，不能被后人认知和重新思考的，便等于尚未进入历史过程。③ 如今很多人正在思考怎样继承“五四遗产”或是否应当跳出“五四的光环”，他们或许有些类似柯林武德之所言，侧重的是在我们心中能够重新思考的那个“五四”。

---

① 余英时：《我所承受的“五四”遗产》，见《现代危机与思想人物》，71～72页，北京，生活·读书·新知三联书店，2005。

② 余英时：《我所承受的“五四”遗产》，见《现代危机与思想人物》，74页。

③ 这是柯林武德所谓一切历史都是思想史的学理基础，但他并非“以不知为不有”（傅斯年语），而是主张努力去认知那些尚未被认知的部分。参见R. G. Collingwood，*The Idea of History*，北京，中国社会科学出版社，1999，pp. 225-226，218-219. 此书有中译本，见《历史的观念》，何兆武、张文杰译，256、248页，北京，中国社会科学出版社，1986。

但蒙思明看法稍不同，他以为，“历史本身的演变，一气相承，川流不息”。一件事有无史料保存，只影响我们的历史知识，却无关于历史本身。一件事的史料消亡，或不被记忆、认知，既不意味着史无其事，也不能说该事件“对于我们当前的生活与思想就无影响”。[①] 这是一个非常深刻的睿见，从这个视角看，我们的生命中其实融汇了无数过去的生命，而历史也就意味着过去的生命融入了我们的生命。即使在历史言说中“不知”（或在历史记忆中一度隐去）的“过去”，也依然影响着“我们当前的生活与思想”。

“五四”应当就是这样的“过去”。已是历史的“五四”，不论我们对其已知多少，也像一切历史那样，早已活在我们的血脉之中。从这个角度言，“五四”给我们的影响，恐怕是招之未必来，挥之难以去。但作为历史的“五四”，却仍然需要探索和了解。丰富我们的历史知识，使其接近本真的历史，本是每一个史家的责任。不论是广义还是狭义的“五四”，都还有很多基本史事需要进一步的探索和更深入的认识。

毕竟那是一个充满了矛盾、冲突和激情的时代，发生在当时的任何事情，多少都带有时代的烙印。“五四”本身，也特别需要作为一个充满了矛盾、冲突和激情的丰富历史活动来理解和认识。在那些历史记忆中曾经隐去或为人所“不知”的“五四”面相进入我们的历史言说，成为我们心中可以重新思考的“历史事实”之后，不仅我们认知中的“五四”与过去不一样，我们的“生活与思想”也可能有所不同。

原刊《近代史研究》2010 年 3 期

① 蒙思明：《历史研究的对象》，载《华文月刊》1 卷 6 期（1942 年 11 月），15 页。

从科学与人生观之争看后“五四”时期对“五四”基本理念的反思①

新文化运动两个最基本的口号科学与民主在“五四运动”之后各曾有过一场较大的争论，即1923年的科学与人生观（玄学）之争和北伐成功之后关于“人权”的论争以及“九一八”之后的民主与独裁之争。从思想史的角度看，这两次争论可以说是后“五四”时期中国思想界对“五四”基本理念的反思；而且这一反思基本是在尊西趋新派阵营中进行（较少受西方文化影响的真正“保守”派或正脱除西方影响的章太炎等人便几乎不曾关注这些争论），其中包括不少新文化运动领衔人物，较能反映同一批人在时代转变后对原有基本理念的重新检讨。②

科学与人生观之争过去一直受到学界关注，近年海峡两岸的少壮

---

① 本文使用的一些资料承张淑雅小姐和汪朝光、汪晖、谢国兴先生提示，特此致谢！

② 可以说，除“科学”外的大部分“五四”基本理念在后“五四”时期似乎都有从量到质较大的转化甚至基本转到对立面，参见罗厚立：《历史记忆中抹去的“五四”新文化研究》，载《读书》，1999年5期。

学人对此相当重视，新论不少。① 但除30年代的著述外，从思想界自身反省的角度进行观察的似不多见。② 同时，近几十年为多数人常规使用的“科学主义”概念是否准确表述了“五四”新文化人心目中“科学”的真义，即其是否是一个有效的诠释工具，也还有讨论的余地。

尽管有众多研究在前，论战本身的史实重建似仍不够充分，有时一些看似细微的具体过程其实提示着这一论战非常重要的特征和意义。就目前我已接触到的材料看，稍全面的史实重建绝非一文的常规篇幅所能涵盖，故对有些既存研究论述较少的面相，如从清季起中国士人已在关注的科学与“文学”（其义略近于今日人文学与社会科学）的关系、大家都认为如此严肃重要的论战为何以相当轻率随意的方式表述（此最足揭示“五四”人心态中一些隐伏但相当关键的因素）、“五四”后“赛先生”实际落实到整理国故和史学（而非数理化和工业技术）

---

① 较早的研究大约当属两位左派学者伍启元的《中国新文化运动概观》（现代书局，1934）和郭湛波的《近五十年中国思想史》（人文书店，1936，山东人民出版社1997年横排新版）两书中关于此次论战的专章；美国汉学著作中将此事列为专门章节讨论的有：Chow Tse-tsung，*The May Fourth Movement: Intellectual Movement in Modern China*，Harvard University Press，1960（江苏人民出版社1996年出版中译本）；D. W. Y. Kwok，*Scientism in Chinese Thought 1900-1950*，Yale University Press，1965（江苏人民出版社1995出版中译本）；Charlotte Furth，*Ting Wen-chiang: Science and China's New Culture*，Harvard University Press，1970（湖南科技出版社1987年出版中译本）。此外，林毓生先生于20世纪80年代写有两篇专文《民初科学主义的兴起与涵义——对民国十二年“科学与玄学”论争的省察》和《近代中西文化接触之史的涵义——以“科学与人生观”论战为例》，均收入其《政治秩序与多元社会》，台北，联经出版事业公司，1989；近年较详细的研究包括汪晖：《从文化论战到科玄论战——科学谱系的现代分化与东西文化问题》、《科学世界观的分化与现代性的纲领——张君劢与“人生观之论战”的再研究》，分别载《学人》第9、11辑；叶其忠：《从张君劢和丁文江两人和〈人生观〉一文看1923年“科玄论战”的爆发与扩展》、《1923年“科玄论战”：评价之评价》，分别载《“中央研究院”近代史研究所集刊》，第25、26期。

② 这些研究也包括陈端志的《“五四运动”之史的评价》（生活书店，1936，有香港中文大学1973年影印本），该书有专章讨论德、赛二先生的发展和演化，不过其论证从材料到叙述基本都取自伍启元书。

之上，以及这次论战是在怎样的语境中进行和这一语境在多大程度上及怎样影响了论战本身等，均只能另文探讨。

我特别希望了解的是：张君劢一次带偶然性的讲话究竟在何处以及怎样挑战了“五四”人的基本观念（从而引起后者不得不拔剑而起)？同时，本文也拟从考察“科学”观念在后“五四”时期的演变这一视角来反观“五四”人心目中的“赛先生”究竟何义，希望能使我们对这次论战的理解和认识略有寸进，并进而有助于我们更进一步地理解“科学”这一“五四”新文化运动时的基本观念。

一、论战双方的动机

从论战的当时起，思想界和学术界对这次论战意义的评价都相当高。但这次被时人和后之学者赋予相当历史意义的思想论战有一个特点，即表述方式超乎寻常的不严肃，许多文字均以诙谐甚至攻击的口吻出之。最典型的概括即胡适所说“文虽近于游戏，而意则甚庄”。梁启超对此甚为不满，他认为：“这回这论战题目太重大了，行文更要格外勤恳郑重。否则令人看作游戏文章，便会把原来精神失掉大半。”①为什么许多当事人认为如此重要的思想问题却以“游戏”文字表述之？深入分析这一诡论现象只能俟诸另文，但有一点可以考虑，即这次论战虽触及时人关注的重大问题，但其爆发在一定程度上是偶然的，故许多人的表述呈现出相当的随意性。

正如梁启超所说，张君劢最初“不过在学校里随便讲演，未曾把‘人生观’和‘科学’给他一个定义。在君也不过拈起来就驳”。② 双方的思虑或者都较深远，但一开始并未特别注重其所讨论的具体概念。由于是针对特定对象的即席演说，而不是对全国学界发宣言，张君劢的演讲内容并非精雕细刻，自相抵牾之处确不少见。他后来回忆时却

---

① 胡适致张君劢，见《孙行者与张君劢》；梁启超：《关于玄学科学论战之“战时国际公法”》，均收《科学与人生观》，山东人民出版社 1997 年横排新版（用亚东图书馆本)，125、122 页。

② 梁启超：《人生观与科学》，见《科学与人生观》，138 页。

强调他其实有很高远的大目标，即“一个人对于社会提出一种思想，是对于青年、对于学术有重大影响；换句话说，提出一种思想方向是有重大的责任”。他当初即希望这“可以使我们的思想界有一种大目标，大家可以向前进行；或者我们的思想史上，可以开一个新局面”。①

这样的大目标恐怕是后来逐渐“层累堆积”出来的，因为张第一次讲话的内容实在不足以承担这么大的抱负（当然他后几次文章越来越体现出关怀的深切）。② 梁启超也声称“这回论战原是想替我们学界开一新纪元，令青年学子对于这问题得正确深造的了解”。③ 这是否是预定的目标同样很值得怀疑，因为最初讲话的张君劢并不知道丁文江要反驳。但张、梁均提及的“青年”却的确是论战者（特别是丁文江）针对的对象。

张君劢的谈话对象是平日所学皆科学而“不久即至美洲”的清华学生，正因为“方今国中竞言新文化”，而这些学生又肩负着“将来沟通文化之责”，故张希望他们能将他之所论“时时放在心头”。张或担忧这些青年会将西方文化不加区别不加选择地全盘引进，所以先给他们打一剂防疫针。其讲话的要点似即在最后一段，而最核心者大约即“吾有吾之文化，西洋有西洋之文化”一句。不过，张接下来并未明确为中国文化张目，而是提出“西洋之有益者如何采之、有害者如何革除之”这一取舍问题皆决之于人生观。所以，当他说人生观是“文化转移之枢纽”时，其实也不过是指引进西方文化时应有所取舍而已。这对饱受新文化运动冲击而即将留学美国的清华学生，当然有直接的针对性。④

新文化运动的早期研究者伍启元认为，张君劢的“直觉主义不过

---

① 张君劢：《人生观论战之回顾》，载《东方杂志》，31卷13期（1934年7月），7、10页。

② 后来张君劢等“新儒家”那种沉重的责任心和救世的道德负担在这里已有所显露，而其实际上提不出什么具体可行的方策这一特点也已稍露端倪。

③ 梁启超：《关于玄学科学论战之“战时国际公法”》，见《科学与人生观》，121页。

④ 张君劢：《人生观》，见《科学与人生观》，33～40页。

是一种玄学的思想”，其代表的是早已没落的封建残余，已无社会基础，故不过是一种“回光返照”，“其实不用实验主义者的全体动员，它也必不打而自倒了”。① 但这一点丁文江显然不同意，他从张君劢的言论中看出了非常严重的潜在“错误”影响，并不止一次表示他对张的讲话“决计不能轻易放过”、“势不能不”出来批驳，可知其感觉到一种非常明显的压力；而张在清华的讲话其实相当随意，在学理层面似不足以构成这样强烈的压力。

所以，是否可说丁文江等更为关注的是张君劢（以及更早的梁启超）的言论可能造成的影响，即对“科学”在中国的推进造成阻碍，特别是对青年可能产生误导作用。丁文江曾告诉胡适，“前天君劢找我去谈天，与他辩论了一个钟头，几乎把我气死！”他在列举了两人对话的要点后说，“我想我们决计不能轻易放过他这种主张”，故决定做一文驳之。② 丁氏当时的心态在其给章鸿钊的信中说得很明白：他对“张君劢提倡玄学与科学为敌，深恐有误青年学生，不得已而为此文”。③

胡适在20世纪50年代回顾这一论战时说：当日“君劢所要提倡的和在君引为隐忧的”问题，表面是科学是否能解决人生观的问题，但这问题的背后，还有一个问题，即张君劢认为“科学及其结果——物质文明——不但是‘已成大疑问’的东西，并且是在欧洲已被‘厌恶’的东西”，青年人应该回归侧重内心生活之修养而“其结果为精神文明”的理学传统。因此，丁文江视此为“与科学为敌”，必须出来“提醒”青年学生。④

丁文江认为，“科学是欧洲人的精华，‘形而上’学是他们的糟粕”。若依张君劢所说“人生观真正是主观者，单一的、直觉的，而甚

---

① 伍启元：《中国新文化运动概观》，177页。

② 丁文江致胡适，1923年3月26日，见《胡适来往书信选》，上册，188～190页。

③ 参章演存［鸿钊］：《张君劢主张的人生观对科学的五个异点》，见《科学与人生观》，146页。

④ 胡适：《丁文江传》，海南出版社1993年横排新版，63～64页。

么‘专制婚姻、自由婚姻，社会主义、国家主义，男女平等、尊男轻女……’都是人生观，然则世界上还有甚么讨论，还有甚么是非?”① 这正是一个丁不能放过张的关键，世界上无是非，特别是新文化人所关注推动的那些方面没有了是非，中国的改良也就没有了明确的方向；若青年受此影响，则中国改良的希望就渺茫了。

故丁氏明确指出：“张君劢是作者的朋友，玄学却是科学的对头。玄学的鬼附在张君劢的身上，我们学科学的人不能不去打他。”不过，“我做这篇文章的目的不是要救我的朋友张君劢，是要提醒没有给玄学鬼附上身的青年学生”。丁文江强调，玄学家如果自己研讨其本体论，可以不必反对，“但是一班的青年上了他的当，对于宗教、社会、政治、道德一切问题真以为不受论理方法支配，真正没有是非真伪；只须拿他所谓主观的、综合的、自由意志的人生观来解决他。果然如此，我们的社会是要成一种甚么社会?”② 可知其目的与张一样，都在针对学生而试图影响学生（或可说是在争夺学生）。

这样，论战诸公所欲针对的都是青年学生，应是无疑的。而胡适、丁文江等更加看重这一点，或因为当时青年本多站在他们一边。熊十力注意到：“五四运动前后，适之先生提倡科学方法，此甚要紧。又陵先生虽首译名学，而其文字未能普遍；适之锐意宣扬，而后青年皆知注重逻辑；视清末民初，文章之习，显然大变。”③ 一向乐观的胡适看到了趋新大势的社会影响，他发现自19世纪末以来，科学这个名词“在国内几乎做到了无上尊严的地位：无论懂与不懂的人，无论守旧和维新的人，都不敢公然对他表示轻视或戏侮的态度”。④

略带讽刺意味的是，在科学的“话语权势”之下，真正能对科学提出质疑的或者只有从西方回国的留学生。由于当时的“科学”其实是西来的，留学生大概因其略知西学而具有某种对“不科学”指责的

---

① 丁文江致胡适，1923年3月26日，《胡适来往书信选》，上册，190页。

② 丁文江：《玄学与科学》，见《科学与人生观》，41～42、52页。

③ 熊十力：《纪念北大五十周年并为林宰平先生祝嘏》，见《国立北京大学五十周年纪念特刊》，30页，北京，国立北京大学出版部，1948。

④ 《科学与人生观·胡序》，10页。

“免疫”身份。如留学美日两国的杨荫杭就敢指斥时人“略闻一二粗浅之科学，即肆口痛诋宗教为迷信，此今日中国之通病”。其实“无论孔教、佛教、基督教，择其一而信之，皆足以检束身心，裨补社会；而独不可屏弃一切，以虚无鸣”。而胡适在一次与王宠惠等吃饭时，也听到王“大骂西洋的野蛮，事事不如中国”，只有请客吃饭的规矩比中国好。① 在当时的语境下，为“迷信”伸张或骂西洋的野蛮，似乎也只有留学生才能说得比较理直气壮。

正因为科学已处于一种“没有一个自命为新人物的人敢公然毁谤”的地位，但实际上又没有多少人“懂”（故其威权实不巩固），曾经是趋新先锋的梁启超站出来说科学“未必万能”就有不同寻常的影响了。胡适当时解释这次论战“发生的动机”说：“欧洲的科学已到了根深蒂固的地位，不怕玄学鬼来攻击”；但中国的情形则不同，此时“正苦科学的提倡不够、正苦科学的教育不发达、正苦科学的势力还不能扫除那迷漫全国的乌烟瘴气”，却有名流学者出来“把欧洲文化破产的罪名归到科学身上”；不管其本意如何，“梁先生的话在国内确曾替反科学的势力助长不少的威风”。② 但由于丁文江与梁启超关系非同一般，他自己即曾追随梁同游战后的欧洲，且两人的辈分也有差异，丁恐不便直接向梁挑战。张君劢的演讲恰给丁以发动的机会。

吴稚晖当时已指出：“张先生的玄学鬼，首先是托梁先生的《欧游心影录》带回的。”③ 胡适复注意到张君劢实际也比梁启超走得更远，梁到底还声明本不欲“菲薄科学”，而张“原是一位讲究‘精神之自

① 1920年6月7日《申报》，杨荫杭：《老圃遗文辑》，11页，武汉，长江文艺出版社，1993；《胡适的日记（手稿本）》，1989—1990年，1922年3月31日（原书无页），台北，远流出版事业公司。

② 《科学与人生观·胡序》，12～13页。胡适认为“中国此时还不曾享着科学的赐福，更谈不到科学带来的‘灾难’”，所以不能允许玄学鬼的进攻。他实际上并未完全否认科学可能带来“灾难”，也不否认科学在中国普及后或应讨论科学可能带来的灾难；他只是认为时机不合适，即这样的问题不适宜在当时的中国讨论。

③ 吴稚晖：《箴洋八股化之理学》，见《科学与人生观》，308页。按吴文之所以甚得胡适欣赏，很可能正因其将矛头多指向梁启超和梁漱溟而非张君劢，不过胡适要到晚年才明确认识到这一点。

足'的中国理学家，新近得到德国理学家倭伊铿先生的印证，就更自信了；就公开的反对物质文明，公开的'菲薄科学'，公开的劝告青年学生：科学无论如何发达，决不能解决人生观的问题；公开的宣传他的见解：'自孔孟以至宋元明理学家侧重内心生活的修养，其结果为精神文明。'"①

张君劢既然已突破清季以来不敢公开轻视科学的常规，其对新文化人所推动之事业的威胁就凸显出来了。值得注意的是"理学家"张君劢的"自信"其实是西来的，在尊西的民初，柏格森、倭伊铿等人的名字本身便具有相当的"话语权势"，张氏打着他们的"旗号"来"替梁先生推波助澜"，实具有更大的威慑性。在胡适看来，"新文化运动的根本意义是承认中国旧文化不适宜于现代的环境，而提倡充分接受世界的新文化"。他们要引进的"新文化"，正以来自西方的科学与民主为表征。梁启超等人在欧战后对"科学"的质疑，实即向"五四"人最基本的观念挑战，当然要引起新文化人的激烈反弹；再加上梁、张等言论出处多自西来，更强化了挑战的冲击性，故"信仰科学的人"便不能不"大声疾呼出来替科学辩护"了。②

同时，许多新文化人仍像当年发动文学革命时一样感受到来自旧势力（即今人常说的"传统"）的强大压力，这在陈独秀对当时社会成分的观察中有充分的体现。他认为中国当时尚属孔德所说的"宗教迷信时代：你看全国最大多数的人，还是迷信巫鬼符咒算命卜卦等超物质以上的神秘；次多数像张君劢这样相信玄学的人，旧的士的阶级全体、新的士的阶级一大部分皆是；像丁在君这样相信科学的人，其数

---

① 胡适：《丁文江传》，64～65 页。

② 《科学与人生观·胡序》，12～13 页；胡适：《新文化运动与国民党》，载《新月》，2 卷 6～7 号（1929 年 9 月 10 日，非实际出版时间），5 页。张君劢后来说，中国人接受西洋科学至少已数十年，"我们应该拿一种思索（Reflective thinking）的精神和批评的精神来想一想科学是什么"。这里他对"思索"所下的英文界定说明他的观念的确是反思性的，张当时或者真在思索"我们接受科学"之后的整体，而新文化人恐怕有意无意中视其为对"五四"新文化基本概念的反思。参见张君劢：《人生观论战之回顾》，载《东方杂志》，6 页。

目几乎不能列入统计”①。

纯粹从总人数上看，陈的话似不能算不对。但就后“五四”时期构成所谓“舆论”的社会成分而言，他恐怕太低估了“新的士的阶级”中“相信科学”的人数（张君劢其实也只是想说科学还是有所不能而已）。叶其忠注意到，“所有支持张君劢的参战者有许多保留”，且几乎为间接的；而“支持丁文江看法的参战者比较少保留”，且均直接支持。② 此最可见科学这一“话语权势”之预存，无人能公开与之对立。其实“旧的士的阶级”也不少趋从于科学的威力，几年前武昌高师的史地部主任姚明辉就在该校的《数理杂志》发表《三从义》和《妇顺说》，以数学原理证明“三从”和“妇顺”实天经地义，曾引起《新青年》的反弹。③ 姚氏所论是否有理是一回事，但维护“三从”和“妇顺”也必须诉诸科学，并发表在《数理杂志》之上，却最能体现时代的转变和科学的威权。更重要的是，西化菁英的社会影响实远超过其人数，他们的广大青年追随者（即论战双方所真正注目者）这一社会力量相当强大，陈对此估计明显不足。④

整个论战中科学派对来自“传统”那潜在的威胁或冲击给予了高度的重视，大致传承了新文化人对传统压力的想象倾向。⑤ 但同为中国传统，还有上层主流文化与相对边缘的基层文化（即西人所谓大小传统）的关系问题。中国的大小两传统其实本是一直处于竞争之中的⑥，“五四”人大约因有西方这一参照系在，从中西文化竞争的角度着眼，反多看见其关联和相互支持的一面。胡适在科学的

---

① 《科学与人生观·陈序》，3 页。

② 叶其忠：《从张君劢和丁文江两人和〈人生观〉一文看 1923 年“科玄论战”的爆发与扩展》，239 页。

③ 《新青年》6 卷 6 期（1919 年 11 月 1 日）“通信”栏《请看姚明辉的三从义和妇顺说》，654～657 页。

④ 参见罗志田：《近代中国社会权势的转移：知识分子的边缘化与边缘知识分子的兴起》，载《开放时代》，1999 年 4 期。

⑤ 参见罗志田：《林纾的认同危机与民初的新旧之争》，载《历史研究》，1995 年 3 期。

⑥ 这里所谓大传统小传统，是套用西人对上层文化和下层文化的分法。如果从追随者的众寡看，下层文化这个传统当然要“大”得多。

影响力方面虽比陈独秀更乐观，但他看见的中国实与陈之所见略同，仍是一片“迷漫全国的乌烟瘴气”。他那时要大家“试睁开眼看看：这遍地的乩坛道院，这遍地的仙方鬼照相……我们只有求神问卜的人生观、只有《安士全书》的人生观、只有《太上感应篇》的人生观”。①

当丁文江表示自己对宇宙间不知的成分宁取“存疑”态度时，陈独秀和胡适都认为丁太消极，等于间接承认了有神论；应采取一种相对“武断”的态度，明白宣称其无神论信仰（他们都认为无神论的证据已充足，要到有神论者拿出证据时才能放弃其信仰）。② 其实承认宇宙有不可知成分并不一定意味着神或上帝的有无，尤其玄学派完全没有这方面的暗示；但陈、胡二人却看到了潜在的威胁，即给玄学以地位就可能导致有神论，故胡适将吴稚晖否认上帝的言论誉为“真正的挑战”。其实吴所挑战的并非实际参战的玄学派，而是没有参与论战的“迷漫全国的乌烟瘴气”。

这正是吴稚晖眼里中国当时的情形：一方面象征西方经济入侵的“新新公司又将开幕”，而另一方面“同善社、道德社、大同教、吴鉴光、小糊涂、金刚眼，皆猖獗得远超过于戊戌以前”。③ 吴的观察提示了在戊戌以前儒家主流文化尚未崩散时，“子不语”的怪力乱神在中国并无太多市场；西潮冲击使中国主流文化退居二线后，便先有义和拳的出现，后有20世纪20年代各种“怪力乱神”的猖獗，再次提示了作为异端进入中国的西潮无形中对昔日中国边缘文化的支持。④ 所以

---

① 《科学与人生观·胡序》，13页。这样看问题的时人尚不少，差不多十年以后，王造时发现“以前张君劢先生说了几句关于人生观的话，便有丁文江先生等一大群人去打玄学鬼；今年由考试院长戴季陶先生等所发起的时轮金刚法会在北京举行，在丁文江胡适之先生等脚下大演法宝，闹得轰轰烈烈，文化城中倒没有人去喇嘛庙里打鬼”。王造时：《复兴新文化运动》，载《主张与批评》，第3期，转引自陈端志：《五四运动之史的评价》，344页。

② 《科学与人生观·陈序、胡序》，7、17页。

③ 吴稚晖：《一个新信仰的宇宙观及人生观》，见《科学与人生观》，404页。

④ 关于这一点，参见罗志田：《传教士与近代中西文化竞争》，载《历史研究》，1996年6期。

新文化人眼中旧文化“妖焰”的复炽，其实恰是传统崩散的表征。特别具有诡论意味的是，一方面，新文化人将“怪力乱神”的猖獗看作传统的余威不绝；另一方面，这些孔教的反对者又实带儒家特别是“僧道无缘”的理学家气味，他们把道教（部分也包括道家）明确视为异端。

不仅胡适和吴稚晖的攻击范围均涉及道教，丁文江在声讨张君劢的“玄学”是“西洋的玄学鬼”联合了宋明理学“一班朋友的魂灵”时，也特别指出张的人生观“玄而又玄”。① 这里“玄而又玄”显系有意使用，正欲使读者产生联想。张君劢已注意及此，他指责丁文江虽“号为求证之科学家”，其为文之“字里行间，唯见谩骂之词”。张认为他自己对精神科学和物质科学的界限甚清，而丁“伪为不知，乃欲以‘阴阳五行’之徽号加入，以为借此四字可以乱人观听”。丁以玄学称谓张的人生观，正是“明知今之青年闻玄学之名而恶之，故取此名以投合时好”。②

张君劢的思想资源本来更偏向于西方，所以他认为“国人所以闻玄学之名而恶之者，盖惑于孔德氏人智进化三时期之说也”。但罗家伦却能理解到玄字在中国“向有的意义”才是关键所在，他认为“玄学(Metaphysics) 的名词，在中文带着有历史背景的‘玄’字，是很不幸的。因为涉及‘玄之又玄’、‘方士谈玄’……种种意义，引起许多无聊的误解。”③

在晚清诸子学兴起特别是在新文化人“打倒孔家店”之后，中国历史上的魏晋玄学其实已变成一个相对正面的词汇。从国粹学派到新文化人中的鲁迅等人（甚至“五四”学生辈的朱谦之等），大致都对“魏晋文章”持欣赏态度。非儒家的梁漱溟先已非常正面地使用玄学一

---

① 丁文江：《玄学与科学》，见《科学与人生观》，51页。

② 张君劢：《再论人生观与科学并答丁在君》，见《科学与人生观》，62、64、98页。

③ 张君劢：《再论人生观与科学并答丁在君》，见《科学与人生观》，99页；罗家伦：《科学与玄学》，见《罗家伦先生文存》，第3册，279～280页，台北，国民党党史会，1976。

词，他以为玄学与科学正体现了中国与西方文化的区别。① 只有在正统儒家眼中，“玄学”才是一个负面名词。丁文江对此词的贬义使用，提示了儒家正统观念在西化的新文化人潜意识中不仅存在，而且相当深厚，稍一不慎即会表露。正如傅斯年对胡适所说：“我们思想新信仰新；我们在思想方面完全是西洋化了；但在安身立命之处，我们仍旧是传统的中国人。”② 其实他们岂止是一般“传统的中国人”，而且是儒家味道甚重的传统中国人。

新文化人正是在这样的心态下起而反击张君劢的人生观言论。由于“科学”作为西方文明（优越或不足）的象征更胜过其实际内容，论战表述的随意性之另一典型体现即各方在学理方面准备都不充分。时人已对论战的表述水平感到失望，陈独秀即说辩论双方未能将讨论集中在“科学与人生观”之上，他认为张君劢的文字固然更加枝蔓，但科学派的文章也“大半是‘下笔千言离题万里’，令人看了好象是‘科学概论讲义’”。③ 其实丁文江等本意正不在此而在彼，丁氏对此说得很明白：玄学家如果自己研讨其本体论，可以不必反对；他所顾虑的是青年上了玄学家的当。

当时唯吴稚晖是解人，他根本认为“学问的法宝”谈得太多才是把官司“打到别处去了”。胡适在论战当年也与陈独秀有同感，以为论战者多未弄清楚科学的人生观究竟何义；但他到晚年更具后见之明的优势时，则转同意吴的看法，指出丁文江本清楚这次讨论“最重要的问题”是“科学方法是否有益于人生观，欧洲的破产是不是科学的责任”；但他不幸提出了“科学的知识论”问题，结果“把本题岔到别的问题上去了”。④ 我们今日研究这一论战，恐怕也应该回到当事人更关

---

① 丁文江使用“玄学”一词或亦因梁漱溟先已论及玄学，提示着这次论战与稍前开始的“东西文化论战”的接续（其中“东方文化派”以二梁为代表）。参见汪晖：《从文化论战到科玄论战——科学谱系的现代分化与东西文化问题》，载《学人》，第 9 辑。

② 傅之言转引自《胡适的日记》，1929 年 4 月 27 日。

③ 《科学与人生观·陈序》，2 页。

④ 吴稚晖：《箴洋八股化之理学》，见《科学与人生观》，305 页；胡适：《丁文江传》，68 页。

注的“本题”吧。

不少后之研究者之所以也有类似陈、胡当年的失望感，或者即因为他/她们在心中预设了一个理想的（有时甚至是超越于论战者时代的）论战标准，然后再以此标准来衡量论战本身。① 其实论战的当事人之所欲言（当然各有侧重）与这些失望者之所欲观本未必一致，前者真正关怀和关注的，并不一定在于“科学”和“人生观”本身究竟应如何界定，以及两者是否或怎样冲突等问题。后之研究者若仅将注意力集中于双方言论的概念层面（这是迄今为止研究得最多的），或不易把捉到论战诸人的真实心态。如果返其旧心，以“了解之同情”的态度去考察时人立论时的心态和意愿，也许所得便会不同。当然，论战者虽有其特定的关怀，但其各种表述仍围绕着“科学”这一核心观念进行，故“五四”人心目中的“科学”究竟何义，的确是应该澄清的问题。

二、进化论与作为“五四”基本理念的“科学”

过去对新文化运动或科学与人生观论战的研究都倾向于使用“科学主义”的概念来诠释“五四”新文化人心目中的“科学”。“科学主义”在西方是个含义不甚确定的术语，较早将其用于中国研究的郭颖颐对其定义是“把所有的实在都置于自然秩序之内，并相信仅有科学方法才能认识这种秩序的所有方面（生物的、社会的、物理的或心理的）”。② 这一定义如果较宽泛地使用，应有助于认识和解释许多新文化人的科学观，因为许多人或多或少都有相近的倾向。但在严格意义上使用，很可能对具体的每一个人都未必合适。特别是时人对于“科学”以及作为这一主义最基础的“科学方法”本身，其实有着相当不

① 不少研究者都根据几十年后西人对“科学”和“科学主义”的研究来反观时人的观念，他们在研究时无意中实际上参与或介入了这场争论，既成为争论之一方同时又兼充“裁判”之职，从而“发现”当时论者的种种疏漏和“不足”。

② 郭颖颐：《中国现代思想中的唯科学主义》，雷颐译，17 页，南京，江苏人民出版社，1995（这里“唯科学主义”即 Scientism 的中译）。

同甚至带本质区别的理解；在这样的情形下，一个带高度概括性的西方抽象术语对发生在中国的一次具体争论有多大的史学诠释能力，恐怕是要存疑的。①

且后之使用科学主义者常有进一步的发挥，如严搏非便认为，科学是带着伦理色彩作为一种价值体系进入中国，到“五四”时代成为具有“新权威”性质的价值信仰，与其在近代西方反权威的本质恰好相反。② 这样的观念，至少在这次论战之中“科学派”一边得不到充分反映。丁文江曾面告张君劢，“科学的通例是一种事实因果关系的缩写，并不是一成不变的。有了新事实，就可以推翻”。张的反应是“真正出乎意料之外”！他原“不知道科学是如此一文不值”，因此还增强了反对科学的信心。③ 胡适晚年回忆说：丁文江这一观念实在“太谦虚了、太不武断了，所以许多人感觉失望，许多人不认得在君说的是‘科学’！”④ “科学”在丁氏那里“谦虚”到使“许多人不认得”，则不仅其“权威”性有限，更颇说明时人观念的不一致。

如前所述，科学概念本身未必是当时论战诸人关注的重心。胡适所说的“懂与不懂的人”均推崇科学一语很值得注意，在论战之中已有许多人指出许多参战者其实不怎么“懂”一般或具体某一科的“科学”，后之研究者也每每提到这一点。“不懂”者也要表示尊敬，非常能体现科学在那时的“话语权势”；而许多“不懂”者又都敢于在此方面立言而不觉有自我检束的必要，复体现出这一“权势”那虚悬的象征性，即其威权或无形的“控制”更多表现为一个大家必须尊重的社会象征，在具体的“话语”层面反而“懂与不懂的”各种人都可振振

① 当时尚在美国读书并自称为此而参阅了四百多种书籍的罗家伦便发现，辩论双方对科学与玄学的理解都与当时的西方颇不相同。参见罗家伦：《科学与玄学》，215～220、381～384页。

② 严搏非：《论“五四”时期中国的知识分子对科学的理解》，见林毓生等编：《五四：多元的反思》，198～214页，香港，三联书店，1989。

③ 丁文江致胡适，1923年3月26日，见《胡适来往书信选》，上册，190页。

④ 胡适：《丁文江传》，75页。

有词（实际历史画面呈现出的正是“言人人殊”的现象）。①

“科学”的概念本身是一个发展中的变量。我们今日提到“科学”，首先联想到的大概是数理化一类学科；但“五四”人更注意的是科学的“精神”和“方法”，而且这些“精神”和“方法”其实多来自生物进化论（对多数人来说恐怕意味着严复版的“天演论”而已②），又渐成为抽象的精神和广义的方法，特别与理化等具体学科的研究方法有距离。这大概即是科学与人生观之争时许多人下意识中那不言的“科学”，其与“格致”一线之科学发展的关联反而是相对松散的。

“五四”人多认为实验主义和辩证法的唯物史观是科学的两大分支，陈独秀在科学与人生观论战前后曾主张这两种方法应该合作成一条联合战线。胡适后来反驳说：“辩证法出于海格尔的哲学，是生物进化论成立以前的玄学方法。实验主义是生物进化论出世以后的科学方法。这两种方法所以根本不相容，只是因为中间隔了一层达尔文主义。”③ 值得注意的是胡适用以判断或区分是否“科学”的标准正是进化论，他眼中的“科学”也是他爱说的“历史主义的”。④

进化论在当时及此后的西方已引起较大的争议，但今日意义的“科学”在19世纪确立威望时，生物学的确起到了举足轻重的作用。像胡适等在中国受过严复版的“天演论”熏陶而在20世纪初受学于西方者，有这样的科学观是再自然不过的事。可知“五四”时人意识中的“科学”与我们今日所说的“科学”（其确立或晚到“二战”前后，

---

① 若对参战者做一社会史分析，便会发现以科学为专业者实不甚多；且不仅他们的言说常常未能体现其专业训练，他们在论战中的影响通常也不及那些非专业而谈“科学”者，详另文。

② 丁文江即说：“要知道达尔文的学说，最好是看他自己的书。我不知道在中国批评他学说的人，有几个从头至尾看过［《物种起源》］这部名著的。”丁文江：《玄学与科学的讨论的余兴》，见《科学与人生观》，259页。

③ 胡适：《介绍我自己的思想》，见《胡适论学近著》，496页，济南，山东人民出版社，1998横排新版。

④ 至少在左派看来，胡适在这一点上确有“历史”方面的失误，伍启元即说他是半对半错：“辩证法的唯心论没有错是玄学方法，但唯物辩证法是生物进化论成立以后的科学方法，这是不能否认的事”。参见伍启元：《中国新文化运动概观》，72页。

近年又在转变）恐怕有相当距离。如果“科学”不同，所谓“科学主义”也就需要界定其在特定时空语境中的含义了。

正因为科学在中国与天演论的关联，欧战的残酷及战后西人的反思才对中国人触动极大，因为严复版的进化论（相对更轻视后天伦理的作用）本身受到了挑战。引进天演论的始作俑者严复本人在欧战后的观感很值得注意，他晚年在何遂的《观欧战纪念册》上题绝句五首（今录其前三首）：“一、太息春秋无义战，群雄何苦自相残。欧洲三百年科学，尽作驱禽食肉看。二、汰弱存强亦不能，可怜黄草尽飞腾。十年生聚谈何易，遍选丁男作射弸。三、洄漩螺艇指潜渊，突兀奇肱上九天。长炮扶摇三百里，更看绿气坠飞鸢。”①

同样有意思的是严复的自注：一、“战时公法，徒虚语耳。甲寅欧战以来，利器极杀人之能事，皆所得于科学者也。孟子曰：‘率鸟兽以食人’，非是谓欤？”二、“德之言兵者，以战为进化之大具，谓可汰弱存强，顾于事适得其反。”三、“自有潜艇，而海战之术一变。又以飞车，而陆战之术亦一变。炮之远者及三百里外，而绿气火气诸毒机，其杀剧于火器，益进弥厉，况夫其未有艾耶！”

“公法”在戊戌维新期间曾是许多与严复同时代人寄予厚望的国际新秩序的代名词，而“科学”则是更持久的西方文明象征；前者对其创始人已成“虚语”，后者在西人手中造成如此剧烈的破坏，两者均导致“西方”这一整体形象的破坏。在这样失望的心态下过去本拟“束诸高阁”的孟子言论由隐复显，“夷狄”与当年的“泰西”之间的关联似乎又被唤醒了。其第二首的注语更已直接论及“汰弱存强”的“适得其反”，则严复到晚年实已稍悔其引述西方的“进化”学说（严自己已不用“天演”而改云“进化”，也值得注意）。特别有意思的是，时人对“科学”在中国与西方间的认知实有区别：科学在中国虽然更多体现为“精神”并落实在整理国故和史学的“方法”之上（详另文），在欧洲却像传教士所引导的那样仍与“物质”相连而落实在“技术”上。

---

① 此诗由何遂示陈衍，黄濬录之，见黄濬：《花随人圣庵摭忆》，97～98页，上海，上海古籍书店，1983。

严复虽然不像梁启超和梁漱溟那样公开检讨中西文化问题，但他对西方文化的观感实与二梁相近。有类似看法的老新派尚不少见，被认为吸收西人方法于中国学术最成功的王国维那时即告诉胡适：“西洋人太提倡欲望，过了一定限期，必至破坏毁灭。”王国维举美国耗巨资拍电影例，以为“这种办法不能持久”。胡适在这里又看见了“科学精神”，他认为“制一影片而费如许资本工夫，正如我们考据一个字而费几许精力，寻无数版本，同是一种作事必求完备尽善的精神，正未可厚非也。”他虽然对西方“不悲观”，但也以为“西洋今日之大患不在欲望的发展，而在理智的进步不曾赶上物质文明的进步”。可知胡适其实也已看出西方文化不尽美好，不过他主张“我们在今日势不能不跟西洋人向这条路上走去”，王国维“也以为然”。①

正是读到西人在战后对自己文化的反省，张君劢才（有信心）成为少数跳出了严复版进化论的学者，他明确将“达尔文之生存竞争论”列在科学所力不能及的“人生观”范围之中。仍在进化论中的丁文江立刻就注意到这一点，并将其点出，提请与他思想相近的“读者注意”。② 另一位在美国学科学的任鸿隽与丁文江的观念接近，他说：诚如张君劢所言，达尔文的学说已经有后人的若干修正和改良，但“进化论的原理，却是无人能反对的”。任氏认为“近世的人生观，比中古时代的固定的消极的人生观进步多了”，而这一进步正得自于进化论。他主张“把因果观念应用到人生观上去，事事都要求一个合理的。这种合理的人生观，也是研究科学的结果”。因为“只有由证据推出的结论”才是合理的。③

任鸿隽对“进步”与“合理”等观念的运用明显体现出他在进化论武装下的“现代”心态，在美国学文科的罗家伦指出：斯宾塞（近代中国人另一重要思想资源）的进化论“用最机械的解说，先认定近

---

① 《胡适的日记》，1923 年 12 月 16 日。

② 张君劢：《人生观》；丁文江：《玄学与科学》，见《科学与人生观》，35、51 页。

③ 任叔永［鸿隽］：《人生观的科学或科学的人生观》，见《科学与人生观》，128～130 页。

代什么都是好的，是最高的发展之标准，所以强分多少时代，而以他们所认为‘不好的’都加在以前的或初民的社会身上。现在经真正科学的考察，知道他们的论据充满偏见。进化（Evolution）只是现象的变动，是一种事实，但是进化不见得就是进步（Progress）。”① 以今日后现代主义眼光看，“进步”也不见得就更“好”。唯罗氏当时对进化论如此认识，似已比那些学科学的人要更全面些。

多数中国人大致仍在进化论笼罩之下，他们不仅以进化论立论，在驳论时有意无意也以进化论为思想武器，就是张君劢自己也不例外。张氏在十年后回顾当年的论战时认为“最能代表中国这个时代的思想”的是吴稚晖的文章和胡适与陈独秀两人为论文集所写的序文（有意思的是三人均非学自然科学者），但三者在张的眼中当然都不够高明，吴的思想近于19世纪德国的朴素自然主义；胡适的文章则说明“他不是一个杜威的学生了，乃是十六十七世纪时之自然主义者”，其立意与文风，又类伏尔泰；而陈独秀不过“借科学与玄学的讨论来提倡唯物史观”。②

在进化论风行的近代中国，20世纪之前的思想意味着什么，已不言自明。但张仍进一步提醒说，“我们现在生在20世纪，我们是不是应该拿欧洲十七世纪的思路，再重复一下，又从十六十七世纪向前到20世纪呢?”他特别指出：“自然主义、唯物主义是各国思想界中必有的阶段”，唯物主义也只是在19世纪风行于欧洲，后来在英国和德国分别被经验主义和新康德主义所取代。只不过“在我们今日之中国，正是崇拜西洋科学，又是大家想望社会革命的时候，所以唯物主观［主义？史观?］的学说，在中国能如此的流行。”他并预言，“恐怕不到几年后”，唯物主义“这种思想也就要过去了”。张的推理虽说“学术、宗教、政治问题决不是物质二字所能解决”，其实他的基本思路仍是以唯物主义在西方已过时这一进化论观念为基础。

---

① 罗家伦：《科学与玄学》，244页。

② 本段与下段，参见张君劢：《人生观论战之回顾》，载《东方杂志》，8～10页。

而张君劢的“同时代人”其实不少，稍后唯物史观派攻击胡适所提倡的实验主义，同样说其是“中世纪”的和“违反科学”的。彭述之说：“实验主义，从哲学的观点上看来，是一种变相的中世纪式的‘烦琐哲学’”；其“表面上带着民主主义和似是而非的激进的科学的面具，然而实际上却是十分保守的、专断的、反动的、违反科学精神的”。① 彭氏言论最能表现当时的世风：第一要说对方旧，第二要说对方不科学；而其所用词汇也最能体现当时的价值判断——“激进”正确而“保守”错误。在这方面，一般被认为是“守旧”的张君劢其实非常趋新。

在与丁文江争论时，张君劢多次强调他比丁文江更新，更能追随欧洲思潮。他认为“近三百年之欧洲，以信理智信物质之过度，极于欧战，乃成今日之大反动”。但欧洲玄学思潮从 19 世纪末已开始兴起，故他以“新玄学时代”来称谓近“二三十年之欧洲思潮”，并声明这样的新玄学是与此前旧玄学（注意仍是欧洲的）有区别的。张君劢先说，科学能否支配人生这一问题，“自十九世纪之末，欧美人始有怀疑之者，今尚为一种新说”，故丁文江不知。后又说，“以人生观为可以理智剖解、可以论理方法支配，数十年前或有如在君之所深信者，今则已无一人矣”。正由于欧美思潮的转变，今日“欲以机械主义支配吾国之思想界，此必不可得者矣”。②

张氏不久再申：“科学自产生到现在，其于人生的利害究竟如何呢？在吾国人或不觉此是问题，因为科学一定是有益的；在欧洲则成为问题，已有数十年之久了。”欧洲人“自 19 世纪下半期后，对于科学，渐由信仰而趋于怀疑，尤其是法国人怀疑最烈”。而且“方今欧美先知先觉，在精神方面提倡内生活，在政治方面提倡国际联盟，这种人已经不在少数；只看我国人如何响应，必可以达到一种新境界。”故他“敢告诸君，我所说的并非梦话，欧美知识界之新学者，都已趋向

---

① 彭述之：《评胡适之的实验主义与改良主义》，原载《读书杂志》卷二，转引自伍启元：《中国新文化运动概观》，75 页。

② 张君劢：《再论人生观与科学并答丁在君》，见《科学与人生观》，99～101、61、81、110 页。

我所说的新路上来了”。① 以欧美“新”学者走的“新”路来强化自己取向的吸引力，张氏用心相当良苦，而其尊西趋新的态度也表现得很充分了。

由于张君劢自身在科学和人生观两方面都没有进行系统深入的学理研究，又负有士人的立言之责，在立说时便不能避免随西人之波而逐西方之流。虽然张君劢自称其治学与奔走政治皆有原则，既“不以时俗之好而为之”，也“不以时俗之不好而不为”；这针对他在中国的情形或不错，但并未能改变他的思想资源基本是西来、而且正是在随西方之波逐西方之流这一事实。张自己说，他与倭伊铿“一见倾心”，于是将正在读的“国际政治学书束之高阁”。此后更“潜心于西方学术之源流，惟日叹学海之汪洋，吾力之不逮”。②

最后一句的确是实话，张君劢所看的基本是国际政治和哲学书籍，对西方近代史所知实浅。他一则曰“十九世纪之初，科学的信仰［在欧洲］如日中天”；再则曰“今日欧美之迷信科学者，已不如十九世纪初年之甚”。③ 这真不知是从何处得来的知识，与历史事实全不符合。④ 如果不是想当然的话，即很可能是据进化论以中国情形反推欧洲，认为欧洲当比中国提前若干时间，由此得出这样的推论。我们当然不能要求不治史学的张君劢不犯此类错误（但他敢于随便立说的勇气也太足），这里更值得注意的是他拿欧洲之问题来说中国人及与丁文江比赛更新更西的明显倾向。

---

① 张君劢：《科学之评价》，见《科学与人生观》，221～226页。

② 张君劢：《再论人生观与科学并答丁在君》，见《科学与人生观》，119页。劳干已指出张君劢在论战时缺乏“为天地立心为生民立命”这样一种“哲学”应有的高远思虑，却去追逐“一战”后欧洲的时流（随着世局的演变，这一当时的“显学”终成西洋哲学的“旁枝”，愈发显出逐流者的低浅）。劳干：《记张君劢先生并述科学与人生观论战的影响》，载《传记文学》，29卷3期（1976年9月），82页。

③ 张君劢：《再论人生观与科学并答丁在君》，见《科学与人生观》，106、110页。

④ 关于科学在19世纪欧洲的地位，参见 Raymond Williams, *Keywords: A Vocabulary of Culture and Society*, New York: Oxford University Press, 1976, pp. 232～235；罗志田：《传教士与近代中西文化竞争》，载《历史研究》，1996年6期。

正是在比丁更新更西的自信上，张君劢敢于指责丁文江“连‘心’同‘物’的分别都不知道，哪里还懂得哲学!”过去的研究者或受张君劢的影响，说丁文江是什么心物二元论者，其实丁本人就自认是唯心论者。丁氏本认为：“所谓事实，包括精神物质而言；因为我以为物质是 mind content［精神内容］，此外并无独立的物质可言。”① 他又说：“我们所晓得的物质，本不过是心理上的觉官感触，由知觉而成概念，由概念而生推论。科学所研究的不外乎这种概念同推论，有甚么精神科学、物质科学的分别？又如何可以说纯粹心理上的现象不受科学方法的支配?”② 今日受唯物主义影响较深的国人或难理解自然科学家何以能够是唯心论者，其实两者间未必有根本的矛盾，近年西方根据新发现的手稿研究近代科学的奠基者之一的牛顿，就发现占星术不仅影响了他的思维，而且根本就是他的研究对象。这个问题牵涉太宽，只能由内行的专家来解释了。

对丁文江自己而言，只要将科学限制在“方法”或“知识论”的范围内，便不受什么唯心唯物的影响了。所以他认为：“科学的万能、科学的普遍、科学的贯通，不在他的材料，在他的方法。”故是否“科学”也只看其方法而已，爱因斯坦的相对论、詹姆士的心理学、“梁任公讲《历史研究法》、胡适之讲《红楼梦》”，以及“近三百年经学大师治学的方法”，均是科学。而西方科学之所以不屑同玄学争论，即因为其“知道在知识界内，科学方法是万能，不怕玄学终久不投降”。③ 这样强调科学万能，似乎很像许多研究者所说的“科学主义”，但丁氏口中的“科学方法”却并非时人的共识。

今日学者好争论人文学是否社会科学④，其实对“五四”人而言，这不是问题；那时许多人认为所有学问都是（或应该是）科学，问题

---

① 丁文江致胡适，1923 年 3 月 26 日，见《胡适来往书信选》，上册，189～190 页。

② 丁文江：《玄学与科学》，见《科学与人生观》，46 页。

③ 丁文江：《玄学与科学》，见《科学与人生观》，46 页、53、51、57 页。

④ 这是受英文著作的影响，法文对“科学”和“社会科学”便无英文那样明确的分界，参见 Williams，*Keywords*，p. 235.

在于什么样的人文学才科学或人文学怎样研究才科学。“五四”人的前辈梁启超讲科学就注重的是其“精神”，且落实在方法之上，即“有系统之真知识，叫做科学；可以教人求得系统之真知识的方法，叫做科学精神”。① 胡适晚年回忆说：丁文江和他自己都“最爱读赫胥黎讲科学方法的论文”，而赫氏恰将历史学、考古学、地质学、古生物学以及天文学都归入“历史的科学”一类，其适用的方法正与中国的“考据”相类。②

中国传统的考据方法是否科学方法只是这次论战中的一个支题，却有着远更广泛的意义；因为“五四”人讲“科学”时甚少往“技术”方向走（讲到西方的物质一面时也一定要提高到“文明”层次），与我们今日将“科技”完全合起来讲迥然不同。若落到实践层面，则“赛先生”真正落实的恰在胡适提倡的“整理国故”之上。对此许多胡适的支持者其实都或明或暗地反对（各人的出发点有所不同）。老一辈的吴稚晖干脆主张将国故“丢在毛厕里三十年，现今鼓吹成一个干燥无味的物质文明；人家用机关枪打来，我也用机关枪对打。把中国站住，再整理什么国故，毫不嫌迟”。胡适学生辈的追随者傅斯年也对整理国故很有保留，只是不曾正面挑战胡适而已。③

这里的根本大分歧正在于什么是“科学”，胡适和丁文江都认为考据方法即是科学方法，张东荪则反对说：“汉学家的考据方法不能即算就是科学方法。我承认汉学家有点儿科学精神，但不能以一点的相同，即谓完全相同。本来考古学［按非今日所谓考古学］只是历史地理的一个分支，自有其地位。若把考古学的方法推广而用于其他地方，科学家即承认这个就是科学方法，似乎未免太自贬了。”因为“科学注重

---

① 梁启超：《科学精神与东西文化》，见《饮冰室合集·文集之三十九》，3页，北京，中华书局，1989，影印。

② 胡适：《丁文江传》，74页。

③ 吴稚晖：《箴洋八股化之理学》，见《科学与人生观》，310页；傅斯年：《历史语言研究所工作之旨趣》，见《史料论略及其他》，40～49页，沈阳，辽宁教育出版社，1997。

在实验，考据不过在故纸堆中寻生活”而已。① 问题在于，如果以是否“实验”为判断依据，则大部分所谓“社会科学”都非科学，这恐怕连张君劢都不能同意。

实际上张东荪本认为“科学当然是 Science 的译语”，所以中国汉学家的方法自然不可能是西来的科学方法。但对胡适来说，这里正意味着中西间是否平等的问题，他针对另一个北大学生毛子水提出的“世界上的学术，比国故更有用的有许多，比国故更要紧的亦有许多”的观点指出：“学问是平等的。发明一个字的古义，与发现一颗恒星，都是一大功绩。”② 西方人尽可去发现恒星，中国人也可去发明字的古义，只不过是同一科学精神的不同运用而已。既然同是科学发明，则整理国故即进行“科学”事业，这或者即是胡适终其身都在进行考据的一个原因吧。

在科学方法的运用或其能力上，当时人也相当不一致。任鸿隽认为，“科学方法虽是无所不能，但是他应用起来，却有一定的限度”，比如张君劢那种“浑沌囫囵”的人生观便用不上。③ 但更多的人则对科学期望甚高，蒋百里即注意到人类对科学的期望和要求过多：“面包问题，也请赛先生来管；男女问题，也请赛先生来管。”其实科学真正涉及的不必是这类可以直接感知的具体事物，而多半是人类耳目所不能及的学理；“赛先生的声学，是人类耳朵所听不见的占大部分；赛先生的光学，是人类眼睛所看不见的占大部分。”他以玩笑口吻指出：“科学万能”与“科学破产”其实都是“人类寻着赛先生时一种高兴”

---

① 参见张东荪为梁启超《人生观与科学》所写的按语及其自著的《劳而无功——评丁在君先生口中的科学》，见《科学与人生观》，144～145、238页。胡适的另一学生辈追随者罗家伦与张氏观点相近，他公开指出“国内许多人认为科学方法就是那种‘整理国故’方法可以代表”，其实后者只是前者“很小的部分”，实不足“代表科学方法”。罗家伦：《科学与玄学》，243页。

② 张东荪为孙伏园《玄学科学论战杂话》所写的按语，见《科学与人生观》，135页；胡适：《论国故学》，见《胡适文存》，卷二，286页，上海，亚东图书馆，1920。

③ 任叔永［鸿隽］：《人生观的科学或科学的人生观》，见《科学与人生观》，127页。

以及“高兴的情调一时低下去”的不同反应，与科学本身恐怕无关。①

主张科学万能的丁文江其实是面向未来，他认为当时科学的力量还相当有限。因此，“欧洲文化纵然是破产（目前并无此事），科学绝对不负这种责任。因为破产的大原因是国际战争，对于战争最应该负责的人是政治家同教育家，这两种人多数仍然是不科学的。”他指出英国教育界从中学到大学，仍基本控制在教士手里，欧洲大陆和美国亦然（这意味着他说在欧洲混不下去的玄学鬼其实混得不错）；并以“欧美做国务员、总理、总统的从来没有学过科学的人”为例，证明“科学的影响，始终没有直接侵入政治”。故“欧美的工业虽然是利用科学的发明，他们的政治社会却绝对的缺乏科学精神”。如今“欧洲的国家果然都因为战争破了产”，该负责的是“不科学”的政治家同教育家。② 换言之，欧洲破产的是尚未“科学”的“国家”，却不是“科学”的欧洲“文化”。

这提示着当时人所思考和讨论的，其实不必是研究学理的科学本身，而是人们认知中科学（实际和可能）的社会功能。正如许华茨指出的：科学与人生观论战中站在“科学”一边的人其实对科学的看法相当不一致，故这次论战“不过表明了这样的事实，即科学一词本身不再提供任何共同一致的基础”。③ 同样，前述张君劢和张东荪观念的歧异说明，“玄学”一边的人对科学概念的认知也是相当不同的。

那时人们的科学观不仅歧异颇多，而且有的人变更极快。写《中国历史研究法》时的梁启超大致与胡、丁观念接近，但在该书出版的1922年当年即已有新的看法。他回顾说，由于“因果律是自然科学的命脉”，学者多欲证明自己所治学科也有因果可寻，以成为科学。“史学向来并没有被认为科学，于是治史学的人因为想令自己所爱的学问取得科学资格，便努力要发明史中因果。我就是这里头的一个人，我

---

① （蒋）百里：《赛先生与人类》，载《改造》，4卷5号（1922年1月），此为该册册首之《一得录》，无页。

② 丁文江：《玄学与科学》，见《科学与人生观》，54～57页。

③ 许华茨：《思想史方面的论题：“五四”及其后》，见费正清编《剑桥中国史》，第12卷，494页，北京，中国社会科学出版社，1993。

去年著的《中国历史研究法》内中所下历史定义，便有‘求得其因果关系’一语”，现在读了西人著作，再加上自己的研究，“已经发觉这句话完全错了”。① 梁固以“与昨日之我战”而著称，但这样短的时间里有这样截然相反的根本转变，仍从一个侧面凸显了时人科学观的不稳定性。

梁启超自供的想为史学“取得科学资格”的心态，又揭示出科学作为社会象征的魅力。在“五四”人提出“赛先生”口号时，对“科学”的概念并无一个大家认可的共识，但作为一个正面象征还能为各方所接受。科学与人生观这次论战再次表明，在时人的心目中科学概念的歧异恐怕还超过其共性，且这一歧异已延伸到象征层面。西来的“科学”在象征层面也已不再一致，正是第一次世界大战后“西方”分裂的明显表征。② 对这样歧异波动的科学观是否能以“科学主义”来作概括性的诠释，我以为是要打个问号的。

时人对科学缺乏共识直接影响到究竟应当怎样在中国提倡和推进科学的问题。偏于玄学一边的林宰平提出，“五四”后的中国已与前不同，“真科学家固然不多，但是知道科学是重要的，这几年似乎很不在少数。现在提倡科学，正要为他显出真正的价值，筑了坚实的基础”。林氏认为“科学的”不一定就是“科学”，即“科学和科学的方法”两者并非一事。若两者不分即可能导致“天地间无一不是科学”这样一种泛科学化。若“把科学极力的普遍化，烧酒对水卖，分量越多，价值越少”。他观察到，当时学术界的毛病在于，“一个范围很严谨的名词，应用又应用，后来渐渐失其本意，甚至有与原意义完全相反的”。故“科学一语，恐怕不久也要变成滥套了。这是糟蹋科学，不是提倡科学”。③

---

① 梁启超：《研究文化史的几个重要问题》，见《饮冰室合集·文集之四十》，2页。

② 参见罗志田：《西方的分裂：国际风云与五四前后中国思想的演变》，载《中国社会科学》，1999年3期。

③ 林宰平：《读丁在君先生的〈玄学与科学〉》，见《科学与人生观》，158～161、180页。

马克思就曾否认过他是时人认知中的“马克思主义者”，林氏所见的确是当时尚未引起足够注意的现象。古代中国曾有将政治泛道德化的现象，对外和战常提到道德的高度，致使一些相对切实的政策主张无法得到广泛的认同。① 近代中国也有类似的倾向。思想学术的泛科学化是20世纪中国的一个显著特征，其结果是“科学”变为象征和“口头禅”，在一定程度上反与具体学理上的科学研究疏离。这样的异化现象，在最提倡科学的“五四”时期已有明显的反映。一般都认为科学与人生观的论战是以“科学”一方的胜利结束的，但科学的“成功”或“胜利”其实也多是象征性的。“五四运动”八十年后强调“科教兴国”的今天，“尊重知识”（这里知识与科学的关系不言自明）仍是个尚未达到却心向往之的努力目标，最足说明问题。

原刊《历史研究》1999年3期

① Cf. Arthur N. Waldron, *The Great Wall of China: From History to Myth*, Cambridge, Cambridge, England: Cambridge University Press, 1990.

图书在版编目（CIP）数据

道出于二：过渡时代的新旧之争／罗志田著．—北京：北京师范大学出版社，2014.7（2018.12重印）

（中华学人丛书）

ISBN 978-7-303-17493-5

Ⅰ．①道…　Ⅱ．①罗…　Ⅲ．①思想史－研究－中国－近代　Ⅳ．①B25

中国版本图书馆 CIP 数据核字（2014）第 102302 号

营销中心电话　010-58805072 58807651

北师大出版社学术著作与大众读物分社　http://xueda.bnup.com

DAO CHU YU ER

出版发行：北京师范大学出版社 www.bnup.com

北京市海淀区新街口外大街 19 号

邮政编码：100875

印　　刷：北京京师印务有限公司

经　　销：全国新华书店

开　　本：730 mm × 980 mm　1/16

印　　张：18

字　　数：260 千字

版　　次：2014 年 7 月第 1 版

印　　次：2018 年 12 月第 3 次印刷

定　　价：48.00 元

策划编辑：谭徐锋　　责任编辑：赵雯婧

美术编辑：王齐云　　装帧设计：王齐云

责任校对：陈　民　　责任印制：马　洁